Schiffner/Oppel/Lörtzing

FLEISCH- UND WURSTWAREN – HAUSGEMACHT

FLEISCH- UND WURSTWAREN – HAUSGEMACHT

Von
VR Dr. med. vet. Eberhard Schiffner,
Klaus Oppel und VR Dietrich Lörtzing

2. Auflage
Mit 74 teils farbigen Bildern und 7 Tabellen

VEB FACHBUCHVERLAG LEIPZIG

Schiffner, Eberhard:
Fleisch- und Wurstwaren – hausgemacht : e. Anl.
zur ordnungsgemäßen Hausschlachtung u. zum Herstellen verschiedener
Fleisch- u. Wurstwaren im Haushalt / von Eberhard Schiffner, Klaus Oppel u. Dietrich Lörtzing.
– 2. Aufl. – Leipzig: Fachbuchverl., 1989.–
248 S. : mit über 150 Rezepten, 74 z. T. farb. Bild. u. 7 Tab.
NE: 2. Verf.:; 3. Verf.:

ISBN 3-343-00290-9

© VEB Fachbuchverlag Leipzig 1989
2. Auflage
Lizenznummer: 114-210/156/89
LSV: 4765
Verlagslektor: Dipl.-Landw. Bernd Weiß
Gesamtgestaltung: Sabine Panster
Printed in GDR
Gesamtherstellung: Druckhaus Aufwärts, Leipzig · III/18/20–0240
Bestellnummer: 547 248 2
02050

VORWORT

Die individuelle Tierhaltung hat in den letzten Jahren eine erfreuliche Steigerung erfahren. Ein nicht geringer Teil der Tiere wird für die Eigenversorgung in Form der Hausschlachtung genutzt.

Während die Hausschlachtung früher die ausschließliche Grundlage der Versorgung mit Fleisch- und Wurstwaren vorwiegend der dörflichen Bevölkerung bildete, hat sich ihr Charakter in dreifacher Hinsicht geändert:

- Die Grundversorgung mit Fleisch- und Wurstwaren wird durch Handelsprodukte abgedeckt. Bei Erzeugnissen aus Hausschlachtungen wird allgemein die besondere Hausschlachtungsnote erwartet.
- Die Erzeugnispalette bei Hausschlachtungen hat sich verändert. Es werden vorwiegend solche Erzeugnisse hergestellt, die der speziellen Geschmacksrichtung des einzelnen entsprechen. Dabei werden Fleischteile auch für Erzeugnisse verwendet, für die sie sich nicht eignen. Das Ergebnis entspricht dann oft nicht den Erwartungen.
- Fleisch- und Wurstwaren mit hausschlachtenem Charakter werden in zunehmendem Maße auch von Bevölkerungskreisen hergestellt, die bisher über wenig Erfahrungen auf diesem Gebiet verfügen. Diese «Hobbyproduktion» ist als eine ernstzunehmende und sinnvolle Freizeitbeschäftigung zu werten. Um materielle und finanzielle Verluste zu vermeiden oder Gesundheitsschädigungen vorzubeugen, ist eine fachliche Anleitung notwendig. Diese Hobbyproduktion ist in der Regel nicht mit einer Hausschlachtung verbunden; als Einsatzmaterial wird meist im Handel erworbenes Fleisch verwendet.

Mit der ansteigenden Zahl der Hausschlachtungen ist auch eine gewisse Zunahme der Fehlproduktionen bei Erzeugnissen aus diesen Schlachtungen zu beobachten. Folgende Ursachen kommen dafür in Betracht:

- Mangelhafte Kenntnisse über den Rohstoff Fleisch,
- Ungenügende Kenntnisse über Herstellungs- und Konservierungsverfahren,
- Herstellung und Lagerung der Produkte in dafür ungeeigneten Räumen.

Fehlproduktionen bei Hausschlachtungen wirken sich nicht nur für den Tierbesitzer ungünstig aus, sondern sind auch volkswirtschaftliche Verluste.

Da der Anteil objektiv bedingter, verdeckter Rohstofffehler als Ursache für Fehlproduktionen verschwindend gering ist, sind Fehlproduktionen oder mangelhafte Qualität subjektiv bedingt und somit weitgehend vermeidbar.

Es ist deshalb notwendig, das Wissen um den Rohstoff «Fleisch» zu verbessern und bewährte Herstellungsverfahren für Hausschlachtung oder Kleinproduktion in der eigenen Küche vorzustellen. Die Verfahren wurden unter dem Gesichtspunkt der größtmöglichen Sicherheit der Herstellung ausgewählt.

Die Rezepturen wurden mit wenigen Ausnahmen für eine Menge von 10 kg des jeweiligen Produkts ausgelegt.

An dieser Stelle sei den Herren Ing. *Hans Schlenkrich*, Erfurt, Dr. med. vet. *Georg Schiefer*, Leipzig, und Fachschuldozent Dipl.-Ing. *Karl Zweig*, Germendorf, für die Durchsicht des Manuskripts und die wertvollen Hinweise und Anregungen gedankt.

Änderungsvorschläge, die der weiteren Verbesserung des Werkes dienen, werden gern entgegengenommen.

Autoren und Verlag

INHALTSVERZEICHNIS

1.	Schlachtung	9
1.1.	Planung der Schlachtprodukte	10
1.2.	Allgemeine Vorbereitungen	12
1.3.	Arbeitsschutz	15
1.4.	Schlachten von Schweinen	15
1.5.	Schlachten von Rindern	20
1.6.	Schlachten von Kälbern, Schafen und Ziegen	24
1.7.	Geflügelschlachtung	27
1.8.	Kaninchenschlachtung	28
1.9.	Behandlung des Blutes	30
2.	Beurteilung des Fleisches	31
2.1.	Lebensmittelhygienische Beurteilung	31
2.2.	Beurteilung der Verarbeitungsfähigkeit und der Fleischqualität	34
2.2.1.	PSE-Fleisch	35
2.2.2.	DFD-Fleisch	36
2.2.3.	Fett- und bindegewebige Degeneration von Muskeln	37
2.2.4.	Farbabweichungen im Fleisch	38
2.2.5.	Farb- und Konsistenzabweichungen im Fett	38
2.2.6.	Geruchs- und Geschmacksabweichungen des Fleisches	39
2.2.7.	Hemmstoffhaltiges Fleisch	41
2.2.8.	Beurteilungsmöglichkeiten des Fleisches	41
3.	Mikrobiologische Grundlagen der Hausschlachtung	43
4.	Fleischreifung und Fleischverderb	50
5.	Zerlegen	54
5.1.	Zerlegen von Schweinen	54
5.2.	Zerlegen von Rindern	58
5.3.	Zerlegen von Kälbern	63
6.	Därme	68
6.1.	Naturdärme	68
6.2.	Kunstdärme	70
6.3.	Darmbearbeitung	71
7.	Rohwurst	74
7.1.	Innere Vorgänge bei der Rohwurstherstellung	74
7.2.	Rohwurstreifung	77
7.2.1.	Erste Reifungsphase	77
7.2.2.	Zweite Reifungsphase	82
7.2.3.	Steuerung der Rohwurstreifung	83
7.3.	Rohwurstreifeverfahren	86
7.4.	Anforderungen an die Rohstoffe	87
7.5.	Die einzelnen Herstellungsstufen	90
7.6.	Rohwurstrezepturen	92
7.6.1.	Streichfähige Rohwürste	93
7.6.2.	Schnittfeste Rohwürste	97
7.7.	Rohwurstfehler	107
8.	Kochwurst	111
8.1.	Leberwurstherstellung	111
8.2.	Blutwurstherstellung	114
8.3.	Sülzwurstherstellung	116
8.4.	Herstellung von Kochwurst in Dosen	117
8.5.	Kochwurstrezepturen	118
8.5.1.	Leberwürste	118
8.5.2.	Kochstreichwürste ohne Leberzusatz	124
8.5.3.	Blutwürste	127
8.5.4.	Sülzwürste	136
8.6.	Kochwurstfehler	139
9.	Brühwurst	142
9.1.	Innere Vorgänge bei der Herstellung	143
9.2.	Brühwurst-Aufschnittsorten	145
9.3.	Kochsalami	148
9.4.	Bratwürste	151
9.5.	Pasteten	152
10.	Dauerpökelwaren	164
10.1.	Innere Vorgänge bei der Herstellung	164
10.2.	Ansetzen der Pökellake	167
10.3.	Herstellungsverfahren ausgewählter Dauerpökelwaren	168
10.4.	Herstellungsfehler	172
11.	Garfleischwaren	175
11.1.	Herstellung von Garfleischwaren	178
11.2.	Herstellungsfehler und Verderbniserscheinungen	180

12.	*Salate, Aspikwaren, Sülzen, Feinkost* 182	
12.1.	Fleischsalate 182	
12.2.	Sülzen und Aspikwaren 188	
12.3.	Fleischfeinkost 191	
12.4.	Herstellungsfehler und Verderbniserscheinungen 194	
13.	*Haltbarmachung von Fleisch und Fleischwarenherstellung* 195	
13.1.	Die einzelnen Konservierungsverfahren 196	
13.2.	Herstellung ausgewählter Fleischwaren 199	
14.	*Gewürze* 205	
15.	*Lebensmittelvergiftungen* 214	
16.	*Hausschlachtstellen und Landfleischereien* 221	
17.	*Ausgewählte gesetzliche Bestimmungen* 224	
	Weiterführende Literatur 231	
	Bildquellenverzeichnis 231	
	Rezeptverzeichnis 233	
	Sachwortverzeichnis 235	

1. SCHLACHTUNG

Vorbereitung zur Schlachtung

Bevor mit dem Schlachten begonnen werden kann, sind vom Tierbesitzer eine Reihe von Vorbereitungen zu treffen. Nachdem der Schlachttermin mit dem Hausschlächter vereinbart wurde, ist die Hausschlachtung termingemäß anzumelden. In der DDR besteht die gesetzliche Pflicht zur

- Anmeldung der Hausschlachtung beim Rat der Gemeinde bzw. Stadt und zur
- Anmeldung der Schlachttier- und Fleischuntersuchung.

Die entsprechenden Anmeldetermine sind unbedingt einzuhalten.

Anmeldung der Schlachtung beim Rat der Gemeinde bzw. Stadt

Nach der «Anordnung über die Durchführung von Hausschlachtungen» vom 21. 12. 1962 (Gbl. II 1963, S. 4) sind Hausschlachtungen von Rindern, Kälbern, Schweinen, Schafen und Ziegen von den Tierhaltern spätestens 8 Tage vor ihrer Durchführung beim örtlich zuständigen Rat der Gemeinde/Stadt anzuzeigen. Sie bedürfen der schriftlichen Bewilligung. Diese ist gebührenfrei und binnen 3 Tagen nach Anmeldung vom zuständigen Rat der Gemeinde/Stadt schriftlich zu erteilen oder unter Angabe der Gründe abzulehnen und mit einer Rechtsmittelbelehrung zu versehen.

Anmeldung zur Schlachttier- und Fleischuntersuchung

Gemäß «Anordnung über die Schlachttier- und Fleischuntersuchung – Fleischuntersuchungsanordnung –» vom 5. 11. 1971 (Gbl. II, S. 644) unterliegen Rinder, Schweine, Schafe, Ziegen (außer Ziegenlämmer bis 3 Monate) und Einhufer vor und nach der Schlachtung einer Untersuchung (Schlachttier- und Fleischuntersuchung) durch Fachkräfte des Veterinärwesens.

Schweine und andere Tierarten, die Träger von Trichinen sein können und deren Fleisch für die menschliche Ernährung verwendet werden soll, unterliegen zusätzlich einer Untersuchung auf Trichinen (Trichinenschau).

Wer diese untersuchungspflichtigen Tiere selbst schlachtet oder schlachten lassen will, hat dies bei dem zuständigen Untersucher (Tierarzt, Veterinäringenieur, Veterinärtechniker, Fleischuntersucher, Trichinenschauer) anzumelden. Falls nicht bekannt ist, welcher Untersucher für den jeweiligen Fleischuntersuchungsbezirk zuständig ist, kann dies beim Rat der Gemeinde oder Stadt bzw. der Veterinärhygieneinspektion erfragt werden. Die Anmeldung ist zu wiederholen, wenn die Schlachtung nicht am Tage nach der Schlachttieruntersuchung erfolgt ist.

Eine besondere Anmeldung zur Trichinenschau ist erforderlich, wenn der zuständige Untersucher nicht gleichzeitig die Trichinenschau durchführt.

Entsprechend der «Ausnahmegenehmigung zur Fleischuntersuchungsanordnung» vom 20. 4. 1981 kann bei Hausschlachtungen von untersuchungspflichtigen Tieren auf die Durchführung der Schlachttieruntersuchung verzichtet werden, wenn folgende Bedingungen eingehalten werden:

- Das Fleisch des zur Hausschlachtung gemeldeten Tieres ist ausschließlich für die Verwendung im individuellen Haushalt des Tierbesitzers vorgesehen und wird nicht an Dritte abgegeben oder in Gemeinschaftsküchen verwendet.

- Die Anmeldung zur Fleischuntersuchung beim Untersucher muß spätestens 5 Tage vor der Hausschlachtung erfolgt sein.

1.1. Planung der Schlachtprodukte

Vor der Schlachtung sollten feste Vorstellungen über die herzustellenden Produkte bestehen. Dabei muß gewährleistet sein, daß
- alle Schlachtkörperteile optimal verarbeitet werden und
- die Produkte innerhalb einer bestimmten Zeit zu verbrauchen sind.

Für jedes Produkt und jede Konservierungsart bestehen optimale Lagerfristen, bei deren Überschreitung Qualitätsmängel auftreten, die bis zur Genußuntauglichkeit führen können. Die für die jeweiligen Produkte und Konservierungsverfahren geeigneten Lagerfristen werden in den betreffenden Abschnitten besprochen.
Bei einer optimalen und vollständigen Verarbeitung aller Schlachtkörperteile versteht es sich von selbst, daß nicht nur solche besonders begehrten Fleisch- und Wurstwaren, wie Schinken und Rohwurst, hergestellt werden können. Diese Fleisch- und Wurstarten müssen in einem bestimmten Verhältnis zu anderen Arten, wie Leberwurst, Sülzwurst, Blutwurst und Speck, stehen. Dieses Verhältnis ist nicht beliebig austauschbar, sondern wird von der Zusammensetzung des Schlachtkörpers bestimmt, insbesondere vom Verhältnis Muskelfleisch zu Fettgewebe und Bindegewebe. Generell gilt:
- Je mehr hochwertige magere Fleisch- und Wurstwaren (Schinken, Braten usw.) hergestellt werden, desto mehr Fett ist in die restlichen Wurstarten einzuarbeiten.

Rezepturen für Hausschlachtungen und Standardrezepturen

Die in diesem Buch empfohlenen Rezepturen haben sich speziell für die Belange der Hausschlachtung bewährt. Daneben gibt es eine Vielzahl verbindlicher Standardrezepturen für die gewerbliche Fleischverarbeitung in Industrie und Handwerk.
Diese Standardrezepturen beruhen auf einer Aussortierung bestimmter Fleischteile aus vielen Schlachtkörpern (Fleischwertsortierung) mit dem Ziel, dem Verbraucher ein gleichbleibendes und gleichwertiges Produkt anzubieten. Bei der Hausschlachtung ist eine solche Fleischwertsortierung nur beschränkt möglich, da – von eventuellem Fleischzukauf abgesehen – nur ein Schlachtkörper vorhanden ist.
Für Erzeugnisse aus Hausschlachtungen können daher keine einheitlichen chemisch-analytischen Werte angegeben werden. Demnach können sie auch keiner Preiskalkulation unterzogen werden.
Erzeugnisse aus Hausschlachtungen dürfen daher nur im eigenen Haushalt verbraucht und nicht an andere Personen verkauft werden. LPG-eigene Hausschlachtstellen und Landfleischereien unterliegen dann nicht einer Preiskalkulation ihrer Erzeugnisse, wenn diese ausschließlich an die Mitglieder oder an die LPG-eigene Küche zur Weiterverarbeitung abgegeben werden. In diesem Fall können auch beliebige Rezepturen eingesetzt werden. Sollen aber Erzeugnisse aus den LPG-eigenen Hausschlachtstellen über eine öffentliche Verkaufsstelle verkauft werden, sind Standardrezepturen zu verwenden.

Schlachtkörpermasse und Fleischausbeute

Von der Lebendmasse der Schlachttiere verbleiben etwa 70 % für die Verarbeitung. Die restlichen 30 % bestehen aus den Schlachtverlusten, wie Croupon (Schweinehaut), Fell, Unterbeine usw. (17 %), den Knochen (12 %) und dem Verarbeitungsverlust (etwa 1 %). Die verbleibenden 70 % setzen sich aus Muskulatur, Fettgewebe, Bindegewebe, Innereien und Blut zusammen, d. h. Schlachtkörperteilen, die fast vollständig verarbeitet werden können. Sie lassen sich zu mannigfachen Produkten verarbeiten, d. h. nicht nur das übliche Hauptsortiment, wie *Rohwurst, Dauerpökelwaren, Leberwurst, Sülzwurst, Blutwurst* und *Speck,* sondern auch weniger bekannte Erzeugnisse, wie *Brühwurst (Mortadella, Jagdwurst), Eisbein in Aspik, Rippchen in Aspik, Paprikaspeck, Schweinefleisch im eigenen Saft, Corned porc* und *Hackfleisch im Glas,* lassen sich herstellen.

Auch innerhalb des Hauptsortiments gibt es durch Variation der Rezepturen viele Möglichkeiten, das Schlachtproduktsortiment abwechslungsreich und den Bedürfnissen der Familie entsprechend zu gestalten. Andererseits sollte man sich durch zu viele Produkte nicht verzetteln. Es ist deshalb rechtzeitig zu planen, welche Produkte hergestellt werden sollen. Im folgenden werden einige Beispiele der Sortimentsauswahl vorgestellt, wobei ein Schlachtschwein mit einer Lebendmasse von 100 kg, das entspricht einer Verarbeitungsmasse von 70 kg (ohne Blut), zugrunde gelegt wird.

Dauerpökelwaren	etwa 10 kg Fertigerzeugnis
(Rollschinken, Schinkenspeck)	(15 kg Einsatzmaterial)
Rohwurst	10 kg
Preßkopf	7 kg
Blutwurst	15 kg
Leberwurst	20 kg
Eisbein in Aspik	4 kg
Brühwurst	4 kg
Paprikaspeck	2 kg
Grützblutwurst zum Frischverzehr	1 kg

Soll vorwiegend Rohwurst hergestellt werden, muß der Schinkenanteil stark reduziert werden.

Rohwurst	30 kg
Dauerpökelwaren	5 kg
Preßkopf	10 kg
Blutwurst	7 kg
Leberwurst	10 kg
Rippchen in Aspik	2 kg
Hackfleisch in Dosen	2 kg
Brühwurst	3 kg
Eisbein in Aspik	2 kg
Blutkuchen (Frischverzehr)	2 kg
Leberkäse, gebacken (Frischverzehr)	1 kg

Soll mehr Leberwurst hergestellt werden, kann die Produktpalette wie folgt aussehen:

Rohwurst	10 kg
Leberwurst	20 kg
Leberkäse, gebacken	1 kg
Schinken	5 kg
Preßkopf	10 kg

Rotwurst	15 kg
Eisbein in Aspik	2 kg
Schweinefleisch im eigenen Saft	2 kg
Paprikaspeck	1 kg
Speck, geräuchert	1 kg
Brühwurst	3 kg
Blutkuchen (Frischverzehr)	2 kg

Wird Bratenfleisch gewünscht, reduziert sich die Möglichkeit der Herstellung von Rohwurst und Dauerpökelwaren. Außerdem bleibt dann Fett übrig. Es empfiehlt sich bei der Verwendung der mageren Teile als Bratenfleisch, Speck zu salzen und zu räuchern, wobei man für etwa 6 kg Bratenfleisch 3 kg geräucherten Speck herstellt, um das Verhältnis von Fleisch zu Fett bei der übrigen Wurst nicht zu sehr zu stören.

1.2. Allgemeine Vorbereitungen

Während bestimmte Schlacht- und Verarbeitungsgeräte, wie Schußapparat (Bild 1), Messer (Bild 2), Glocke, Säge, Wolf (Bild 3), Beil und Füllmaschine (Bild 4), in der Regel vom Hausschlächter zur Schlachtung mitgebracht werden, sind alle anderen benötigten Geräte (u. a. Thermometer), Hilfsmittel und Zusatzstoffe vom Tierbesitzer vor dem Schlachten bereitzustellen. Es müssen für das Schlachten vorhanden sein:
Schweine- oder Rinderschragen, Flaschenzug, Spreizholz, Blutschüssel mit Rührholz und Kochkessel.
Das zum Brühen und zur Säuberung benötigte heiße Wasser ist rechtzeitig bereitzuhalten und nicht zu knapp zu bemessen (150...200 l). Während der gesamten Schlachtung und Verarbeitung muß ständig heißes Wasser vorrätig sein.
Für die Verarbeitung sind notwendig:
Schneidbretter, Satten und Schüsseln, Glas- und Blechdosen (bei Blechdosen auch Verschließmaschine), Kochsalz, Nitritpökelsalz, Zucker, Quellsalz zur Brühwurstherstellung, Gewürze, Wurstbindegarn, trockenes Räuchermaterial, Pökelbehälter, Thermometer.

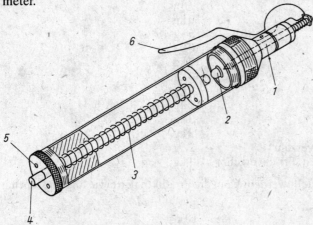

Bild 1. Bolzenschußapparat
(1) Zündbolzen (2) Platzpatrone (3) Rückholfeder (4) Schlagbolzen (5) Gasabzugslöcher (6) Abzugsbügel

Sollen zugekaufte gesalzene Naturdärme verarbeitet werden, sind diese am Tage vorher zu wässern.
Die für die Verarbeitung vorgesehenen Räume sind vor dem Schlachten zu säubern. Alles nicht benötigte Mobiliar ist zu entfernen (Unfallgefahr).
In der gleichen Weise sind die Räume zur Lagerung der Halbfertig- und Fertigprodukte vorzubereiten. Für die gefüllten Rohwürste sind entsprechende Rundhölzer (Stangen) zum Abhängen bereitzulegen. Die fertig gegarten Kochwürste müssen schnell auskühlen können und kühl zu lagern sein.

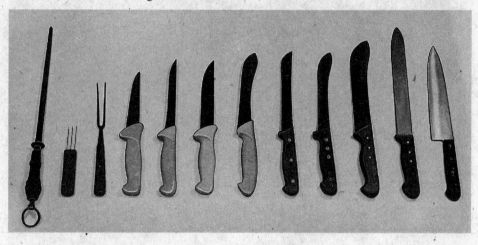

Bild 2. Fleischmesser, Gabeln und Stahl (von links beginnend)
(1) Stahl (2) Wurststipper (3) Fleischgabel (4) Messer zum Auslösen (Polker) (5) Stechmesser (6) Abschwartemesser (7) Enthäutemesser für Schwein und Rind (8) bis (10) Messer zum Schneiden von Fleisch, Wurst und Speck (11) und (12) Küchen- bzw. Aufschneidemesser für Wurst und Braten

Bild 3a. Fleischwolf; Gehäuse ohne Antrieb und mit Verschlußring

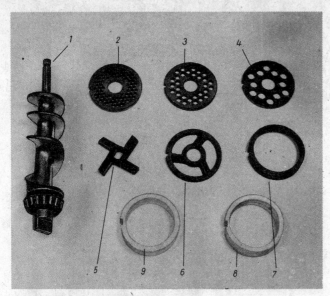

Bild 3b. Fleischwolf, zerlegt
(1) Förderschnecke (2) 2-mm-Scheibe (3) 4-mm-Scheibe (4) 6-mm-Scheibe (5) Kreuzmesser (6) Vorschneider (7) (8) (9) Distanzringe

Bild 4. Wursthandfüllmaschine mit verschiedenen Tüllen

1.3. Arbeitsschutz

Bei der Hausschlachtung gibt es eine Reihe von Gefahrenquellen, deren Nichtbeachtung zu erheblichen Verletzungen führen kann. Die Schlachtung darf nur von einem dazu berechtigten Hausschlächter vorgenommen werden. Die Betäubung erfolgt heute in der Regel mit einem Bolzenschußapparat. Der Schußapparat ist sicher zu verwahren; dafür ist der Hausschlächter verantwortlich.
Eine große Gefahrenquelle bildet das heiße Wasser in den häufig freistehenden Kochkesseln. Es ist deshalb auf einen absolut sicheren Stand der Kessel zu achten. Alle nicht direkt an der Hausschlachtung beteiligten Personen, insbesondere Kinder, sind vom Kesselbereich fernzuhalten.
Das Ausnehmen und Zerlegen des Schlachtkörpers ist alleinige Angelegenheit des Hausschlächters. Wird die ordnungsgemäße Schnittführung nicht beherrscht, kann es zu Schnittverletzungen infolge Abgleiten des Messers an den Knochen kommen.
Eine weitere Gefahrenquelle bildet der Wolf. Es ist darauf zu achten, daß auf keinen Fall mit der Hand in die Wolföffnung gegriffen wird, um beispielsweise festhängende Fleischteile zu lockern und nachzuschieben. Gerät ein Finger in den Bereich der Schnecke, kommt es zu schmerzhaften, schwer heilenden Quetschwunden, die oft schon die Amputation des betreffenden Fingers zur Folge hatten. Zum Beschicken und Nachschieben ist grundsätzlich ein Stopfholz zu verwenden.
Messer müssen mit einem Schutzgriff versehen sein.
Um Schnittverletzungen vorzubeugen, empfiehlt sich das Anlegen von schnitthemmenden Handschuhen, die in den Einkaufs- und Liefergenossenschaften des Fleischerhandwerks oder in Fachgeschäften für den Fleischereibedarf erhältlich sind.
Kleinere Schnittverletzungen sind entsprechend zu behandeln (Reinigung, Schnellverband). Die Wunde darf aber nicht mehr mit Fleisch in Berührung kommen. Über der Wunde ist ein Schutz (Fingerling, Gummihandschuh) zu tragen.
Bei stark blutenden Schnittverletzungen, Schnittverletzungen am Körper oder Quetschwunden ist sofort ein Arzt hinzuzuziehen.

1.4. Schlachten von Schweinen

An den Tagen vor der beabsichtigten Schlachtung sollen die Tiere völlig normal gefüttert werden. Es ist falsch, sie entweder besonders konzentratreich zu füttern oder sie hungern zu lassen. Jede Futterumstellung ist zu vermeiden. Geruchs- und geschmacksbeeinflussende Futtermittel sind rechtzeitig abzusetzen (s. auch unter 2.2.6.).
Am Tage der Schlachtung wird auf die Morgenfütterung verzichtet; allerdings ist Wasser anzubieten.
Ein Umstellen der Tiere vor dem Schlachten oder ein Zusammenstellen mit anderen Tieren soll wegen der damit verbundenen Aufregung unterbleiben.
Beim Betäuben und Entbluten sollten nur die unmittelbar mit dem Schlachten betrauten Personen anwesend sein. Kinder sind auf jeden Fall fernzuhalten.

Betäubung

Am rechten hinteren Bein des Schweins wird ein Strick angeschlauft, an dem es ruhig und langsam aus dem Stall geführt wird. An der Schlachtstelle wird es fest angebunden und anschließend entweder durch Kopfschlag oder durch Verwendung eines Bolzen-

schußapparates vollständig betäubt. Erst danach ist der Blutentzug zulässig. Heute wird im allgemeinen der Bolzenschußapparat verwendet.
Dabei gibt es zwei Möglichkeiten (Bild 5), den

- Schuß auf die Mitte der Stirn und den
- Schuß hinter das Ohr.

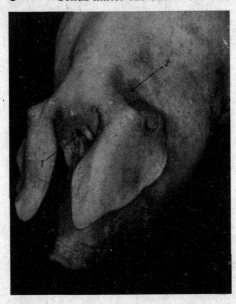

Bild 5. Betäubungsstellen beim Schwein
(1) Stirnmitte (2) hinter dem Ohr

Entblutung

Beim Betäuben ist darauf zu achten, daß das Schwein auf die rechte Seite fällt. Der nun folgende Blutentzug führt zum Tode des Tieres. Das Blut steht, da ja das Herz trotz Betäubung noch arbeitet, in den großen Gefäßen unter Druck. Beim Anstechen der Gefäße tritt das Blut zunächst als Strahl heraus. Dieses auch Strahl- oder Stoßblut genannte zuerst austretende Blut sollte zur Wurstverarbeitung verwendet werden, da eine keimarme Gewinnung möglich ist. Vor dem Blutentzug muß daher alles vorbereitet sein, um das Strahlblut sauber auffangen zu können.
Die Stichstelle, die vor dem Entbluten zu reinigen ist, liegt etwa 2...3 cm vor dem Brustbeinende. Eröffnet werden beim richtigen Stechen sowohl die große Halsvene als auch die Halsarterie.
Die Entblutungsdauer beträgt etwa 4 min; bei unrichtigem Stechen ist sie aber wesentlich länger.
Das Blut, das in den ersten 30 s heraustritt, soll aufgefangen werden. Richtiges Stechen ist eine Voraussetzung für eine ordnungsgemäße Entblutung, diese wieder für eine gute Fleischqualität. Ein mangelhaftes Entbluten beeinflußt die Haltbarkeit negativ.
Wenn die Luftröhre mit angestochen wird, kommt es zur Blutaspiration in die Lunge.
Das Anstechen des Lungenraums, der Pleurahöhle, führt beim Brühen zum Eintreten von keimhaltigem Wasser in die Brusthöhle und zu Verbrühungen von Lunge und Brustfell.
Der Beginn des Entblutens sollte spätestens 1...2 min nach der Betäubung erfolgen. Kommt es zu einer Verzögerung, verengen sich die durch die Betäubung geweiteten fei-

Ausschlachtung

Das Ausschlachten beginnt mit dem Spreizen der Hintergliedmaßen und dem anschließenden Aufhängen des Schlachtkörpers. Dazu werden die starken Beugesehnen der Hintergliedmaßen freigelegt und das Spreizholz durch die Beugesehnen gesteckt. Der Schlachtkörper wird nun in eine Hängelage gebracht, wozu meist ein an einem Dreibock befestigter Flaschenzug oder eine Leiter verwendet werden.

Das Öffnen des Körpers beginnt mit einem Schnitt zwischen den Keulen, der sich nach unten zum Hals fortsetzt. Die Knochenteile des Beckenknochens, des «Schlosses», sind beim Mastschwein noch nicht verhärtet und lassen sich mit dem Messer trennen (Bild 7). Bei Sauen und älteren Tieren muß gesägt werden. Bei männlichen Tieren wird der Penis samt Nabelbeutel ausgeschnitten, bei allen Tieren dann die Blase entfernt. Bei weiblichen Tieren wird die Gebärmutter herausgeschnitten. Nach Umschneidung des Afters wird der Mastdarm gelöst. Entlang der hinteren und vorderen Gekrösewurzel trennt man das Darmpaket einschließlich Magen und Milz ab und zieht es etwas heraus. Durch Trennung der Speiseröhre vom Magen wird das ganze Darmpaket zur Herausnahme frei. Nun entfernt man die Gallenblase von der Leber.

Im nächsten Arbeitsgang wird das Geschlinge herausgenommen. Es umfaßt beim Schwein Leber, Lunge, Herz, Luftröhre und Zunge. Der Brustkorb wird aufgesägt. Danach wird mit einem kreisförmigen Schnitt um die Leber das Zwerchfell durchtrennt (Bild 8). Das Geschlinge kann nun nach vorn aus der Brusthöhle herausgezogen werden (Bilder 9a und b). Durch Verlängerung des Halsschnittes bis zum Unterkiefer lassen sich die Luftröhre und Zunge lösen. Es werden Speiseröhre und Herz aufgestochen und im kalten Wasser gesäubert.

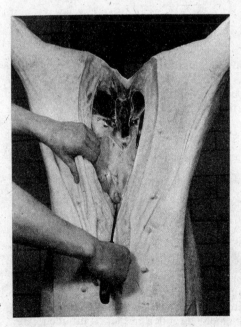

Bild 7. Trennen des Schlosses und Eröffnen der Bauchhöhle

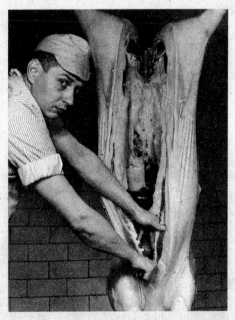

Bild 8. Eröffnen von Bauch- und Brusthöhle

nen Blutgefäße in den Muskeln, und es verbleibt viel Restblut in der Muskulatur; das Tier blutet schlecht aus.

Brühen

Das Schwein wird anschließend gebrüht, damit sich Borsten und Klauenschuhe leicht lösen lassen. Dabei wird das Schwein bei Temperaturen von 57...59 °C mindestens 4...5 min in einem Bottich oder auf dem Schragen dem Brühwasser ausgesetzt bzw. mit heißem Wasser übergossen.
Die Einhaltung von Brühtemperatur und -zeit ist wichtig, da oberhalb von 62 °C bereits sichtbare Hautverbrühungen auftreten. Im Bereich von 59...62 °C kommt es bereits zu Hautveränderungen, die sich aber erst beim Gerben der Haut bemerkbar machen. Oberhalb von 65 °C kommt es zu so starken Hautveränderungen, daß die Borsten nunmehr wieder durch Denaturierung der Haut fester sitzen, statt gelockert zu werden. Da in der DDR Ablieferungspflicht für die Schweinerückenhaut (Croupon) besteht, darf diese im Interesse der Weiterverarbeitung zu hochwertigem Leder nicht mit gebrüht werden. Das Brühen ist beendet, wenn sich die Borsten am Ohr und am Schwanz leicht lösen und die Klauenschuhe entfernen lassen.

Entborsten

Das Schwein wird zum Entborsten auf den Schragen gelegt und zunächst mit der «Glocke» bearbeitet, mit der auch die Klauenschuhe entfernt werden. Ist der Schlachtkörper sauber abgekratzt, wird er mit kaltem Wasser abgespült und anschließend mit dem Messer vollständig entborstet.

Enthäutung

Die Gewinnung eines bestimmten Teiles der Schweinehaut, des Croupons, für die Lederverarbeitung ist in der DDR bei allen Schweinen über 50 kg Lebendmasse gesetzlich vorgeschrieben. Die Schnittführung liegt 15 ... 20 cm beiderseits der Mittellinie des Bauches. Nach vorn führt sie bis etwa eine Handbreit hinter die Ohren und nach hinten über die Keulen etwa am Schwanzansatz vorbei (Bild 6).

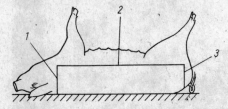

Bild 6. Schnittführung bei der Gewinnung des Croupons
(1) Vorderschnitt (2) Seitenschnitte (3) Hinterschnitt

Das Enthäuten muß vorsichtig geschehen, da Einschnitte in die Unterhaut zu Lederfehlern führen. Das Unterhautfett ist restlos zu entfernen.
Mit der nun folgenden Ausschlachtung des Tieres beginnt die sogenannte «reine Phase» der Schlachtung. Das Ausschlachten muß an einem gesonderten Platz stattfinden. Alle zu den bisherigen Arbeitsgängen benutzten Geräte und Kleidungsstücke sind zu reinigen. Brühwasser und Blutreste sind vor dem Ausschlachten zu beseitigen.

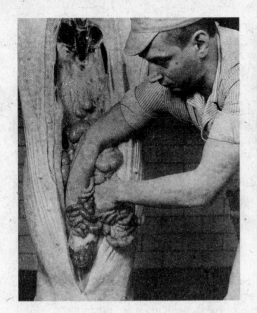 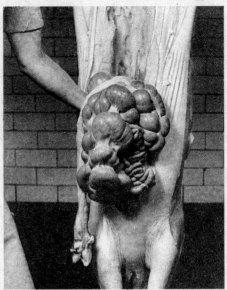

Bilder 9a und b. Herausnehmen des Geschlinges

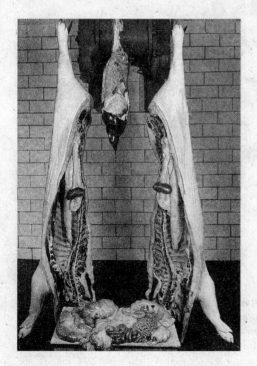

Bild 10. Ordnungsgemäß ausgeschlachtetes Schwein; zur Fleischuntersuchung vorbereitet

Als nächstes werden die Flomen (mit Bauchfell überzogenes Bauchfett) gelöst. Das Fettgewebe wird zunächst vom Zwerchfell getrennt und dann nach oben in Richtung Becken gerissen. Die Nieren werden aus der Kapsel geschnitten. Es erfolgt das Trennen des Schlachtkörpers in zwei Hälften, wobei der linken Hälfte der Schwanz zugeordnet wird. Die Dornfortsätze sind entweder durchzuhacken oder im Wechsel links bzw. rechts zu belassen.

Mit dem Durchhacken oder Durchsägen des Schweines in zwei Hälften ist das Ausschlachten beendet. Eine weitere Zerlegung darf erst nach der Fleischbeschau erfolgen. Dazu werden alle ausgeschlachteten Organe in ihrem natürlichen Zusammenhang belassen. Das Geschlinge wird am Kehlkopf aufgehängt, und Darm mit Magen und Mikker sind auf einem Tisch oder Brett auszubreiten (Bild 10). Eine Darmbearbeitung darf ebenfalls vor der endgültigen Beurteilung durch den Fleischbeschauer nicht erfolgen.

1.5. Schlachten von Rindern

Betäubung

Bei Hausschlachtungen werden Rinder ebenso wie Schweine vorwiegend mittels Bolzenschußapparats betäubt. Der Kopfschlag mit einem Hammer ist zwar zulässig, erfordert aber viel Kraft und Erfahrung. Die Betäubungsstelle liegt im Schnittpunkt der Diagonalen vom linken Auge zum rechten Hornansatz und vom rechten Auge zum linken Hornansatz (Bild 11).

Bild 11. Betäubungsstelle (1) beim Rind

Blutentzug

Rinder können entweder durch *Halsschnitt* oder durch *Bruststich* entblutet werden.
Beim Halsschnitt muß zunächst im vorderen Drittel des Halses ein Hautschnitt vorgenommen werden. Die Haut wird dann etwas freigelegt, damit die «Drosselrinne» sichtbar wird. In dieser liegen die große Halsvene und die Arterie, die beide zu durch-

Bild 12. Stichstelle (1) beim Rind

schneiden sind. Beim Bruststich wird am Übergang vom Hals in den Brustteil schräg in Richtung Brustbein eingestochen. Dabei werden Vene und Arterie eröffnet (Bild 12). Der Blutentzug erfolgt analog dem beim Schwein.

Ausschlachten

Zunächst muß der Rinderschlachtkörper auf einem Rinderschragen fixiert werden. Anschließend wird die Haut am Unterkiefer beginnend in der Mittellinie des Halses und des Bauches bis zum After eröffnet. Als nächstes erfolgt der sog. Vorderbeinschnitt, der am linken Vorderbein beginnt, über die Brust führt und an der Spitze des rechten Vorderbeins endet.
Der Hinterbeinschnitt beginnt an der äußeren Seite der Klauen, führt über die Unterseite des Bauches, trifft den Mittelschnitt etwa rechtwinklig und führt zur Klauenspitze des anderen Hinterbeins. Die eigentliche Enthäutung beginnt an der linken Kopfseite und führt über Hals, Brust und Bauch bis zum Schwanz und auf der rechten Seite wieder zurück bis zum Kopf (Bilder 13 und 14).

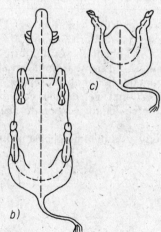

Bild 13. Schematisch dargestellte Schnittführung beim Enthäuten des Rindes
a) Vorderbeinschnitt
b) Mittelschnitt
c) Hinterbeinschnitt

Bild 14. Enthäuten des Rindes

Nachdem der Schlachtkörper auf diese Weise enthäutet wurde, wird die Beugesehne der Hintergliedmaße, die Hesse, freigelegt und der Schlachtkörper mittels einer Spreizvorrichtung gespreizt und aufgehängt.
Im hängenden Zustand kann jetzt die in der Rückengegend noch ansitzende Haut freigeschnitten und abgezogen werden. Danach wird der Kopf abgesetzt.
Nach der Enthäutung wird mittels einer Säge das Brustbein getrennt. Die Schnittführung beim Ausnehmen beginnt zwischen den Keulen. Zunächst wird die Beckenfuge, das Schambein, mit Messer (nur bei jungen Tieren möglich) oder Säge getrennt.
Die Schnittführung erfolgt weiter entlang der Mittellinie bis zur Brust. Dabei wird bei männlichen Tieren der Penis umschnitten und entfernt. Zunächst wird die Blase herausgenommen, bei weiblichen Tieren auch die Gebärmutter.
Der Mastdarm wird kreisförmig umschnitten und die Gekrösewurzel gelöst, damit Dickdarm und Dünndarm herausgenommen werden können. Anschließend nimmt man die Mägen heraus (Bilder 15 und 16).
Um die Leber wird ein Rundschnitt gelegt, um sie vom Zwerchfell zu lösen. Leber, Lunge und Herz mit Speise- und Luftröhre werden gemeinsam herausgenommen.
Nach dem vollständigen Ausschlachten der Organe wird das Rückgrat mit der Säge oder dem Hackmesser getrennt. Restliche Arbeiten sind das Auslösen der Niere und das Herausnehmen des Nierentalges.
Der Kopf wird aufgehängt und die Zunge durch einen Rundschnitt um den Unterkiefer gelöst. Kehlkopf und Schlund sind von Futterresten zu säubern.
Die Speiseröhre wird vollständig aufgeschnitten und ebenfalls von Futterresten gesäubert. Das Herz wird so geöffnet, daß beide Kammern gut sichtbar sind, geronnenes Blut ist zu entfernen. Die Gallenblase ist vorsichtig von der Leber abzulösen.
Der Pansen und die übrigen Vormägen werden eröffnet, geleert und gereinigt. Der so ausgeschlachtete Schlachtkörper ist zur Fleischuntersuchung vorbereitet. Eine weitere Zerlegung darf erst danach erfolgen.
Der Schlachtkörper sollte vor dem vollständigen Auskühlen möglichst nicht geviertelt werden.

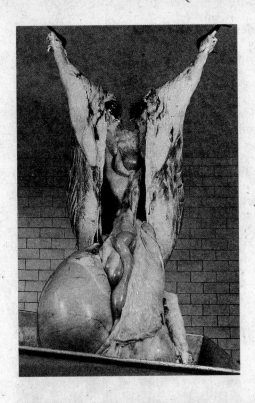

Bild 15. Ausnehmen des Rindes

Bild 16. Darmpaket

1.6. Schlachten von Kälbern, Schafen und Ziegen

Der Schlachtvorgang und das Ausnehmen sind weitgehend mit der Rinderschlachtung identisch.

Kleintiere werden zur Betäubung auf den Schragen gelegt, und man bindet ihnen die Beine zusammen.

Die Betäubung erfolgt durch Schlag mit einem Beil auf die Stirnmitte, doch ist auch hier eine Betäubung mittels Bolzenschußapparates möglich (Bild 17). Die Entblutung wird entweder durch Bruststich oder durch einen Schnitt hinter dem Unterkiefer vorgenommen, wobei die in der Drosselrinne liegenden Halsgefäße (Vene und Arterie) auf beiden Seiten durchtrennt werden (Bilder 18 und 19). Nach der vollständigen Entblutung beginnt das Ausschlachten in der gleichen Reihenfolge wie beim Rind. Nach dem Vorschneiden wird das Fell mit der Faust «ausgestoßen» (Bild 20). Der Schlachtkörper wird an den Hinterbeinen aufgehängt und gespreizt.

Nach Trennung der Beckenfuge wird die Bauchhöhle eröffnet und bei Schaf und Ziege der Saitling abgetrennt. Anschließend wird das restliche Darmpaket einschließlich der Vormägen zusammen entfernt (Bild 21).

Leber, Lunge, Herz und Milz werden als sog. «Geschlinge» zusammen herausgenommen. Mittels Halsschnitts werden Luft- und Speiseröhre gelöst.

Die Gallenblase ist vorsichtig von der Leber zu trennen, Speiseröhre und Herz werden aufgeschnitten und gereinigt.

Das Geschlinge wird gewaschen und zur Fleischbeschau aufgehängt. Kleintiere (Kälber, Schafe und Ziegen) können ungeteilt oder als Schlachtkörperhälften zur Fleischbeschau vorgestellt werden (Bilder 22 a und b).

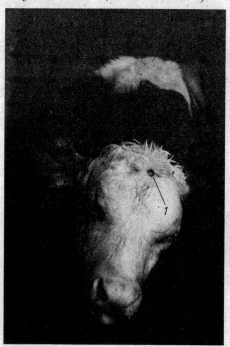
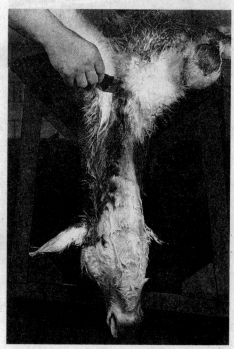

Bild 17. Betäubungsstelle (1) beim Kalb   Bild 18. Blutentzug beim Kalb

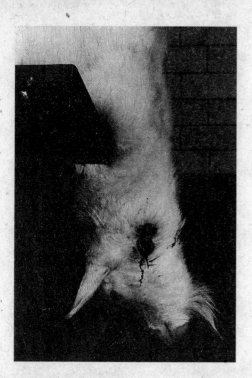

Bild 19. Blutentzug bei der Ziege

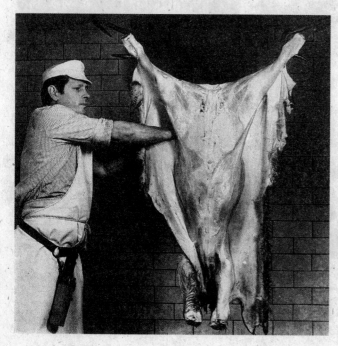

Bild 20. Ausstoßen des Felles

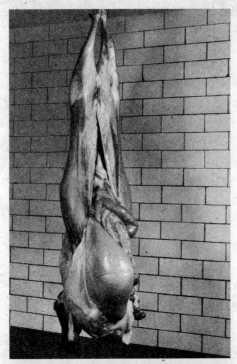

Bild 21. Ausnehmen

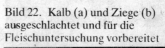

Bild 22. Kalb (a) und Ziege (b) ausgeschlachtet und für die Fleischuntersuchung vorbereitet

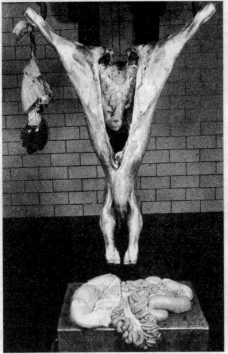
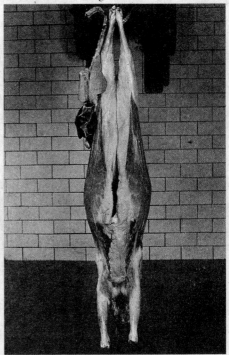

1.7. Geflügelschlachtung

Betäubung

Eine wirksame Betäubung ist durch einen kräftigen Schlag auf den Kopf möglich. Dazu wird im allgemeinen ein Holzstock verwendet. Die Betäubung ist bei Anwendung von bestimmten Entblutungsverfahren, wie Schnabelstich oder Ohrstich, erforderlich.

Entblutung

Neben dem *Schnabel*- und *Ohrstich* kann auch das Abschlagen des Kopfes zum Entbluten führen. Es ist besonders bei Hausschlachtungen, wo das Geflügel sofort verwendet und ausgenommen wird, gebräuchlich. Dabei wird der Kopf mit einem scharfen Beil vom Rumpf getrennt, was eine gute Entblutung zur Folge hat. Das Verfahren hat den Nachteil, daß ein Teil des Federkleides blutig wird. Ein vorheriges Betäuben ist nicht vorgeschrieben. Etwas schwieriger sind die beiden erstgenannten Entblutungsverfahren. Mit ihnen läßt sich nachweisen, daß das Geflügel geschlachtet wurde und nicht verendet ist. Beim Schnabelstich werden mit einem scharfen, meist zweischneidigen Messer die großen Gefäße beiderseits des Kopfes zerschnitten. Dazu führt man das Messer durch den geöffneten Schnabel ein und zerschneidet die am Gaumenrand rechts und links liegenden Gefäße. Das Messer soll dann durch die Gaumenspalte zum Gehirn geführt werden. Das Tier blutet durch den Schnabel aus.
Beim Ohrstich wird mit einem langen spitzen Messer vom Ohr einer Kopfseite zur anderen Kopfseite gestochen. Dieses Entblutungsverfahren wird beim Schlachten von Wassergeflügel empfohlen, um eine Verschmutzung der wertvollen Federn zu vermeiden.

Rupfen

Sollen die Federn im Haushalt nicht weiter genutzt werden, ist das geschlachtete Geflügel zur Vorbereitung des Rupfens zu brühen. Die Temperatur des Wassers beträgt dabei 59...65 °C. Bei höheren Brühtemperaturen kommt es zu Schädigungen der Haut, die sich beim Braten bemerkbar machen.
Ist eine Weiterverarbeitung der Federn vorgesehen, muß trocken gerupft werden. Durch das Brühen verziehen sich die Federn. Es kommt zu Horndeformationen, wodurch die Wärmehaltung der Federn sinkt.
Lassen sich die Federn nur schwer rupfen, kann ein vorsichtiges Dämpfen eine Verbesserung bewirken. Zuerst werden die Brust- und Rückenfedern, dann die Flügel- und Schwanzfedern und zum Schluß die Federn an Beinen und Hals gerupft.
Enten sollten bei der Schlachtung nicht älter als 8 bis 9 Wochen sein, da sie sonst in die Mauser kommen. Das Rupfen wird durch die verbleibenden Stoppeln sonst sehr arbeitsaufwendig.

Ausnehmen

Zum Ausnehmen wird das Geflügel mit der Bauchseite nach oben auf einen Tisch gelegt. Mit einem spitzen kleinen Messer, besser mit einer scharfen und spitzen Schere, umschneidet man den After ringförmig so, daß etwa zwei Finger passieren können. Falls viel Bauchfett vorhanden ist, wird dieses zunächst entfernt. Dann werden die Eingeweide unter mäßigem Zug herausgenommen. Leber und Magen sind durch Verbindun-

gen des Bauchfells in der Leibeshöhle befestigt. Man löst sie, indem mit zwei Fingern die Aufhängungen abgerissen werden. Es verbleiben Herz und Lunge. Mit dem Zeigefinger der linken Hand werden die Lungen gelöst, indem man den Finger zwischen Lunge und Rücken schiebt. Dann lassen sich Herz und Lunge zusammen herausnehmen.
Zum Schluß wird der Kropf entfernt, der meist noch mit Futter gefüllt ist. Entweder umfaßt man ihn dazu mit zwei Fingern der linken Hand, fixiert ihn, schneidet mit der rechten Hand den Hals an und entfernt den Kropf, oder man sucht sich die Speiseröhre (Schlund) und zieht diese an, wobei sich der Kropf nach vorn bewegt und spannt.

Lebensmittelhygienische Beurteilung des Schlachtgeflügels

Nach dem Ausnehmen sind die Organe und die Leibeshöhle des Geflügels vom Tierhalter auf Veränderungen zu untersuchen. Es gibt Erkrankungen, wie Tuberkulose oder Salmonellose, die alle Geflügelarten befallen können, doch gibt es auch eine Reihe von Krankheiten, die nur bei bestimmten Arten, wie Gans oder Pute, Huhn oder Ente, auftreten.
Leber, Darm, Milz und Herz sind in jedem Fall auf Abweichungen zu kontrollieren.
Werden Veränderungen festgestellt, ist deren Ursache zu klären. Der zu befragende Tierarzt entscheidet, ob die Veränderungen zur Genußuntauglichkeit des geschlachteten Tieres führen und ob der Verdacht auf eine Erkrankung des Bestandes besteht.

1.8. Kaninchenschlachtung

Die Kaninchenschlachtung wird in der Regel nicht vom Hausschlächter, sondern vom Züchter selbst durchgeführt.
Grundsätzlich sollen nur gesunde Tiere geschlachtet werden. Längere Zeit erkrankte, abgemagerte Tiere sind nicht schlachtwürdig. Akut erkrankte Tiere, d. h. Kaninchen mit eitrigem Nasenausfluß, Durchfall, eitrigem Scheidenausfluß, Fieber usw., dürfen nicht geschlachtet werden.
Bei frischen Knochenbrüchen, die nicht älter als einen Tag sind, darf die Schlachtung erfolgen.

Betäubung

Dazu wird das Tier mit der linken Hand an den Hinterläufen hochgehoben. Mit der rechten Hand schlägt man unter Verwendung eines Holz- oder Eisenstabes kräftig hinter die Ohren auf den Hinterkopf. Danach hängt man das Tier an den Hinterläufen auf oder fixiert es zwischen den Knien, wobei der Rücken des Tieres nach oben zeigt.

Entblutung

Dicht unterhalb des Kopfes werden mit einem spitzen, kleinen Messer die Halsgefäße (Venen und Arterien) eröffnet. In der Regel wird dabei auch die Luftröhre mit durchschnitten.

Ausschlachten

Die Enthäutung beginnt an den Hinterbeinen. Man schneidet auf der Innenseite der Läufe das Fell auf, und zwar entweder vom After aus nach den Sprunggelenken oder umgekehrt. Die Ablösung des Balges erfolgt zweckmäßigerweise mit dem Finger. Wenn beide Schenkel freigelegt sind, wird der Schwanz bis zu den letzten Wirbeln ausgelöst und vom Fell abgeschnitten.

Danach kann der Balg insgesamt über den Kopf abgezogen werden. Ruckartige Bewegungen sind dabei zu vermeiden, damit die Haut nicht einreißt.

Beim Abziehen über den Kopf treten die Vorderbeine heraus. Das Vorderfußwurzelgelenk wird abgesetzt und verbleibt am Balg. Am Kopf wird das Fell bis zu den Ohren gestreift. Die Ohrwurzeln sind dicht am Ansatz durchzuschneiden und die Kopfhaut mit dem Messer vorsichtig loszutrennen.

Anschließend sind die Augen mit dem Messer herauszuheben, mit den Fingern zu halten und an den Gefäßen abzuschneiden.

Danach wird der Balg zum Aufspannen beiseite gelegt. Zunächst muß das Ausschlachten erfolgen.

Die Eröffnung der Bauchhöhle kann von der Mitte des Bauches zum Becken oder umgekehrt beginnen. Mit dem spitzen Messer wird vorsichtig ein kleiner Schnitt in die Bauchmuskulatur geschnitten, dann mit zwei Fingern die Bauchdecke angehoben und weiter eröffnet. Durch diese Vorsichtsmaßnahme werden die Därme nicht verletzt.

Nun muß die Harnblase herausgetrennt werden. Danach wird das Becken mit dem Messer durch Zerschneiden der Beckenfuge getrennt. Jetzt können Geschlechtsorgane und Därme herausgenommen werden.

Zuletzt werden Leber, Lunge, Herz und Schlund entfernt. Die Gallenblase wird von der Leber am besten mit dem Finger abgelöst. Die bei den großen Schlachttieren obligatorische Fleischuntersuchung ist beim Kaninchen nicht vorgeschrieben. Da es aber auch bei ihm eine Reihe von Erkrankungen gibt, die die Genußuntauglichkeit einzelner Organe oder des ganzen Schlachtkörpers zur Folge haben, sollte nach dem Ausschlachten in jedem Fall eine aufmerksame Betrachtung der Organe und des Schlachtkörpers erfolgen.

Lebensmittelhygienische Beurteilung von geschlachteten Kaninchen

Die Organe aller geschlachteten Tiere, insbesondere Leber, Milz, Lunge und Darm, sind auf sichtbare Abweichungen, Verfärbungen und Neubildungen zu untersuchen.
In der Muskulatur verstreute Eiterherde führen zur Genußuntauglichkeit des Schlachtkörpers.
Die meisten Veränderungen treten an der Leber auf.

- Erbsengroße ovale Wasserblasen unter der Leberkapsel sind Finnen des Hundebandwurmes. Die Leber ist zu verbrennen, eine Verfütterung an Hunde führt zum Bandwurmbefall beim Hund.
- Mohnkorngroße gelbe, weißliche oder rötliche auf der Leber verstreute Herde in größerer Zahl zeigen eine Infektionskrankheit an. Meist ist dabei auch die Milz betroffen. Bei Verdacht auf eine Infektion ist ein Tierarzt zu Rate zu ziehen, da auch der Bestand gefährdet ist. Das geschlachtete Tier ist genußuntauglich.
- Hirsekorn- bis haselnußgroße weißgraue Herde in der Leber sind Anzeichen einer Leberkokzidiose. Das Organ ist genußuntauglich.
- Fettlebern sind vergrößerte, gelblich gefärbte, in der Konsistenz brüchige Lebern. Eine Fettleber tritt bei allgemein verfetteten Tieren als Mastleber auf.

Eine solche Leber ist genußtauglich. Eine Fettleber bei einem sonst eher abgemagerten Tier deutet auf eine Erkrankung hin. Eine solche Fettleber kann auch durch eine Stoffwechselstörung hervorgerufen werden.

Die Finnen des Hundebandwurmes können auch am Bauchfell oder zwischen den Därmen liegen.
Milzschwellung und punktförmige Veränderungen unter der Milzkapsel können durch Infektionskrankheiten hervorgerufen werden. Auch hier ist eine Beurteilung durch einen Tierarzt zu empfehlen.
Unter lebensmittelhygienischem Aspekt und im Interesse der Gesundheit des gesamten Kaninchenbestands sollte jeder unklare Befund mit einem Tierarzt beraten werden.

1.9. Behandlung des Blutes

Die absolute Menge des Blutes im Tierkörper beträgt etwa 8% der Lebendmasse. Davon kann aber nur etwa ein Drittel durch das Entbluten gewonnen werden.
Kommt das Blut mit Luft in Berührung, so wird das Fibrinogen durch einen komplizierten Vorgang – die Gerinnung – in Fibrin überführt. Fibrin ist unlösliches Eiweiß, das eine fadenförmige Struktur im Blut, den Blutkuchen, bildet.
Beim Schwein beginnt die Gerinnung bereits nach 3...4 min, beim Rind nach 6...7 min und beim Schaf nach 2...3 min.
Soll Blut weiterverarbeitet werden, muß es innerhalb dieser Zeit in einen stabilen flüssigen Zustand überführt werden.
Bei Hausschlachtungen wird es als stabilisiertes Frischblut zur Herstellung von Blutwurst oder Tiegelblutkuchen verwendet.

Blutstabilisierung

Die Behandlung des Blutes zur Erhaltung des flüssigen Zustands und zur Verhinderung der Gerinnung bezeichnet man als Stabilisierung. Dafür gibt es mehrere Möglichkeiten, die darauf beruhen, daß das komplizierte System, das zur Gerinnung führt, unterbrochen wird.
Bei Hausschlachtungen sind entweder die *Defibrinierung* oder die *Behandlung mit Phosphat und Kochsalz* gebräuchlich.
Beim Defibrinieren wird durch ständiges Rühren des Blutes das Fibrin ausgefällt, da es als Fibrinklumpen meist am Rührholz verbleibt. Das defibrinierte Blut enthält außer Fibrin alle Blutbestandteile.
Durch den Zusatz einer Polyphosphat-Kochsalz-Mischung, in der DDR als «Stafisal» im Handel, wird das für die Gerinnung notwendige Calcium gebunden. Ohne Calcium kann das Fibrinogen nicht in Fibrin umgewandelt werden. Phosphatstabilisiertes Blut enthält demnach alle Blutbestandteile.
Stabilisiertes Blut ist ein hochwertiges, aber leichtverderbliches Lebensmittel. In der Regel wird Blut bei Hausschlachtungen noch am Tage der Schlachtung weiterverarbeitet. Bis zur Verarbeitung soll es gut gekühlt aufbewahrt werden. Vor allem ist eine Verschmutzung des Blutes zu vermeiden. Eine Aufbewahrung im Freien kann zu einer starken Keimanreicherung (insbesondere von Sporenbildnern) führen. Selbst wenn solches Blut bis zur Verarbeitung nicht verdirbt, ist die hohe Keimbelastung für die Haltbarkeit der daraus hergestellten Wurstwaren ungünstig. Das für Blutwurst nicht verbrauchte Blut sollte nicht weggegossen werden. Es ist ein wertvolles Lebensmittel, und man kann Tiegelblutkuchen oder Grützblutwurst für den Sofortverzehr herstellen.

2. BEURTEILUNG DES FLEISCHES

Die gesetzlich angeordnete Fleischuntersuchung von Schlachtkörpern ist fast 90 Jahre alt. Die Notwendigkeit ihrer Einführung ergab sich aus folgenden drei Gründen:

- Verhütung der Verschleppung von Tierseuchen,
- Bekämpfung der von Tieren auf den Menschen übertragbaren Krankheiten (Zoonosen), z. B. Tuberkulose, Trichinose usw., sowie
- Bekämpfung der damals weitaus häufiger und intensiver auftretenden Lebensmittelvergiftungen im Zusammenhang mit dem Verzehr von Fleisch- oder Wurstwaren.

Die Beurteilung des Fleisches umfaßt zwei Aspekte, und zwar die Beurteilung der *lebensmittelhygienischen Beschaffenheit* und die Beurteilung der *Qualität*.
Die lebensmittelhygienische Beurteilung, die allgemein auch als «Fleischbeschau» bezeichnet wird, umfaßt folgende drei Einzelbeurteilungen:

- Beurteilung des Tieres vor der Schlachtung,
- Beurteilung des Schlachtkörpers und
- Trichinenschau.

Diese Einzeluntersuchungen sind in der DDR durch die «Fleischuntersuchungsanordnung» vom 5.11.71 gesetzlich festgelegt und durch eine Reihe von Ausführungsbestimmungen geregelt. Die Untersuchung nehmen speziell ausgebildete und geprüfte Fleischbeschauer oder Tierärzte (in der DDR auch Veterinäringenieure) vor.
Die Beurteilung der Fleischqualität dient vorwiegend der Einschätzung der Verarbeitungsfähigkeit in technologischer Hinsicht. Sie ist nicht gesetzlich vorgeschrieben. Es gibt aber eine Reihe von Qualitätsstandards, die jedoch für Hausschlachtungen nicht bindend sind. Trotzdem sollte bei Hausschlachtungen neben der Fleischbeschau auch eine Beurteilung der Fleischqualität erfolgen.

2.1. Lebensmittelhygienische Beurteilung

Die *Beurteilung des Tieres vor der Schlachtung* ist für die Gesamtbeurteilung der Unbedenklichkeit von gleicher Bedeutung wie die Beurteilung des ausgeschlachteten Tierkörpers. In einigen Ländern, so auch in der DDR, ist die Beurteilung des lebenden Tieres durch den Sachverständigen nicht mehr zwingend vorgeschrieben. Das bedeutet aber nicht, daß auf eine Beurteilung des lebenden Tieres verzichtet wird. Durch die festgelegte Anmeldefrist zur Hausschlachtung ist zunächst einmal die Möglichkeit unterbunden, Not- oder Krankschlachtungen durchzuführen. Eine Schlachtung ohne Anmeldung wird als Krankschlachtung behandelt, und entsprechende Untersuchungsverfahren (z. B. bakteriologische Fleischuntersuchung) sind einzuleiten. Zum anderen kann der Sachverständige nach seinem Ermessen stichprobenartig Untersuchungen der lebenden Tiere vornehmen.
Die Beurteilung des Tieres vor der Schlachtung ist nunmehr weitgehend in die Verantwortung des Tierbesitzers gelegt worden, da dieser durch den täglichen Kontakt mit dem Tier Abweichungen vom «normalen Verhalten» am ehesten erkennen kann. Er benötigt dazu keine Spezialkenntnisse. Wichtig und entscheidend ist, daß das Tier vor dem Schlachten gut beobachtet wird und jede Abweichung vom Normalverhalten dem Sach-

verständigen vor der Schlachtung mitgeteilt wird, damit dann weitergehende Untersuchungen durchgeführt werden können.
Als Abweichungen vom Normalverhalten gelten folgende Anzeichen:

- Futterverweigerung oder ungenügende Futteraufnahme,
- Durchfall oder Verstopfung,
- Festliegen, plötzliche oder länger bestehende Lahmheiten,
- Hautveränderungen (Verfärbungen oder Schwellungen),
- Abmagerungen trotz guter Futteraufnahme,
- Medikamentöse Behandlungen 3 Wochen vor dem Schlachten.

Alle diese Erscheinungen können harmlos sein, aber ebenso Anzeichen von wichtigen Erkrankungen darstellen. Die Klärung der Ursachen wird in der Regel vom Tierarzt vorgenommen. Er entscheidet, ob die Schlachtung verschoben, eine Behandlung durchgeführt oder eine Not- bzw. Krankschlachtung vorgenommen werden muß.
Zur *Beurteilung des Schlachtkörpers* muß das Schlachttier in einer bestimmten Weise ausgeschlachtet und zerlegt sein, die gesetzlich geregelt ist und für deren Einhaltung der Hausschlächter zu sorgen hat (s. u. 1.4. bis 1.6.).
Erfolgt eine weitergehende Zerlegung oder fehlen Teile des Schlachtkörpers, so zieht das eine bakteriologische Fleischuntersuchung nach sich. Das bedeutet einen unnötigen Zeitverlust von mindestens 48 h.
Der Sachverständige ist nur dann in der Lage, über die Unbedenklichkeit zu entscheiden, wenn alle Schlachtkörperteile vorhanden sind und bestimmte Teile im natürlichen Zusammenhang untersucht werden können. So darf beispielsweise vor der Untersuchung der Darm noch nicht vom Micker abgetrennt und gereinigt worden sein. Das Geschlinge muß im natürlichen Zusammenhang zu betrachten sein, d. h. Zunge, Luft- und Speiseröhre, Kehlkopf, Lunge, Herz und Leber dürfen nicht voneinander getrennt werden. Zwischen diesen Organen liegen wichtige Lymphknoten, deren Beschaffenheit auf Entzündungsvorgänge in den betreffenden Organen Rückschlüsse zuläßt.
Beschaffenheit und Menge des Blutes müssen einwandfrei zu erkennen sein. Das Blut ist also vollständig aufzufangen und für die Untersuchung bereitzuhalten. Farbe und Menge des Blutes lassen den Ausblutungsgrad erkennen. Die ordnungsgemäße Ausblutung ist Voraussetzung für das Gelingen der Produkte. Zeigen alle Organe keinerlei Abweichungen von der Norm und sind die sichtbaren Muskelanteile und Fleischlymphknoten ohne abweichenden Befund, wird der Schlachtkörper in der Regel als «Tauglich» beurteilt. Das gilt auch dann, wenn in einem Organ, beispielsweise bei der Leber, geringe Veränderungen gefunden werden, die der Fleischbeschauer auf Grund seiner Ausbildung zweifelsfrei als parasitäre Herde erkennt.
Zeigt das Tier vor dem Schlachten keine Abweichungen vom Normalverhalten, erfolgte eine ordnungsgemäße Schlachtung und wurde der Schlachtkörper nach gewissenhafter Untersuchung als «Tauglich» beurteilt, kann man sicher sein, daß der Verzehr des Fleisches unbedenklich ist.
Trotz gewissenhafter Untersuchung ist es aber doch möglich, daß einige wenige Veränderungen bei der Fleischbeschau nicht erkannt werden. Das sind in der Regel Veränderungen in der Tiefe der Muskulatur, die erst bei der Zerlegung sichtbar werden. Es kann vorkommen, daß beim Zerlegen des Fleisches nach der Fleischbeschau meist in der Nakken- oder Schinkenmuskulatur ein bindegewebig verdickter, mit einer Art Kapsel umgebener Eiterherd gefunden wird. Solche Eiterherde entstehen durch Eindringen von Fremdkörpern oder auch durch Injektionen mit bestimmten Medikamenten. Handelt es sich nur um einen Eiterherd, kann dieser herausgeschnitten werden, ohne daß ein negativer Einfluß auf die Qualität des Fleisches erwartet werden muß. Anders ist es, wenn

mehrere kleine Eiterherde in einem oder in mehreren Muskelstücken beim Zerlegen gefunden werden. Das ist zwar selten, kommt aber doch immer wieder vor, ohne daß die Veränderungen bei der Fleischbeschau erfaßt worden sind. In diesem Falle ist die Weiterverarbeitung abzubrechen und ein Tierarzt zu Rate zu ziehen, der über die Entstehung dieser Herde und ihre Beurteilung hinsichtlich der lebensmittelhygienischen Unbedenklichkeit zu entscheiden hat.

Ergänzungsfleischbeschau oder erweiterte Fleischbeschau

In vielen Ländern, z. B. ČSSR, Ungarische Volksrepublik, DDR, Österreich und BRD, schreibt die Fleischbeschaugesetzgebung vor, daß der nichttierärztliche Sachverständige (in der DDR also der Fleischbeschauer und der Veterinäringenieur) eine Beurteilung der lebensmittelhygienischen Unbedenklichkeit nur attestieren darf, wenn sowohl keine Abweichungen vom Normalverhalten beim lebenden Tier vor der Schlachtung als auch keine Abweichungen bei der Untersuchung des Schlachtkörpers gefunden wurden.
Der nichttierärztliche Sachverständige ist nicht zuständig bei

- Abweichungen vom Normalverhalten des Tieres vor der Schlachtung,
- Veränderungen an Fleisch oder Organen des Schlachtkörpers,
- nicht ordnungsgemäßer Zerlegung oder fehlenden Teilstücken,
- Nichteinhaltung der vorgeschriebenen Anmeldefrist zur Schlachtung.

In diesen Fällen muß ein Tierarzt zu einer Zusatzuntersuchung, d. h. zur Ergänzungsbeschau, hinzugezogen werden.
Der Tierarzt hat eine große Verantwortung, die Ursachen von Veränderungen in einer für beide Seiten vertretbaren Zeit sicher zu klären. Dazu benutzt er die bakteriologische Fleischuntersuchung. Mit ihrer Hilfe ist es möglich, einwandfrei abzuklären, ob eine allgemeine, sog. «septische» Infektion vorliegt, bei der alle Organe und das Fleisch mit Bakterien überschwemmt sind, oder ob nur ein Organ entzündet ist bzw. ob die Veränderungen nichtinfektiöser Natur sind. Der Nachteil dieser Untersuchung liegt allerdings darin, daß diese Untersuchung in einem Institut durchgeführt werden muß und daß zu ihrer Durchführung mindestens 48 h benötigt werden.
Inzwischen wird eine weitergehende Untersuchung am Schlachtkörper vorgenommen, insbesondere werden Lymphknoten in der Tiefe der Muskulatur zur Beurteilung herangezogen, wobei es sich nicht vermeiden läßt, daß einzelne Muskeln teilweise zerschnitten werden. Nach Abschluß der bakteriologischen Fleischuntersuchung erfolgt durch den Tierarzt die endgültige Beurteilung.
Auf die verschiedenen Möglichkeiten der Beurteilung wird unter 2.2.8. näher eingegangen. Wird der Schlachtkörper nach einer solchen Ergänzungsbeschau als «Tauglich» befunden, ist der Verzehr des Fleisches und der daraus hergestellten Produkte trotz der festgestellten Veränderungen hygienisch unbedenklich.

Trichinenschau

Die Trichinenschau wird bei allen fleischfressenden oder allesfressenden Schlachttieren, zu denen auch das Schwein zählt, durchgeführt. Bei Rindern und Schafen ist somit keine Trichinenschau erforderlich. Trichinen sind in der Muskulatur vorkommende Parasiten. Beim Verzehr von trichinenhaltigem rohem Fleisch werden die meist verkalkten Herde durch die Verdauungsenzyme im Darm gelöst. Die Parasiten durchwandern den Darm

und setzen sich wiederum in der Muskulatur des neuen Wirtes fest. Dabei kommt es zu mehr oder weniger starken Krankheitserscheinungen, die bei starkem Befall zum Tode führen können. So ist bekannt, daß Polarforscher, die rohes Eisbärenfleisch verzehrt hatten, an Trichinose gestorben sind.
Die Trichinose konnte durch die Trichinenschau sehr zurückgedrängt werden, sie ist aber keineswegs erloschen. In den letzten Jahren gab es immer wieder Berichte über einzelne Trichinosen beim Menschen durch Genuß von rohem Schweinefleisch. Wichtig ist, daß Trichinen nicht nur im Hackfleisch überleben, sondern auch durch Pökeln und Salzen nicht abgetötet werden, also auch in rohem Schinken vorkommen können.
Der Lieblingssitz von Trichinen ist die Muskulatur am Zwerchfell. Daher werden zur Untersuchung auf Trichinen immer Proben aus der Zwerchfellmuskulatur entnommen. Die Untersuchung mit einem Mikroskop führt zum sicheren Erkennen. Diese Untersuchung ist ebenfalls gesetzlich vorgeschrieben.
In einigen Ländern ist die Trichinenschau allerdings nicht vorgeschrieben. In diesen Ländern darf rohes Fleisch nur dann genossen werden, wenn es vorher gefroren wurde. Temperaturen um $-18\,°C$ über 48 h töten Trichinen sicher ab.

2.2. Beurteilung der Verarbeitungsfähigkeit und der Fleischqualität

Es gibt eine Reihe von Fleischveränderungen, die beim Verzehr nicht zu Krankheitserscheinungen führen, hygienisch also unbedenklich sind, die aber beim Nichterkennen oder Nichtbeachten Fehlproduktionen, mangelhafte Haltbarkeit oder Ungenießbarkeit der Produkte nach sich ziehen können. Im Gegensatz zu den lebensmittelhygienisch wichtigen Mängeln zählt man diese Veränderungen unter die Mängel der Fleischqualität.
Fleisch hat viele Merkmale, an die ganz bestimmte Anforderungen gestellt werden, z.B. Zusammensetzung (Eiweiß/Fett/Wasser), Farbe, Geruch, Konsistenz, pH-Wert, Wasserbindevermögen, Geschmack, Bißwiderstand. Diese Merkmale können allein bei der Einstufung «Tauglich» in bestimmten Grenzen schwanken. Aus diesen Darlegungen ist ersichtlich, daß eine umfassende Definition des Begriffes «Fleischqualität» sehr schwierig ist. In der DDR gibt es daher auch nur Standards der Fleischqualität, die lediglich die Merkmale der stofflichen Zusammensetzung festlegen, also das Verhältnis von Fett : Wasser : Eiweiß für verschiedene Tierarten und für Teile des Schlachtkörpers.
Trotzdem muß vom Hausschlächter erwartet werden, daß er bestimmte, deutlich sichtbare Abweichungen erkennt und vor allem weiß, wie diese Abweichungen zu bewerten und weiterzubehandeln sind.
Es sind dies

- Farbabweichungen im Fleisch,
- Farbabweichungen im Fett,
- Wäßrigkeit und mangelhaftes Wasserbindevermögen,
- mangelhafte Fleischreifung, insbesondere Fleischsäuerung,
- Geruchs- und Geschmacksabweichungen.

Diese Abweichungen sind oft miteinander gekoppelt. So deuten bestimmte Farbabweichungen auf ein mangelhaftes Wasserbindevermögen hin. Andere Farbabweichungen sind dagegen mit ungenügender Fleischreifung verbunden, Farbabweichungen im Fett hängen häufig mit Geruchsabweichungen zusammen. Diese Abweichungen können sowohl an einzelnen Fleischteilen auftreten als auch den gesamten Schlachtkörper betreffen. Wichtig ist, daß diese Abweichungen die lebensmittelhygienische Beurteilung «Tauglich» in der Regel nicht beeinflussen. Diese Erscheinungen können also auch in normalem Handelsfleisch auftreten.

Im Rahmen des lebensmittelhygienisch als «Tauglich» beurteilten Fleisches treten häufig folgende Fleisch- und Fettveränderungen auf: *PSE-Fleisch, DFD-Fleisch, Farbabweichungen im Fett- und Bindegewebe, Geruchs- und Geschmacksabweichungen, Umwandlungen bestimmter Muskelteile in Fett- und Bindegewebe.*

2.2.1. PSE-Fleisch

Eine der häufigsten Abweichungen von der normalen Fleischqualität stellt das «PSE-Fleisch» dar. Schon aus der Bezeichnung gehen die drei auffälligsten Merkmale dieser Veränderungen hervor (engl. **p**ale: blaß, **s**oft: weich, **e**xudativ: wasserlässig). In der Regel sind mindestens zwei dieser Veränderungen vorhanden. PSE-Veränderungen treten seit etwa Mitte der 60er Jahre gehäuft in allen Ländern mit einer höher entwickelten Landwirtschaft auf. Gegenwärtig ist anzunehmen, daß etwa 30...35 % aller Schlachtschweine PSE-Veränderungen verschiedenen Grades aufweisen. Diese Veränderungen traten verstärkt mit der Umstellung auf die Zuchtrichtung «Fleischschwein» auf. Durch diese schnellwachsenden Schweinerassen ist eine hohe Streßanfälligkeit eingekreuzt worden. Sie haben etwas andere Stoffwechselleistungen als unsere früher verwendeten Landrassen, deshalb reagieren sie überempfindlich auf alle Umweltveränderungen. Da diese zwar leistungsstarken, aber empfindlichen Fleischrassen durchweg auch in der Hauswirtschaft anzutreffen sind, ist auch bei der Hausschlachtung darauf zu achten, daß sich das Tier vor der Schlachtung so wenig wie möglich erregt und daß es in Ruhe zur Schlachtung vorbereitet wird.

Jeder Warmblüter hat als Erbanlage eine bestimmte Anzahl Muskelfasern, aus der seine Muskulatur besteht, und diese lassen sich in Fasern vom weißen und roten Typ einteilen. Die roten Fasern setzen auf Grund ihres hohen Blutfarbstoffanteils Energie vorwiegend aerob um, d. h., die zur Energiegewinnung dienende Glucose wird zu CO_2 und Wasser abgebaut. Die Energieausbeute ist hoch, der trainierte Mensch hat durch das Training zwar prozentual nicht mehr rote Fasern, durch Faserverdickung aber mehr aerobe Energieverwertung. Reicht die Energieerzeugung nicht aus, so werden auch die weißen Fasern zur Arbeit herangezogen, ihr Energieumsatz ist aber anaerob, d. h., sie setzen Glucose zwar auch um, doch entsteht als Endprodukt Milchsäure, und der Energiegewinn ist wesentlich geringer (Muskelkater des Menschen bei Arbeit ohne Training). Die Schweine der Fleischrassen haben relativ viele weiße Fasern, d. h., ihr Energieumsatz ist ohnehin vorwiegend anaerob und verstärkt sich noch durch Erregung. Dieser komplizierte anaerobe Energieumsatz läuft auch nach der Schlachtung noch eine Zeitlang ab, bis alle Vorräte an Energie im Muskel erschöpft sind. Das Ergebnis ist eine sehr schnelle Säuerung (infolge des Endprodukts Milchsäure) bis zum pH-Wert 5,5 bis 5,6 innerhalb von 1 h nach dem Schlachten. Gleichzeitig erhöht sich die Temperatur im Muskel (schnellablaufender Stoffwechsel ohne Wärmeabgabe) bis über 41 °C. Dadurch kommt es bereits zu Veränderungen in der Eiweißstruktur, das Fleisch erscheint «wie gekocht». Wichtig für die weitere Verarbeitung ist nun, daß es durch diese beiden Entgleisungen (starke Säuerung, hohe Temperatur) bereits zu Eiweißveränderungen innerhalb der Muskelfaser kommt (Eiweißdenaturierung), so daß das in der Muskelfaser gebundene Wasser teilweise freigesetzt wird. Dieses Wasser tritt nun an die Oberfläche. Die schlechte Wasserbindung ist nicht mehr reparabel, PSE-Fleisch kann daher für Brühwurst, bei der es auf eine hohe Wasserbindung ankommt, schlecht verwendet werden.

PSE-Fleisch ist erst beim Zerlegen zu erkennen. Es tritt vorwiegend beim Schwein auf, seltener beim ausgewachsenen Rind und fast nie beim Schaf. Die bevorzugte Muskulatur ist das Kotelett. Es folgen Muskelpartien im Inneren des Schinkens. Seltener sind alle Muskeln des Schweines betroffen.

Das Erkennen ist relativ leicht. Die Farbe weicht deutlich von der normalen roten Muskelfarbe ab, sie ist hellrosa, fast weiß. Die Lendenmuskulatur, das Kotelett, kann insgesamt verfärbt oder auch fleckig sein. Beim Eindrücken mit dem Finger tritt meist Fleischwasser aus, die Schnittfläche wird naß. Wird PSE-Fleisch zerlegt, so bildet sich meist in kurzer Zeit ein Wasserfleck auf der Liegefläche. Nimmt man das Fleisch in die Hand, so erscheint es lappig, es hat keinen «Stand».

PSE-Fleisch ist voll genußtauglich und hat auch den gleichen Nährwert wie normal gefärbtes Fleisch; es gibt keine Unterschiede in der stofflichen Zusammensetzung, aber in seiner Verarbeitungsmöglichkeit. Der Hausschlächter sollte daher PSE-Fleisch aussortieren und zunächst getrennt aufbewahren. Es ist auf jeden Fall nicht zu rohem Schinken oder Kochschinken zu verarbeiten. Wegen der schon begonnenen Eiweißdenaturierung pökelt es wesentlich schlechter. Hinzu kommt, daß der Anteil an dem Muskelfarbstoff Myoglobin in PSE-Fleisch wesentlich geringer ist. Gepökeltes PSE-Fleisch hat in der Regel Farbfehler und eine zähe Konsistenz. Kochschinken aus PSE-Fleisch wird fleckig und trocken; der Masseverlust während der Wärmebehandlung ist extrem hoch. Das trifft auch zu, wenn es zu Braten weiterverarbeitet werden soll. Am besten läßt sich PSE-Fleisch zu Rohwurst verarbeiten. Hier weist es sogar einige Vorzüge auf: Es hat einen relativ niedrigen pH-Wert, da die Fleischsäuerung schnell und intensiv vonstatten ging, und die Wasserabgabe, die bei Rohwurst gewünscht wird, erfolgt etwas schneller. Wird vorwiegend PSE-Fleisch verarbeitet, ist darauf zu achten, daß eine zügige und gute Umrötung stattfindet. Die Mittel und Methoden dazu werden unter 7. Rohwurstherstellung behandelt.

Soll roher Schinken, Koch- oder Saftschinken im Haushalt aus Handelsfleisch hergestellt werden, ist beim Kauf auf PSE-Beschaffenheit zu achten. Der Vorteil beim Handelsfleisch liegt darin, daß durch die Zerlegung zum Handelssortiment PSE-Fleisch immer zu erkennen ist. Es muß darauf geachtet werden, daß für die Herstellung dieser Produkte Fleisch normaler Qualität mit guter Farbe verwendet wird.

PSE-Fleisch eignet sich auch zur Herstellung von Kochwurst. Da aber die abweichende Fleischqualität meist die Edelfleischteile, wie Kotelett und Schinken, betrifft, ist eine Verarbeitung zu Kochwurst nicht sinnvoll. Die beste Verarbeitungsmöglichkeit besteht in der Herstellung von Rohwurst. Hier gibt es keine Unterschiede zu normalem Fleisch in bezug auf Reifung, Haltbarkeit, Schnittfestigkeit, Geruch und Geschmack. Im ungünstigsten Fall kann die Umrötung weniger intensiv sein.

2.2.2. DFD-Fleisch

Die Bezeichnung DFD (engl. **d**ark: dunkel, **f**irm: fest, **d**ry: trocken) ist wie bei PSE eine Beschreibung der von der normalen Qualität abweichenden Eigenschaften. Hier liegt also das andere Extrem der Fleischbeschaffenheit vor. Es werden dabei ebenfalls immer mindestens zwei dieser Veränderungen zusammen angetroffen. Die ersten Fleischveränderungen dieser Art wurden ebenfalls in den 60er Jahren beobachtet. DFD-Fleisch kommt überwiegend bei Rindern (sowohl Kühe als auch Bullen) jeden Alters vor.

Die genaue Ursache und die inneren Vorgänge bei der Entstehung dieser Fleischveränderung sind im Gegensatz zur Entstehung des PSE-Fleisches weniger gut bekannt. Eine erbliche Veranlagung durch Einkreuzung bestimmter Rassen spielt auch eine Rolle, ist aber nicht mit gleicher Sicherheit wie beim Schwein nachzuweisen. Auslösende Ursache sind mangelhafte Fütterungs- und Haltungsbedingungen, insbesondere eine nicht artengerechte Fütterung (wenig Rohfaser, viel Konzentratfutter oder ausgesprochene Mangelernährung).

DFD-Fleischveränderung ist nicht wie bei der PSE-Veränderung beim Schwein auf eine oder wenige Muskelpartien beschränkt, sondern betrifft meist das ganze Tier.

Der prozentuale Anteil an DFD-Fleisch, bezogen auf alle Schlachtrinder, liegt nicht so hoch wie beim PSE-Fleisch, ist aber insgesamt im Ansteigen begriffen.

Das Auftreten von DFD-Fleisch beim Schwein ist eine Ausnahme. Trotzdem sollte der Hausschlächter auch darauf seine Aufmerksamkeit richten.

DFD-Fleisch ist nicht so leicht zu erkennen wie PSE-Fleisch. Das Fleisch erscheint sehr dunkel, fast schwarz. Es hat einen hervorragenden Stand. Am ehesten ist es daran zu erkennen, daß es von etwas klebriger Beschaffenheit ist. Legt man die geöffnete Hand auf ein Stück DFD-Fleisch und drückt dagegen, so bleibt es eine kurze Zeit an der Handfläche kleben. Die andere wichtige Möglichkeit des Erkennens ist in der Regel bei der Hausschlachtung nicht gegeben: DFD-Fleisch säuert nicht oder kaum, d. h., der pH-Wert sinkt nicht wie bei normalem Rindfleisch nach 24 h auf Werte um 5,6, sondern bleibt über pH 6,0, in der Regel bei pH 6,5. Selbst mit solchen Hilfsmitteln, wie Zuckerzugabe und Zumischung von Starterkulturen (milchsäurebildende Bakterienkulturen), ist eine Säuerung nicht zu erreichen.

Dadurch ist von vornherein eine Einsatzbeschränkung des DFD-Fleisches festgelegt. Bei allen Produkten, die eine «Reifung» durchlaufen müssen und bei denen eine bestimmte Säuerung zur Haltbarkeit unmöglich ist, kann DFD-Fleisch nicht eingesetzt werden. Selbst durch Verschneiden mit einem Teil normaler Fleischqualität ist dieser Mangel nicht zu beheben. In der Regel wird demnach eine Herstellung von Rohwurst und von rohem Schinken mit DFD-Fleisch nicht möglich sein. Bei Zukauf von Rindfleisch aus dem Handel oder bei der Schlachtung von Rindern hat der Hausschlächter unbedingt darauf zu achten. Werden Rohwürste mit einem Teil DFD-Fleisch hergestellt, so verderben sie in ganz kurzer Zeit. Schon nach wenigen Tagen zeigt sich bei mangelhafter Umrötung ein stark abweichender fauliger Geruch. Der pH-Wert als Maß der Säuerung liegt in der Regel über pH 5,8.

DFD-Fleisch läßt sich dagegen sehr gut zu Brühwurst verarbeiten. Die Wasserbindung ist extrem hoch. Ist eine Verarbeitung zu Brühwurst in der Hausschlachtung nicht möglich, so sollten aus dieser Fleischqualität Braten hergestellt werden. DFD-Fleisch verliert beim Braten im Gegensatz zu normalem und PSE-Fleisch fast kein Wasser. Es wird sehr saftig, und der Bratverlust bleibt gering. DFD-Fleisch kann auch zu Kochwurst verarbeitet werden.

DFD-Fleisch sollte nicht lange unbearbeitet aufbewahrt werden, da die Haltbarkeit durch den hohen pH-Wert nur gering ist. Bestehen Unsicherheiten in der Beurteilung, so ist unbedingt zu empfehlen, die entsprechende Probe tierärztlich beurteilen zu lassen. Die erforderliche pH-Wert-Messung kann innerhalb weniger Minuten durchgeführt werden.

2.2.3. Fett- und bindegewebige Degeneration von Muskeln

Im Zusammenhang mit PSE-Veränderungen soll auf Farbveränderungen in der Muskulatur hingewiesen werden, die zwar auch eine Aufhellung bestimmter Muskelpartien bewirken, aber auf anderen Ursachen beruhen als die PSE-Veränderung. Bei Schweinen, selten bei Rindern, können insbesondere in der Lendenmuskulatur (Kotelett) und in der Schinkenmuskulatur Partien völlig weiß oder grau erscheinen. Die Muskelfasern sind hierbei degeneriert und z. T. völlig verschwunden. Es handelt sich hier um die Reaktion auf eine abgelaufene und verheilte Muskelentzündung. Tritt diese Muskelentzündung im Jugendalter auf, so wird zur Auffüllung der zerstörten Muskelfasern Fett eingelagert, im Mastalter Bindegewebe. Diese Veränderungen können bei der Fleischbeschau nicht bemerkt werden, sondern erst bei der weiteren Zerlegung. Obwohl bei manchen Tieren der gesamte Kotelettstrang verfettet ist, wird beim lebenden Tier keine Störung beim Aufstehen oder Laufen registriert. Eine Einschränkung in der Genußtauglichkeit oder Verarbeitungsfähigkeit besteht in diesem Falle nicht.

2.2.4. Farbabweichungen im Fleisch

Neben den häufig anzutreffenden Farbabweichungen bei PSE- und DFD-Fleisch wird auch die Gelbfärbung des Fleisches relativ oft beanstandet. In der Regel kann sie bei der Fleischbeschau erkannt und entsprechend beurteilt werden. In manchen Fällen ist eine Gelbfärbung aber auch erst beim Zerlegen feststellbar. Es handelt sich dabei um eine Gelbfärbung des Bindegewebes. Da das Bindegewebe aber auch die Muskelfasern umschließt, entsteht der Eindruck, daß das Fleisch, also die Muskelfasern selbst, verfärbt ist. Gelbfärbung kann sowohl beim Schwein als auch beim Rind auftreten.
Es gibt zwei Ursachen der Gelbfärbung:
- Gelbfärbung durch Futtermittel und
- Gelbfärbung durch Gallenfarbstoffe.

Die *Futtergelbfärbung* entsteht durch vorwiegendes Verfüttern von bestimmten Futtermitteln, wie Maisschrot, Möhren und Raps. In diesem Fall kann es auch zu Geschmacksbeeinträchtigungen kommen. Die zweite Ursache der Gelbfärbung, die sog. *ikterische Gelbfärbung*, entsteht durch das Unvermögen, den Gallenfarbstoff abzubauen, und ist auf Erkrankungen im Leber-Galle-System oder eine Stoffwechselfehlsteuerung zurückzuführen. Auch hier kann es zu Geschmacksabweichungen im Fleisch kommen. Wird die Gelbfärbung während der Fleischbeschau festgestellt, muß eine Ergänzungsbeschau durch den zuständigen Tierarzt erfolgen. Wird die Verfärbung erst beim weiteren Zerlegen erkannt, ist die weitere Verarbeitung zu unterbrechen und eine Nachuntersuchung durch den Tierarzt zu veranlassen.

2.2.5. Farb- und Konsistenzabweichungen im Fett

Die Gelbfärbung im Fett hat im wesentlichen die gleichen Ursachen wie die des Fleisches.
Neben einer ausgesprochenen Gelbfärbung kommt es hin und wieder bei Schweinen zu einer hellgrauen bis schmutziggrauen Verfärbung des Fettes. Diese Farbabweichung ist in der Regel futterbedingt. Sie hat ihre Ursache in einer übermäßigen Verfütterung von Küchenabfällen. Es ist dabei mittels Kochprobe zu klären, ob neben der Verfärbung auch eine Geschmacksbeeinträchtigung des Fleisches vorhanden ist. Die Kochprobe kann vom Hausschlächter selbst vorgenommen werden und wird folgendermaßen durchgeführt. Etwa 200 g Fleisch mit leichter Fettauflage werden mit der gleichen Menge Wasser kalt angesetzt. Im Kochgefäß, das nicht zu groß sein darf, muß das Fleisch vollständig mit Wasser bedeckt sein. Das Gefäß ist unbedingt mit einem Deckel zu verschließen. Die Probe wird langsam erwärmt und zum Kochen gebracht. Beim er-

sten Aufwallen lüftet man den Deckel und beurteilt den Geruch. Danach läßt man auf kleinem Feuer 15 min nachziehen und beurteilt nochmals den Geruch und dann den Geschmack. Durch das Erhitzen verstärken sich in der Regel die Abweichungen und sind deutlicher wahrnehmbar. Mäßige Abweichungen verschwinden oft, wenn der Schlachtkörper 24 h abhängt. Die Kochprobe ist danach zu wiederholen und eine endgültige Beurteilung vorzunehmen. Im Zusammenhang mit dieser futterbedingten Graufärbung kommt es auch meist zu Mängeln in der Konsistenz des Fettes. Das Fett ist weich und «schmalzig». Eine Beurteilung der Konsistenz des Fettes ist ebenfalls erst nach vollständigem Erkalten, in der Regel also erst nach 24 h, vorzunehmen. Zeigen sich dann immer noch die Mängel, empfiehlt es sich nicht, mit diesem Fett Rohwurst herzustellen. Die Herstellung von Kochwurst ist möglich. Wird solches Fett zur Rohwurstherstellung eingesetzt, kann es zu Fehlreifungen kommen, da das Fett wegen seiner mangelhaften Konsistenz beim Wolfen schmiert und die Muskelbestandteile der Rohwurst einhüllt. Der notwendige Austritt von löslichem Eiweiß wird dadurch verhindert, und es kann zu Fehlproduktionen kommen.

2.2.6. Geruchs- und Geschmacksabweichungen des Fleisches

Fleisch nimmt Fremdgerüche sehr leicht an. Wie bereits dargelegt, gehen Abweichungen in der Fleischqualität sehr oft mit Geruchs- und Geschmacksabweichungen einher. Der wichtigste Träger der Geschmacks- und Geruchsstoffe ist zwar das Fett, doch gibt es auch sehr viele fettdurchwachsene Muskelpartien. Bei Verdacht auf Geruchs- und Geschmacksabweichungen im Fleisch ist daher immer darauf zu achten, daß bei der Kochprobe etwas durchwachsenes Fleisch verwendet wird.
Die meisten Geruchsabweichungen entstehen bereits im lebenden Tier, doch können auch Fremdgerüche sehr leicht auf den Schlachtkörper übertragen werden.
Sehr viele Organveränderungen, wie Leber- und Nierenentzündungen, Stauung oder Verhärtung der Gallenblase, Ansammlung von Flüssigkeit in der Bauch- oder Brusthöhle, können zu Geschmacksabweichungen im Fleisch führen.
In diesen Fällen wird ohnehin eine Ergänzungsbeschau durchgeführt, in deren Rahmen meist eine Kochprobe Aufschluß über mögliche Geruchsabweichungen gibt.
Es kommt immer wieder vor, daß Binneneber oder Zwitter geschlachtet werden, insbesondere dann, wenn das Schwein nicht selbst aufgezogen und gemästet, sondern zugekauft wurde. Selbst wenn Kastrationsnarben deutlich sichtbar sind, ist nicht immer gewährleistet, daß bei der Kastration auch beide Hoden entfernt werden konnten. Bei manchen Tieren bleibt der Hoden, meistens nur einseitig, während der embryonalen Entwicklung in der Bauch- oder Beckenhöhle stecken und wird bei der normalen Kastration nicht erfaßt. Solche Tiere müssen einer kleinen Operation unterzogen werden, wobei nach Eröffnung der Bauchhöhle der Hoden entfernt wird. Wird das unterlassen – meist dann, wenn die Tiere in einer größeren Bucht zusammen aufgezogen werden und die Kennzeichnung mangelhaft ist –, kommt es zu deutlichen Geruchs- und Geschmacksabweichungen, sobald die Tiere in die Geschlechtsreife kommen. Die Abweichungen sind um so ausgeprägter, je älter die Tiere werden.
Soll ein Jungeber oder Zuchteber zur Schlachtung kommen, ist darauf zu achten, daß zwischen Kastration und Schlachtung eine Karenzzeit von etwa drei Monaten eingehalten wird. Solange dauert es, bis die im Fett und Fleisch gespeicherten Geruchsstoffe abgebaut sind.
Auch bei Zwittern kann es zu deutlichen Geruchs- und Geschmacksabweichungen kommen. Zwitter sind Tiere, bei denen infolge eines Defektes in der embryonalen Entwick-

lung sowohl männliche als auch weibliche Geschlechtsorgane angelegt sind. Um sicherzugehen, sollten alle Zwitter nach einer Abhängezeit von 24 h einer Kochprobe unterzogen werden. Zwitter sind etwas häufiger anzutreffen als Binneneber. Wird bei der Schlachtung eines Binnenebers oder eines Zwitters eine Geruchsabweichung ermittelt, ist die Weiterverarbeitung des Fleisches schwierig.
Es gibt eigentlich nur zwei Möglichkeiten, diese Qualitätsabweichungen zu mindern, und zwar das *Verschneiden* oder *Pökeln* und *Räuchern*. Verschneiden ist möglich durch Zukauf von einwandfreiem Fleisch und Herstellung von möglichst viel Rohwurst. Die andere Möglichkeit besteht im Pökeln. Dabei wird – ebenso wie bei der Rohwurst – der Ebergeruch durch das Pökelaroma etwas überdeckt. Ein anschließendes starkes Räuchern kann die Geruchsabweichung zusätzlich mindern. Dabei sollen aber möglichst fettarme Fleischteile Verwendung finden, da sich jede Geruchs- und Geschmacksabweichung besonders in den Fettgeweben bemerkbar macht. Mäßige Abweichungen können auf diese Weise korrigiert werden.
Eine Geruchsabweichung durch typischen Geschlechtsgeruch bei nichtkastrierten Rindern ist nicht bekannt. Schafböcke brauchen ebenfalls nicht unbedingt kastriert zu werden. Der typische »Hammelgeruch« des Schaffleisches verstärkt sich allerdings mit zunehmendem Alter.
Ziegenböcke sollten unbedingt 2 bis 3 Monate vor der Schlachtung kastriert werden. Hier verliert sich der Bocksgeruch jedoch nicht völlig. Da dieser Geruch vorwiegend über die Hautdrüsen ausgeschieden wird, ist ein vorsichtiges Abziehen der Haut unbedingt erforderlich. Die Beurteilung ist ebenfalls erst nach einer Abhängezeit von 24 h vorzunehmen.
Bei der Zerlegung werden oft Blutungen innerhalb bestimmter Muskelpartien beobachtet, die ebenfalls bei der Fleischbeschau nicht erfaßt werden. In der Regel befinden sich diese Blutungen in den tieferen Partien der Schinkenmuskulatur und im Kotelett. Es können punktförmige bis pfenniggroße dunkelrot gefärbte Blutungen auftreten, die sich deutlich von der Umgebungsfarbe abheben. Diese Blutungen entstehen durch Betäubung, insbesondere wenn die Entblutung nicht sofort erfolgt. Diese Blutungen können unter Umständen zu Fehlproduktionen bei der Herstellung von großvolumigen Schinken (Land- und Knochenschinken) führen, da das Blut sehr schnell bakteriell zersetzt wird.
Beim Reinigen der Därme werden sehr oft Spulwürmer (10... 15 cm lange weiße Rundwürmer) angetroffen. Ein geringer Befall hat keine lebensmittelhygienische Bedeutung; bei Massenbefall kommt es häufig zu Abmagerungen der Tiere.
Stecknadelkopf- bis linsengroße Knötchen auf dem Dickdarm der Schweine unter der Schleimhaut sind bei Nematodenbefall der Schweine zu beobachten. Ein geringer Befall kann vernachlässigt werden.
Geruchs- und Geschmacksabweichungen können auch durch eine Reihe von Medikamenten ausgelöst werden. Um diese Qualitätsabweichungen zu vermeiden, sollte bei einer notwenigen Behandlung eines schlachtreifen Tieres der behandelnde Tierarzt immer von dem beabsichtigten Schlachttermin in Kenntnis gesetzt werden. In den meisten Fällen führen Medikamente, die ätherische Öle enthalten, zu länger anhaltenden Geruchsbeeinflussungen. Ätherische Öle kommen vor allem in reizenden Hauteinreibungen oder auch in sog. «Blähungsmitteln» vor, die gern bei Verdauungsstörungen verabreicht werden.
Der Tran- oder Fischgeruch des Fleisches kann nach Verfütterung von Fischsilage auftreten. Auch hier gilt, daß eine Beurteilung erst nach 24stündigem Abhängen vorgenommen werden sollte. Zur Vermeidung des Fischgeruchs ist der Fischanteil im Futter spätestens 3 Monate vor dem Schlachten abzusetzen.

2.2.7. Hemmstoffhaltiges Fleisch

Als Hemmstoffe bezeichnet man solche Verbindungen, die bereits in kleinsten Mengen das Wachstum von Mikroorganismen hemmen können. In erster Linie sind das Antibiotika und Chemotherapeutika, die in der Tierproduktion als Medikament oder Futterzusatz unentbehrlich geworden sind, aber im Fleisch unerwünschte Rückstände darstellen.
Antibiotika werden dem Tier in der Regel injiziert. Sie befinden sich gewissermaßen in einem «Depot», aus dem sie über längere Zeit in den Kreislauf gelangen, um einen bestimmten «Spiegel» im Blut zu erhalten. Wird das Tier in dieser Zeit geschlachtet, ist der Hemmstoff in allen Organen und in der Muskulatur ziemlich gleichmäßig verteilt.
Der Verzehr von hemmstoffhaltigem Fleisch kann beim Menschen zu folgenden Erscheinungen führen:

- Die normale Darmbakterienflora kann soweit beeinträchtigt werden, daß es zu Verdauungsstörungen kommt.
- Bei bestimmten penizillinhaltigen Antibiotika kann es zu allergischen Reaktionen kommen.
- Bestimmte Bakterienarten können eine Resistenz gegen den entsprechenden Hemmstoff entwickeln, so daß dieser bei einer notwendigen Behandlung unwirksam wird.

Bei der Verarbeitung von hemmstoffhaltigem Fleisch zu Fleisch- und Wurstwaren kann es bei *Rohwurst* und *rohen Pökelwaren* zu Fehlproduktionen kommen.
Diese Produkte unterliegen einer bakteriell bedingten Säuerung und Reifung; die dazu notwendigen Bakterienarten werden durch Hemmstoffe unterdrückt.
Abhängen oder Einfrieren von hemmstoffhaltigem Fleisch bewirkt keine wesentliche Abnahme des Hemmstoffgehalts.
Bei der gewerblichen Schlachtung werden grundsätzlich alle Not- und Krankschlachtungen, bei denen also möglicherweise eine Behandlung vorgenommen wurde, auf Hemmstoffe untersucht. Erkrankt ein zur Hausschlachtung vorgesehenes Tier, so ist die beabsichtigte Schlachtung vor der Behandlung dem Tierarzt mitzuteilen. Der Tierarzt muß den Tierbesitzer beraten, ob durch eine Antibiotikabehandlung eine günstige Prognose zur Heilung besteht. In diesem Falle wird eine Behandlung durchgeführt und die Schlachtung um mindestens drei Wochen verschoben. Besteht eine zweifelhafte Prognose, so wird in der Regel eine Schlachtung empfohlen, wobei allerdings eine erweiterte Fleischuntersuchung durchgeführt wird.

2.2.8. Beurteilungsmöglichkeiten des Fleisches

Nach Abschluß der Fleischuntersuchung wird der Schlachtkörper bewertet. Es sind folgende fünf Beurteilungsstufen möglich:

Tauglich,
Minderwertig,
Tauglich nach Behandlung,
Minderwertig nach Behandlung,
Untauglich.

Die Beurteilungsrichtlinien und die Einstufungen gelten gleichermaßen für industrielle Schlachtung und Hausschlachtung.

Als *«Tauglich»* wird der Schlachtkörper dann eingestuft, wenn auf Grund des Vorberichts, der Untersuchung des lebenden Tieres, der Fleischbeschau und der Trichinenschau keine oder nur unwesentliche Abweichungen erkennbar sind, so daß beim Verzehr keine Beeinflussung der Gesundheit des Menschen und bei der Weiterverarbeitung keine Fehlproduktionen durch die Fleischbeschaffenheit zu erwarten sind.

«Minderwertig» ist ein Schlachtkörper, wenn bestimmte, vorwiegend qualitative Mängel auftreten, die die Gesundheit des Menschen beim Verzehr nicht beeinträchtigen können, die aber die Weiterverarbeitung beschränken. Das sind vor allem Mängel in der stofflichen Zusammensetzung, wie Abmagerung, Schwund des Fettes, mäßige Geruchsabweichung, mäßige Wäßrigkeit usw.

«Tauglich nach Behandlung» und *«Minderwertig nach Behandlung»* sind Schlachtkörper oder nur bestimmte Teile davon, wenn ohne eine vorgeschriebene Zusatzbehandlung beim Verzehr Gesundheitsschädigungen des Menschen zu erwarten sind. Das sind in der Regel solche Schlachtkörper, bei denen der Verdacht nicht ausgeschlossen werden kann, daß sie noch lebende Bakterien oder Parasiten enthalten, die beim Verzehr die Gesundheit des Menschen beeinträchtigen können, aber bei bestimmten Behandlungen sicher abgetötet und somit unwirksam werden. Das betrifft beispielsweise die «Finnigkeit» des Rindes.

«Untauglich» ist ein Schlachtkörper dann, wenn so starke Mängel bestehen, daß das Fleisch nicht mehr als Lebensmittel für den Menschen angesehen werden kann. Das können sehr starke Mängel in der stofflichen Zusammensetzung sein, z. B. starke Geruchsabweichung, starke Wäßrigkeit, hochgradige Abmagerung oder das Vorkommen von Bakterien oder Parasiten, die durch eine Behandlung nicht sicher abgetötet werden können, sowie ekelerregende größere Eiterherde.

Für die Hausschlachtung wichtig sind die Beurteilungen *«Tauglich»* und *«Minderwertig»*, da dieses Fleisch im eigenen Haushalt weiterverarbeitet werden darf. Wird auf die Weiterverarbeitung eines «Minderwertig» beurteilten Schlachtkörpers im eigenen Haushalt verzichtet, kann das Fleisch über die Freibank abgesetzt werden, d. h., es muß den entsprechenden Organen, in der DDR dem jeweiligen Fleischkombinat, zum Kauf angeboten werden. Eine Weitergabe direkt an andere Verbraucher ist auch bei Preisnachlaß ohne Einschaltung der Freibank nicht gestattet.

Fleisch mit Behandlungszwang *«Tauglich nach Behandlung»* und *«Minderwertig nach Behandlung»* darf nicht im eigenen Haushalt weiterverarbeitet werden. Das liegt daran, daß eine bestimmte staatliche Überwachung der Behandlung vorgeschrieben ist und daß die jeweilige Behandlungsart (Gefrieren, Autoklavieren usw.) im Haushalt nicht gewährleistet ist.

Als *«Untauglich»* beurteilte Tiere sind dem Tierkörperverwertungsbetrieb (TKVB) zuzuführen. Sie dürfen nicht vergraben oder als Tierfutter weitergegeben werden. Die Verantwortung für die Zuführung zum TKVB obliegt dem Tierbesitzer; er hat das Tier zur Abholung anzumelden.

3. MIKROBIOLOGISCHE GRUNDLAGEN DER HAUSSCHLACHTUNG

Mikroorganismen, wie Bakterien, Hefen oder Schimmelpilze, gehören zur Umwelt von Mensch, Tier und Pflanze. Sie sind im Laufe der Entwicklungsgeschichte enge Bindungen mit Tier oder Pflanze eingegangen. Einige Tierarten, z. B. die Wiederkäuer, können ohne Bakterien nicht existieren, da diese das cellulosereiche Futter im Pansen einer Vorverdauung unterziehen. Insbesondere auf und im Fleisch sind viele Bakterienarten anzutreffen, da Fleischeiweiß eine bevorzugte Nahrungsquelle für die Bakterien darstellt. Die Entwicklung der Fleischverarbeitung ist eng mit der Entwicklung der Mikrobiologie verbunden.

Mikroorganismen benötigen zu ihrer Entwicklung das Fleisch als Eiweiß- und Energiequelle. Dabei entstehen Stoffwechselprodukte, die für die Fleischverarbeitung Bedeutung haben und im wesentlichen drei Effekte bewirken:

- Bei Abbau von Eiweiß entstehen niedermolekulare Verbindungen, wie Amine und Ammoniak, die einen unangenehmen Geruch und Geschmack hervorrufen; das Fleisch ist «verdorben». Die meisten Bakterienarten bauen Eiweiß ab, sie werden daher als Fleischverderber oder Saprophyten bezeichnet. Fleischverderber sind unerwünschte Bakterienarten. Alle Verarbeitungsverfahren sind deshalb so zu gestalten, daß die Entwicklung dieser Mikroorganismen gehemmt wird.
- Einige Bakterienarten bauen zwar auch Fleisch ab, doch entstehen nicht Amine, sondern Säuren, wie Milchsäure, Propionsäure, Brenztraubensäure und Essigsäure. Diese Säuren senken den pH-Wert und fördern so die Konservierung und Haltbarkeit der Fleischprodukte. Bei der Herstellung von Rohwurst und Dauerpökelwaren sind diese Bakterienarten, die auch Milchsäurebildner genannt werden, erwünscht. Die Herstellungsverfahren für derartige Produkte müssen die Entwicklung solcher Bakterienarten fördern.
- Einige wenige Mikroorganismenarten bilden beim Abbau von Fleisch für den Menschen und für einige Tierarten giftige (toxische) Stoffwechselprodukte. Diese Bakterienarten nennt man Fleischvergiftungserreger. Alle Fleischbearbeitungs- und -verarbeitungsverfahren sind so zu gestalten, daß diese Bakterienarten nicht zur Entwicklung kommen können.

Hinsichtlich der bakteriologischen Beschaffenheit des Fleisches und der Bakterienentwicklung während der Herstellung der einzelnen Erzeugnisse gibt es zwischen der industriellen Herstellung und der Hausschlachtung wesentliche Unterschiede, die der Hausschlächter beachten sollte:

- Die im Fleisch anzutreffenden Keimarten unterscheiden sich bei der industriellen Verarbeitung und bei der Hausschlachtung nicht, dagegen sind die Keimzahlen bei der Hausschlachtung geringer, da die Keimbelastung durch Kühlung und Transport wegfällt und das Fleisch kurz nach der Schlachtung fast keimfrei ist.
- Bei der industriellen Verarbeitung reichern sich Fleischverderber in den Produktionsräumen an, die nur durch ständige Desinfektion zu beseitigen sind. Diese Anreicherung ist bei Hausschlachtungen nicht gegeben.

- Da das Schlachten bei Hausschlachtungen vorwiegend im Freien stattfindet, ist bei trockener, windiger Witterung mit einer Bakterienanreicherung über den Staub zu rechnen. Besonders Blut und Organe, aber auch das Fleisch können dabei besonders mit Sporenbildnern angereichert werden.
- Gegenüber der industriellen Verarbeitung bestehen bei der Hausschlachtung ungünstigere Verhältnisse hinsichtlich der Herstellungsverfahren. Die bei der industriellen Verarbeitung im wesentlichen konstanten Bedingungen gibt es bei Hausschlachtungen nicht. Sie ändern sich bei jeder Hausschlachtung, und damit sind die Bedingungen für die Entwicklung von Bakterien stets andere.
- Ungünstigere Bedingungen bestehen bei der Hausschlachtung auch beim Eindosen von Fleisch und Wurstwaren. Das in der Industrie übliche Autoklavieren, das mit der Vernichtung aller Bakterienarten einhergeht, gibt es bei Hausschlachtungen nicht. Im allgemeinen können die Dosen nur bei 100 °C hergestellt werden, wobei zahlreiche Bakterien überleben.

Bei Hausschlachtungen zu erwartende Keimarten

Auf dem Schlachtkörper oder den Organen können alle Bakterienarten aus der Umwelt angetroffen werden. Es sind aber nur solche Bakterienarten von Bedeutung, die auf Grund ihrer Anpassung an das Tier zu einer schnellen Vermehrung im Fleisch fähig sind. So finden sich z. B. in den Verarbeitungsräumen bei Hausschlachtungen häufig Erreger der Kartoffelfäule, einer Bakterienart, die mit den Darmbakterien verwandt ist. Diese Bakterienart ist zwar im Rohwurstbrät oft nachzuweisen, sie kann sich aber nicht vermehren und geht bald zugrunde.
Vermehrungsfähig und zu den Fleischverderbern gehörig sind in erster Linie Bakterienarten, die aus der direkten Umgebung des Tieres stammen, also aus dem Darm, von der Haut oder aus dem Stall. Vermehrungsfähig und für die Verarbeitung bedeutend sind auch Keimarten, die vom Menschen oder von anderen Haustieren, wie Hund oder Katze, stammen.
Zu den Fleischverderbern zählen auch einige überall (ubiquitär) anzutreffende vorwiegend sporenbildende Bakterienarten. Diese haben einen weiten Lebensraum; sie sind in Erde, Staub, auf Wänden, an Holz, in Gewürzen und im Darm anzutreffen.

Die Rolle der Keimzahl

Obwohl bei Hausschlachtungen gegenüber der industriellen Fleischverarbeitung hinsichtlich der möglichen Keimbesiedlung günstigere Verhältnisse bestehen, wird es kaum gelingen, vermehrungsfähige Bakterienarten völlig fernzuhalten.
Bei Beachtung aller hygienischen Prinzipien kann die Ausgangskeimzahl sehr gering gehalten und eine Vermehrung von Fleischverderbern verhindert werden.
Es ist natürlich in der Praxis der Fleischverarbeitung nicht möglich, laufend eine Bestimmung des Ausgangskeimgehalts durchzuführen. Erfahrungswerte über den bei Hausschlachtungen zu erwartenden durchschnittlichen Keimgehalt, an denen sich der Hausschlächter orientieren kann, enthält Tabelle 1.
Wie aus der Tabelle ersichtlich ist, können die Ausgangskeimzahlen zwischen 100 und 100 000 Keimen je Gramm schwanken. Bei sauberem, hygienischem Arbeiten ist es ohne weiteres möglich, die Keimzahl an der unteren Grenze zu halten.
Ein niedriger Keimgehalt ist aus folgenden Gründen notwendig:
- Je höher die Ausgangskeimzahl, um so schneller kommt es zum Verderben des Fleisches.

Tabelle 1. Keimgehalt von Fleisch, Fleischerzeugnissen, Gewürzen und mit Fleisch in Berührung kommenden Gegenständen

	Durchschnittliche Ausgangskeimzahlen je g bzw. cm^2
Fleischoberfläche nach dem Schlachten	100...1000
Fleischoberfläche nach dem Zerlegen	1000...100 000
Fleisch im Kern bis 24 h nach dem Schlachten	10...100
Rohwurstbrät	10 000...1 Mill.
Gewürze	10 000...10 Mill.
Kochwurstmasse vor dem Füllen	10 000...100 000
Koch- und Brühwurst, gegart	100...10 000
Zugekauftes Fleisch (Oberfläche)	10 000...1 Mill.
Hackfleisch	10 000...1 Mill.
Leber, roh, zerkleinert	10 000...100 000
Messer	1 000...10 000
Schneidbretter während der Verarbeitung	1 000...100 000
Darm, nach Reinigung	1 000...100 000
Zwiebel, roh, gute Qualität	100...1000
Zwiebel, roh, mit ausgeputzten Faulstellen	10 000...100 000

- Je höher die Ausgangskeimzahl, desto geringer ist die Haltbarkeit und Lagerfähigkeit auch gegarter Produkte.
- Je höher die Ausgangskeimzahl, desto unsicherer gestaltet sich die Herstellung von Rohwurst.

Der bakteriell bedingte Fleischverderb beginnt in der Regel bei Keimzahlen um 10^7 Keime/g (10 Millionen Keime). Diese hohe Keimzahl wird um so eher erreicht, je höher die Ausgangskeimzahl ist. Auch unter Beachtung aller hygienischen Bedingungen kann eine Vermehrung der Bakterien während der Verarbeitung nicht vollständig unterbunden werden. Bei sehr hohen Ausgangskeimzahlen um 10^6 in Kochwurstmasse kann eine einmalige Vermehrung der Bakterien schon die kritische Grenze erreichen, und es kommt noch vor dem Garen zu Säuerung oder Gasbildung in der Masse.

Bei hohen Ausgangskeimzahlen kommt es ebenfalls zu einer Verringerung der Haltbarkeit auch von gegarten Produkten. Bei Temperaturen um 70 °C sterben die Bakterien ab. Das geschieht allerdings nicht schlagartig, sondern ist keimzahlabhängig. Die Überlebensrate der Bakterien steigt daher mit steigender Ausgangskeimzahl.

Bei Produkten, wie Rohwurst oder Dauerpökelwaren, kommt es darauf an, unerwünschte Bakterienarten durch erwünschte zu ersetzen. Diese «Verdrängung» der unerwünschten Arten ist um so schwieriger, je höher die Ausgangskeimzahl der unerwünschten Bakterienarten ist.

Die Keimzahl im Produkt hängt allerdings nicht nur von der Ausgangskeimzahl ab, sondern auch von der Möglichkeit der Vermehrung während der Bearbeitung. Um hohen Keimzahlen im Produkt vorzubeugen, ist *zügiges, schnelles Verarbeiten* erforderlich, sind *Standzeiten vor dem Garen zu vermeiden* und *die Gartemperaturen* einzuhalten.

Vermehrungsgeschwindigkeit von Bakterien

Bei optimalen Umweltbedingungen können sich Bakterien durch Teilung alle 20...30 min verdoppeln.

Optimal für das Bakterienwachstum sind folgende Bedingungen:

Temperatur	20...35 °C
Relative Luftfeuchte	95...100 %
pH-Wert	7,0...5,8
Nährstoffangebot	Eiweiß, Kohlenhydrate, Wasser, Mineralstoffe

Daraus ist ersichtlich, daß die meisten Fleischwaren gute Bedingungen für die Vermehrung von Bakterien bieten. Geradezu ideale Verhältnisse bestehen bei der Kochwurstmasse vor dem Garen. Bei einem pH-Wert um 6,5 und vielen in Wasser gelösten leichtaufnehmbaren Nährstoffen sind auch noch Temperaturen von 20...30 °C anzutreffen. Bei Standzeiten von mehreren Stunden vor dem Garen kommt es zum Verderben der Masse.

Durch Absenken des pH-Wertes unter 5,5 kann eine Vermehrung vieler Bakterienarten völlig unterbunden werden. Davon wird bei der Herstellung von Rohwurst und Dauerpökelwaren Gebrauch gemacht.

Unterstützend wirkt hierbei noch eine Senkung der relativen Feuchte im Fleisch durch Salzen und Austrocknen.

Durch eine Temperatursenkung auf Werte < 10 °C wird die Vermehrungsgeschwindigkeit verlangsamt, aber nicht aufgehoben. Das Auskeimen von Sporen kann jedoch stark unterdrückt werden.

Sporenlose Bakterien und Sporenbildner

Fast alle Bakterienarten können auf ungünstige Umweltbedingungen reagieren. Sie stellen ihren Stoffwechsel ein. Die Bakterienaußenhaut verdickt sich etwas, und die Bakterien trocknen ein. Auf diese Weise können sie ungünstige Lebensbedingungen monatelang überstehen. Diese Trockenformen bleiben aber gegenüber hohen Temperaturen anfällig. Bei Temperaturen > 70 °C sterben sie auf jeden Fall ab.

Anders verhalten sich einige Arten, die eine mehrschichtige harte Schale ausbilden. Diese Schale ist sowohl gegen Hitze, Kälte und Trockenheit als auch gegen chemische Einflüsse äußerst widerstandsfähig. Selbst mehrstündiges Erhitzen bis 100 °C überstehen sie. Erst bei Temperaturen >180 °C bei Normaldruck oder > 120 °C mit einem Überdruck von 0,1...0,2 MPa (1...2 atü) werden sie sicher abgetötet. Diese Bakterien bezeichnet man als Sporenbildner, die Dauerformen heißen Sporen.

Sporenbildner sind für die Fleischverarbeitung bedeutsame Bakterien. Sie gehören zu den sogenannten ubiquitären Keimen, die überall anzutreffen sind. Sie kommen sowohl im rohen Fleisch, in Gewürzen, im Salz, auf den Schneidbrettern sowie auch in allen gegarten und hitzebehandelten Produkten vor.

Eine Ausnahme bilden lediglich autoklavierte Dosen, die bei Überdruck und einer Temperatur > 120 °C behandelt wurden.

In gegarten Produkten liegen Sporenbildner in Sporenform vor. Um wachsen zu können, müssen sie erst «auskeimen». Temperaturen >10 °C fördern das Auskeimen; Temperaturen < 10 °C hemmen das Auskeimen, verhindern es aber nicht völlig. Hemmend auf das Auskeimvermögen wirken ferner Kochsalz, Nitritpökelsalz und tiefe pH-Werte.

Sporenbildner gehören zu den eiweißabbauenden Fleischverderbern. Bei Hausschlachtungen ist damit zu rechnen, daß etwa 10 % der Gesamtkeimzahl aus Sporenbildnern besteht. Von einem Gesamtkeimgehalt im Ausgangsmaterial von 100000 Keimen/g sind im gegarten Produkt noch 1000 bis 10000 Sporen anzutreffen.

Aerobe und anaerobe Bakterien

Die meisten Bakterienarten benötigen zum Wachstum Luftsauerstoff. Man bezeichnet sie deshalb als aerobe Bakterien.

Eine Reihe von Bakterienarten wachsen und vermehren sich nur, wenn der Sauerstoffdruck sehr gering ist. Das ist im Kern großvolumiger Landschinken oder in Dosen nach der Hitzebehandlung der Fall. Diese Arten heißen anaerobe Bakterien. Es gibt noch einige wenige Zwischenstufen, die sowohl bei Sauerstoffangebot als auch ohne Sauerstoff leben können.

Für die Hausschlachtung bedeutsam sind besonders die Arten, die sowohl aerob als auch fast anaerob wachsen können. Dazu gehören Kolibakterien, Salmonellen, Mikrokokken und Milchsäurebakterien. Aerobe Sporenbildner können ebenfalls fast unter allen Sauerstoffverhältnissen wachsen.

Von besonderer Bedeutung für die Hausschlachtung sind aber anaerob wachsende Sporenbildner. Diese Arten, die als Clostridien bezeichnet werden, wachsen ausschließlich unter Sauerstoffabschluß, d. h. im Kern von Schinken oder in geschlossenen erhitzten Dosen. Die Clostridien gehören zu den *Fleischverderbern* und sind *stark gasbildend*. Einige Arten gehören zu den *Fleischvergiftern*.

Von der Gesamtzahl der in den Produkten anzutreffenden Sporenbildner sind die anaeroben Sporenbildner, d. h. die Clostridien, in der Minderzahl. Es kann damit gerechnet werden, daß bei einer Gesamtkeimzahl von 100 000 Keimen etwa 10 bis 100 Clostridien nachweisbar sind.

Clostridien sind vorwiegend beim Verderb von Fleisch- und Wurstkonserven beteiligt. Neben der Gasentwicklung ist ein sehr unangenehmer fäkaler Geruch des Doseninhalts festzustellen.

Gehemmt werden Clostridien wie alle Sporenbildner durch tiefe Temperaturen, Kochsalz bzw. Nitritpökelsalz und niedrige pH-Werte. Ausschlaggebend für die Haltbarkeit von hausschlachtenen Erzeugnissen in Dosen und großvolumigen Schinken ist aber in jedem Fall eine geringe Ausgangskeimzahl, da dann mit einer geringen Anzahl von Clostridien gerechnet werden kann.

Clostridien sind in der Umwelt besonders zahlreich im Kot, im Stallmist und in der Erde (Staub) anzutreffen.

Förderung erwünschter Bakterienarten

Die Herstellung bestimmter Produkte, wie Rohwurst oder Dauerpökelwaren, ist durch eine bakterielle Reifung gekennzeichnet. Diese Reifung kann nur vonstatten gehen, wenn bestimmte erwünschte Reifungsbakterien, meist sind es Milchsäure- und aromabildende Bakterien, in einer Überzahl vorhanden sind und andere unerwünschte Arten verdrängen.

Durch verfahrenstechnische Maßnahmen (s. unter 7.2.3.) werden für die erwünschten Bakterien optimale Bedingungen geschaffen und gleichzeitig die Wachstumsbedingungen für unerwünschte Bakterien verschlechtert. Wenn diese aktive Förderung der erwünschten Reifungsbakterien nicht erfolgt, kommt es in der Regel zu Fehlproduktionen, da eine spontane Verdrängung nicht stattfindet. Seit einigen Jahren wird durch die Zugabe von Starterkulturen von vornherein das Gleichgewicht zugunsten der erwünschten Bakterien verschoben.

Sterilisation und Desinfektion

Unter *Sterilisation* versteht man die vollständige Vernichtung aller Bakterienarten einschließlich der Sporen. Sie ist mit einem hohen technischen Aufwand verbunden und bei Hausschlachtungen nicht üblich, d. h. auch meist nicht möglich. Das Autoklavieren von Dosen stellt eine Sterilisation dar.

Als *Desinfektion* ist die gezielte Vernichtung bestimmter Bakterienarten zu verstehen. Sie wird meist mit chemischen Mitteln durchgeführt.

Desinfektionen des Schlacht- und Verarbeitungsraumes werden in der industriellen Fleischverarbeitung regelmäßig vorbeugend durchgeführt, damit sich Fleischverderber und Fleischvergiftungserreger nicht anreichern können.

Bei Hausschlachtungen kann eine Raumdesinfektion vor, während oder auch nach der Schlachtung entfallen. Der Hausschlächter sollte aber für bestimmte Situationen ein Desinfektionsmittel bereit halten. Es kann vorkommen, daß beim Zerlegen vorher nicht sichtbare kleine Eiterherde in der Muskulatur oder in den Gelenken zerschnitten werden. In diesem Fall sind sofort das Messer, die Hände und alle Gegenstände, die damit in Berührung gekommen sind, zu desinfizieren. Ein Abspülen mit Wasser genügt nicht.

Allerdings sollte es eine hygienische Selbstverständlichkeit sein, daß nach Abschluß des Schlachtens bestimmte Geräte, wie Wolf, Messer und Füllmaschine, nicht nur mit Wasser gereinigt, sondern einer Desinfektion unterzogen werden.

Pilze

Pilze sind überall vorkommende niedere Pflanzen. Bestimmte Pilzarten, wie Hefen und Schimmelpilze, werden zu den Mikroorganismen gezählt.

Für die Fleischverarbeitung wichtig sind Sproßpilze und Schimmelpilze.

Sproßpilze oder Hefen finden sich überall im Haushalt, insbesondere an feuchten Stellen. Bei Hefen gibt es technologisch erwünschte (Bäckerhefe, Weinhefe) und nicht erwünschte Arten. Sie wachsen auf der Oberfläche von älterem Fleisch oder auf der Wursthülle im feuchten Rauch als weiße trockene Kolonien. Hefen kommen aber auch in der Rohwurst vor und sind am Verderben von Aspikwaren und Salatzubereitungen (Fleischsalat) beteiligt. Ihre Anwesenheit macht sich durch den typischen Hefegeruch und bei Aspikwaren und Salat durch Gasbildung und Verflüssigung des Aspiks unter Trübung desselben bemerkbar. Hefen bilden Kohlensäure, daher schmeckt ein mit Hefen befallener Salat säuerlich und prickelnd.

Schimmelpilze sind unter unseren klimatischen Verhältnissen als grauer oder grüner Schimmel bekannt und in der Fleischindustrie gefürchtet, da sie sich bevorzugt in Lagerräumen befinden und die dort reifenden Erzeugnisse nachteilig beeinflussen. Schimmelpilze bilden auch Gifte, sog. Mykotoxine. Daher sollten stark verschimmelte Lebensmittel nicht mehr verbraucht werden, und zwar auch dann nicht, wenn der Schimmelbelag entfernt wurde. Schimmelpilze bilden widerstandsfähige Sporen, die durch die Luftbewegung verbreitet werden. Unter günstigen Verhältnissen keimen die Sporen aus und bilden Myzel. Der sichtbare graue und grüne Rasen ist das sporentragende Luftmyzel.

Schimmelpilze sind schwer zu bekämpfen.

Allgemeine Hygieneprinzipien

Ziele aller Hygienemaßnahmen bei der Fleischverarbeitung sind

- Verhinderung einer Verunreinigung mit Fleischvergiftungserregern,
- geringe Gesamtkeimzahlen im Ausgangsmaterial,
- Verhinderung einer Vermehrung von Bakterien während der Verarbeitung.

Grundkenntnisse der allgemeinen Mikrobiologie des Fleisches sind daher für ein Verständnis der notwendigen Hygienemaßnahmen unumgänglich.

Persönliche Hygiene

Alle an der Hausschlachtung beteiligten Personen müssen frei von ansteckenden Krankheiten sein. Bei Auftreten von Fieber, länger anhaltender Mattigkeit, Kopf- und Leibschmerzen, Durchfall, eitrigem Schnupfen usw. ist jeder Kontakt zu Fleisch und Fleischerzeugnissen zu unterlassen.
Beim Schlachten ist unbedingt saubere Hygiene- und Arbeitsschutzkleidung zu tragen. Bewährt haben sich dabei besonders abwaschbare Gummi- oder Plasteschürzen. Vor Beginn der Arbeit sind Hände und Unterarme gründlich zu reinigen. Zu wiederholen ist diese Reinigungsmaßnahme nach den einzelnen Schlachtphasen, wie Entblutung, Brühen, Enthäuten, Darmbearbeitung usw. Der Hausschlächter muß einen gültigen Gesundheitsausweis besitzen.

Arbeitsräume

Die bei der Schlachtung und Fleischverarbeitung benutzten Räumlichkeiten müssen sich in einem hygienisch einwandfreien Zustand befinden und frei von Ungeziefer und sonstigen Schädlingen sein. Sie sind deshalb vor Beginn der Schlachtung gründlich zu reinigen, müssen ausreichend groß sein und über eine gute Beleuchtung verfügen.
Besonderes Augenmerk ist darauf zu richten, daß während der Schlachtung und Verarbeitung genügend heißes und kaltes Wasser von Trinkwasserqualität zur Verfügung steht. Waschgelegenheiten zum Reinigen der Hände und Unterarme sowie der Gerätschaften müssen vorhanden sein.

Gegenstände

Gegenstände, die mit Fleisch unmittelbar in Berührung kommen, müssen sich in einem einwandfreien Zustand befinden und leicht zu reinigen sein. Das trifft besonders zu für Hackstöcke, Schneidbretter, Behältnisse und Transportgefäße. Arbeitstische sollten mit einer glatten, riß- und spaltenfreien, leicht abwaschbaren Platte oder einem entsprechenden Belag versehen sein.
Die Geräte, wie Messer, Messerköcher, Beile, Sägen usw., sind stets sauber zu halten.

Schlachtung und Verarbeitung

Ein fachgerechter ausgiebiger Blutentzug wirkt sich positiv auf die Qualität und Haltbarkeit des Fleisches aus. Voraussetzung für ein ordnungsgemäßes Entbluten sind der ruhige Umgang mit den Schlachttieren und die sachkundige Ausführung der Betäubung.
Um eine Verunreinigung des äußerst leicht verderblichen Blutes zu vermeiden, müssen sich die Schlachttiere in einem sauberen Zustand befinden. Die Stichstelle ist besonders gründlich zu reinigen.
Für Lebensmittelzwecke sollte nur das im Strahl herausfließende Blut (Stoßblut) Verwendung finden. Zum Rühren des Blutes sind saubere Rührgeräte aus Plaste oder Me-

tall zu verwenden. Des weiteren sollte das Blut bis zur Verarbeitung kühl aufbewahrt werden. Um Keimanreicherungen auf der Haut des Schlachttieres vorzubeugen, sind die Schweine im sauberen Zustand zu brühen. Nach dem Entborsten ist nochmals eine gründliche Reinigung der gesamten Oberfläche des Schweines mit fließendem Wasser vorzunehmen.

Beim Crouponieren ist besonders darauf zu achten, daß Verschmutzungen der schwartenlosen Körperpartien vermieden werden. Besondere Sorgfalt ist beim Herausnehmen der Innereien walten zu lassen, damit keine Verunreinigungen des Fleisches durch Magen-Darm-Inhalt oder Gallenflüssigkeit eintreten. Wird der Schlachtkörper mittels Säge durchtrennt, so empfiehlt sich ein Abspritzen der Trennfläche mit einem scharfen Wasserstrahl.

Bei der Enthäutung von Rindern, Kälbern, Schafen und Ziegen ist darauf zu achten, daß das Fleisch nicht mit der äußeren Seite des Felles in Berührung kommt. Jeglicher Kontakt des Fleisches mit Fußböden oder Wänden ist zu vermeiden. Sollte ein Waschen von Organen oder Schlachtkörperteilen erforderlich sein, so ist das nur unter fließendem Wasser auszuführen. Auf keinen Fall sind dafür Wischtücher zu verwenden.

Um eine gute Qualität und Haltbarkeit der Wurstwaren zu erreichen, ist eine saubere Gewinnung und Bearbeitung der Därme erforderlich. Zur Vermeidung von Verunreinigungen des Fleisches durch Magen-Darm-Inhalt ist die Darmbearbeitung räumlich getrennt von der übrigen Bearbeitung und Verarbeitung durchzuführen. Grundsätzlich sollte der Ablauf der Schlachtung und Verarbeitung so gestaltet werden, daß eine gewisse Trennung von reiner und unreiner Seite gewährleistet ist.

4. FLEISCHREIFUNG UND FLEISCHVERDERB

Der normale Stoffwechsel des Schlachttieres bricht mit dem Tod zusammen. Eine Zeitlang laufen allerdings noch Stoffwechselabbauvorgänge ab. In diesen zunächst nur enzymatisch gesteuerten Abbau greifen nach und nach Bakterien ein, da der natürliche Schutzmechanismus des Körpers gegenüber diesen Mikroorganismen ausgefallen ist.

Obwohl diese Vorgänge im Schlachtkörper kontinuierlich ablaufen und stufenlos ineinander übergehen, unterscheidet man zwei Phasen, die *Fleischreifung* und den *Fleischverderb*.

Alle Fleischbearbeitungs- und -verarbeitungsverfahren haben das Ziel, die Phase der Fleischreifung, die man in das *Warmfleischstadium,* das *Stadium der Muskelstarre,* das *Stadium der maximalen Säuerung* und das *Vollreifestadium* unterteilen kann, so lange wie möglich zu erhalten. Diese Verfahren sind letztlich Konservierungsverfahren.

Das Warmfleischstadium, die Totenstarre und das Stadium der maximalen Säuerung lassen sich wegen ihrer unterschiedlichen äußeren Merkmale deutlich voneinander unterscheiden. Dagegen sind der Übergang von der maximalen Säuerung zur Vollreife und der Übergang von der Vollreife zur Phase des Fleischverderbs nicht so gut wahrnehmbar.

Das Stadium der Vollreife wird bei Hausschlachtungen in der Regel nicht erreicht, da es eine bestimmte Lagerdauer des Fleisches voraussetzt. Für die Hausschlachtung ist das Warmfleischstadium und das Stadium der maximalen Säuerung wichtig.

Die Abbauvorgänge im Schlachtkörper beginnen sofort nach dem Tod des Tieres. Veränderungen der Eiweißzusammensetzung, der Bindegewebseigenschaften und der Fette sind allerdings frühestens im Stadium der Vollreife zu bemerken. Zunächst dominieren Veränderungen im Energiesystem der Muskulatur, d. h. Abbauvorgänge des Muskelzuckers, des Glycogens, und Abbauvorgänge am Energieübertragungssystem, dem Adenosintriphosphat (ATP). Hauptabbauprodukte des ATP sind Inosin und Hypoxanthin, die den typischen Fleischgeschmack bewirken. Hauptverantwortlich für die Totenstarre und die Fleischsäuerung ist dagegen der Abbau des Muskelzuckers zu Milchsäure. Beide Vorgänge bedingen sich aber gegenseitig.

Das *Warmfleischstadium* umfaßt den Zeitraum vom Schlachten bis etwa 6...7 h danach. Sollen die Vorteile einer Warmfleischverarbeitung genutzt werden, so ist dieser Zeitpunkt für die Zerlegung und Verarbeitung zu wählen. Das Fleisch ist im Warmfleischstadium weich, die Muskulatur erschlafft. Die Farbe ist kräftig und glasig, die Konsistenz zäh. Der Geruch und Geschmack sind fast neutral, insbesondere fehlt der säuerlich-aromatische *Fleischgeschmack*. Beim Zerkleinern tritt sehr wenig Fleischsaft nach außen. Fremdwasser wird schnell und fest aufgenommen; die Muskelzelle «quillt auf». In diesem Stadium ist das Fleisch für Brühwurstprodukte und für alle Kochwurstarten geeignet. Die im Warmfleischstadium vorhandene Wasserbindung des Fleisches wird später auch bei Verwendung von Quellsalz nie wieder erreicht. Bei Verarbeitung von Warmfleisch zu Kochwurst entsteht der typische Geschmack hausschlachtener Erzeugnisse. Diese spezielle Note wird durch den frischen, noch nicht säuerlichen Fleischgeschmack und die Konsistenz des Warmfleisches, insbesondere durch das Quellungsvermögen der Muskelfasern, bewirkt.

Wird Warmfleisch zu Rohwurst verarbeitet, so ist das für die Schnittfestigkeit notwendige Gelstadium nur schwer zu erreichen. Aus Warmfleisch läßt sich streichfähige Rohwurst herstellen (s. unter 7.6.1.).

Etwa 6...7 h nach dem Schlachten beginnt die *Muskelstarre*. Sie ist daran zu erkennen, daß sich die einzelnen Schlachtkörperteile nur schwer bewegen lassen. Die Muskeln sind versteift, verdickt und verkürzt. Die die Muskelstarre auslösenden Vorgänge sind sehr kompliziert, sie hängen mit dem ATP-Abbau und dem beginnenden Umbau des Muskelzuckers zu Milchsäure zusammen. Mißt man den Säurewert des Muskels, den pH-Wert, dann ist gegenüber dem Warmfleischstadium ein Absinken zu bemerken. Im Stadium der Totenstarre soll eine Weiterverarbeitung nicht stattfinden.

Bei weiter absinkendem pH-Wert löst sich die Muskelstarre, und die Muskeln entspannen sich wieder, erreichen aber nicht mehr den ursprünglichen Quellungszustand.

Im anschließenden *Stadium der maximalen Säuerung* wird ein pH-Wert von 5,4...5,6 gemessen. Dieser Wert wird nach etwa 20...24 h erreicht. Die Säuerung entsteht durch Abbauvorgänge des Muskelzuckers. Tabelle 2 gibt einen Überblick über die Anteile des Muskelzuckers und der daraus gebildeten Milchsäure. Für die Hausschlachtung interessant und bedeutend ist, daß nach 24 h, also der Zeit, in der der Schlachtkörper spätestens zerlegt und verarbeitet wird, das Stadium der Vollreife nicht erreicht ist, wohl aber das Stadium des höchsten Anteils an Milchsäure. Nach 24 h wird zwar der restliche Muskelzucker weiter zu Milchsäure abgebaut, der Anteil an Milchsäure steigt aber nicht mehr weiter. Das liegt daran, daß nach 24 h die gebildete Milchsäure weiter abgebaut wird zu den sog. aromatischen, also geschmacksbeeinflussenden Verbindungen, wie Aldehyden, Ketonen, Alkohol usw. Milchsäurebildung und -abbau halten sich eine Zeitlang die Waage. Das ist auch am gleichbleibenden pH-Wert zu bemerken. Erst nach vollständigem Abbau des Glycogens und nach Umbau der Milchsäure steigt der pH-Wert wieder an. Etwa zu diesem Zeitpunkt beginnt der Fleischverderb.

Tabelle 2. Veränderung einiger Fleischinhaltsstoffe während der Fleischreifung

Dauer der Fleischreifung in h	pH-Wert	Gehalt in mg je 100 g Fleisch			
		Glycogen	Glucose	Milchsäure	Anorganischer Phosphor
1	6,2	534	160	319	52
12	5,9	462	171	609	92
24	5,6	274	202	700	107
48	5,6	183	222	692	114
120	5,6	121	219	661	137

Würde man Tabelle 2 erweitern und die Veränderungen der stickstoffhaltigen Bestandteile, der Proteine, in der vorgegebenen Zeiteinheit registrieren, so wäre in den ersten 24 h kaum eine Veränderung zu bemerken. Erst im Stadium der Vollreife und noch intensiver beim Fleischverderb ändert sich die Zusammensetzung der Eiweiße. Aus hochmolekularen Proteinen werden niedrigmolekulare Aminosäuren, Amine und Ammoniak. Nach 24 h, im Stadium der maximalen Säuerung, ist das Fleisch blaß, saftig und fest. Beim Anschneiden tritt vermehrt Fleischsaft aus. Zugegebenes Fremdwasser wird nur zögernd gebunden und auch nur dann, wenn das Fleisch stark zerkleinert ist. Diese Konsistenzveränderung, insbesondere die Veränderung des Wasserbindevermögens, hängt mit der Säuerung zusammen. Die Wasserbindung ist eine Funktion der elektrischen Ladung der Eiweißmoleküle. Je höher die Ladungsstärke ist, desto höher ist auch die Wasserbindung. Bei einem Säurewert von pH 5,6 bis 5,4 ist die elektrische Ladungsstärke des Eiweißes sehr gering und dementsprechend auch das Wasserbindevermögen. Das schon gebundene Wasser wird freigesetzt, es tritt als «freies Wasser» an die Fleischoberfläche. Das Fleisch erscheint im Anschnitt feucht. Dieses Fleisch eignet sich besonders gut zur Herstellung einer schnittfesten Rohwurst für die Weiterbehandlung zu Halbdauer- und Dauerware. Die Pökelbereitschaft ist gut. Für Kochwurst ist es mäßig geeignet und für Brühwurst kaum. Ohne Hilfs- und Zusatzstoffe ist die bei der Brühwurstherstellung notwendige Wasserbindung nicht zu erreichen.

pH-Wert

Obwohl der Mensch mit seinen Sinnesorganen die Geschmacksrichtungen «sauer» und «seifig oder laugig» unterscheiden kann, ist es ihm jedoch nicht möglich, die genaue Stärke dieser Empfindungen anzugeben. Ob eine Lösung sauer oder alkalisch ist, hängt davon ab, wieviel Wasserstoffteilchen die betreffende Verbindung in einer wäßrigen Lösung freisetzt. Je mehr es sind, um so saurer ist die Lösung. Die Konzentration der Wasserstoffionen läßt sich messen. Als Maßeinheit dient der pH-Wert.
Der pH-Wert liefert bei der Fleischverarbeitung aussagekräftige Informationen, z. B. über das *Stadium der Fleischreifung,* die Haltbarkeit, die *Verarbeitungsfähigkeit* und den Ablauf von *Reifungsvorgängen bei Rohwurst und Dauerpökelwaren.*
Ist der pH-Wert bekannt, können eine Reihe von Unsicherheitsfaktoren ausgeschaltet werden. Vor allem in größeren Betrieben ist zur Gewährleistung einer gleichbleibend guten Produktqualität die pH-Wert-Messung unerläßlich.
Bei der Hausschlachtung ist das ebenfalls wichtig, doch ist die Möglichkeit des Messens kaum gegeben. Da die pH-Wert-Veränderung im Schlachtkörper eines Tieres, das «normal» geschlachtet wurde, also keine Krankheitserscheinungen zeigte und nicht erregt zur Schlachtung kam, regelmäßig verläuft, kann der Hausschlächter den pH-Wert-Verlauf im Fleisch an Hand der in den Tabellen 2 und 3 angeführten Werte selbst einschätzen.

Tabelle 3. pH-Werte während der Fleischreifung und in einigen ausgewählten Produkten

Zeitpunkt der Messung bzw. Erzeugnis	pH-Wert
Fleisch bei der Schlachtung	6,9...7,1
Stadium der Totenstarre	6,0...6,5
Stadium der maximalen Säuerung	5,4...5,6
Stadium der Vollreife	5,6...5,8
Beginn des Fleischverderbs	5,9...6,4
Verdorbenes Fleisch	5,9...>7,0
Rohwurst, Brät	5,7...6,2
Rohwurst, 1. Phase	4,9...5,2
Rohwurst, 2. Phase	5,2...5,5
Rohwurst, streichfähig	5,3...5,5
DFD-Fleisch (pH$_1$ und pH$_{24}$)	6,5...6,8
PSE-Fleisch (pH$_1$ und pH$_{24}$)	5,4...5,5
Dauerpökelwaren, roh	5,2...5,5
Garfleischwaren	5,5...5,9
Brühwurst, Darm und Dose	5,8...6,2
Kochwurst, Darm und Dose	6,3...6,6
Sülzwurst	6,3...6,6
Sülze, Aspikwaren und Salate	<4,5
Pasteten	5,8...6,2

Die Abbauvorgänge während der Fleischreifung führen neben der Fleischsäuerung auch zu Veränderungen in der Konsistenz, im Geruch und im Geschmack.

Die *Konsistenz* eines Fleisches wird von der Struktur der Muskelfaser, aber noch mehr von der Struktur des die Muskelfaser umgebenden Bindegewebes bestimmt. Die Struktur der Muskelfaser ändert sich schon im Stadium der maximalen Säuerung, während das beim Bindegewebe erst im Stadium der Vollreife geschieht. Insbesondere Rindfleisch verliert seine Zähigkeit erst und erhält Zartheit, nachdem es «abgehangen» ist, also im Stadium der Vollreife.

Da bei Hausschlachtungen das Fleisch in der Regel im Stadium der maximalen Säuerung verarbeitet wird, kann nicht erwartet werden, daß beispielsweise ein eingedoster Braten eine optimale Zartheit aufweist. Durch Gefrierlagerung wird die Reifung unterbrochen. Eine Lagerung von aufgetautem Gefrierfleisch bis zur Vollreife ist nicht möglich.

Während der Reifung verändert sich auch das *Fleischaroma*. Bereits im Stadium der maximalen Säuerung verändert es sich gegenüber dem Warmfleisch entscheidend; das Fleisch schmeckt säuerlich-würzig. Der typische «Fleischgeschmack» im gesäuerten Fleisch wird durch Abbauprodukte des ATP, durch Inosin und Hypoxanthin, hervorgerufen. Im Stadium der Vollreife verstärkt sich das Fleischaroma, da sich jetzt Peptone und Aminosäuren anreichern, die geschmacksbildend wirken.

5. ZERLEGEN

5.1. Zerlegen von Schweinen

Nach der lebensmittelhygienischen Beurteilung erfolgt das Grobzerlegen des Fleisches, das am hängenden oder am liegenden Schlachtkörper ausgeführt werden kann (Bild 23). Begonnen wird mit dem Abschneiden des Kopfes (mit Backe). Dabei wird zum Anheben und Festhalten des Kopfes ein Schnitt in die äußere Backenkante gelegt, Kopf, Hinterhauptbein und 1. Brustwirbel abgetrennt und die Backe vom Kopf abgeschnitten (Bild 24).
Kopf ohne Backe findet Verwendung bei der Herstellung von Kochwurst aller Arten. Die Backe wird vorwiegend für Blut- und Sülzwurst, aber auch zur Herstellung von Brühwurst eingesetzt. Als nächstes wird die Fettwamme abgetrennt, die sich für die Herstellung von Leberwurst eignet, und danach der Bauch mit Rippen und Brustspitze abgesägt (Bild 25). Die Brustspitze wird abgetrennt; sie wird für Blut- und Brühwurst verwendet. Der restliche Bauch mit Rippen kann gesalzen und geräuchert werden.
Bauchfleisch kann zur Herstellung fast aller Wurstarten genutzt werden. Dabei sind die Rippen auszulösen.

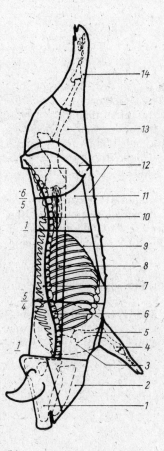

Bild 23.
Schnittführung beim Zerlegen einer Schweinehälfte
(1) Kopf (2) Fettbacke (3) Bug (4) Bein (5) Brustspitze (6) Kamm (7) Kotelettstück (8) lange Rippe (9) Bauch (10) Filetkotelettstück (11) Dünnung (12) Fettwamme (13) Keule (14) Bein

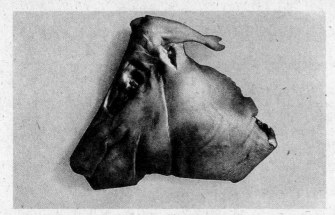

Bild 24. Abgetrennter Schweinekopf

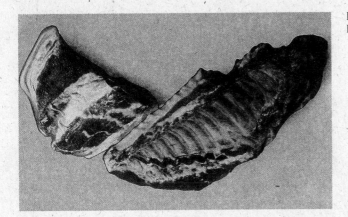

Bild 25. Schweinebauch mit Brustspitze und Wamme

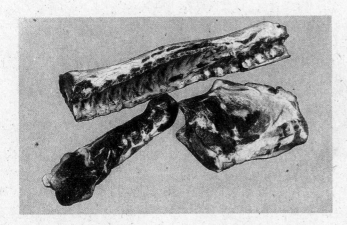

Bild 26. Kotelett, Filet und Kamm

Danach erfolgt das Abnehmen des Specks. Das Rückenfett wird dazu auf beiden Seiten des Kotelettstückes etwas vorgeschnitten, von der Keule beginnend bis zum Kamm abgeschält und danach schräg nach unten abgezogen.
Das Rückenfett wird mit oder ohne Schwarte rechteckig zurechtgeschnitten. Das Auslösen der Lende beginnt am sog. Lendenkopf. Die Lende, das hochwertigste Fleischstück, wird als Braten verwendet bzw. gepökelt und geräuchert.
Das anschließende Abtrennen von Kamm und Kotelett beginnt am Lendenwirbel. Zwischen 4. und 5. Rippe wird der Kamm vom Kotelett getrennt (Bild 26).
Sowohl Kamm als auch Kotelett werden zu Braten, zum Kurzbraten oder für die Herstellung von Kalträucherwaren (Lachsschinken, Kammschinken) verwendet.
Nach der Grobzerlegung beginnt das Auslösen von Bug und Keule. Beim Auslösen des Bugs wird zuerst das Spitzbein und danach das Eisbein abgesetzt (Bild 27 a). Spitzbeine werden gegart und finden wegen ihrer gelierenden Eigenschaften besonders bei Blut- und Sülzwurst Verwendung. Eisbein wird meist als Eisbein mit Sauerkraut oder Eisbein in Aspik weiterverarbeitet; es kann auch bei Sülzwurst oder Brühwurst eingesetzt werden.
Danach wird der Schaufelknochen und anschließend der Röhrenknochen ausgelöst.

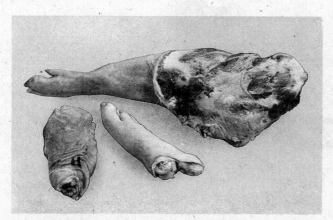

Bild 27a. Bug mit Eisbein und Spitzbein

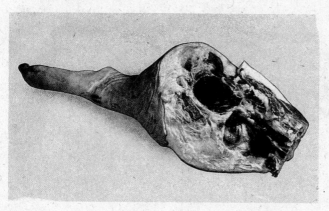

Bild 27b. Schweinekeule

Das ausgelöste Fleisch vom Bug dient als Bratenfleisch, besonders das dicke Bugstück. Es wird aber auch gern zur Herstellung von Schweinefleisch im eigenen Saft verwendet. Natürlich ist ein Einsatz bei der Herstellung von Wurstwaren, besonders bei Brüh- und Rohwurst, möglich. Auch für Dauerpökel- oder Garfleischwaren («Vorderschinken») wird das dicke Bugstück verwendet.
Beim Auslösen der Keule (Bild 27 b) beginnt man ebenfalls mit dem Absetzen des Spitzbeins, des Kniebeins und des Eisbeins. Diese Teile werden in gleicher Weise wie die entsprechenden Stücke des Bugs verwendet.
Die weitere Zerlegung der Keule richtet sich nach dem Verwendungszweck. Soll Landschinken (Knochenschinken) hergestellt werden, ist auf jeden Fall der Hüft- oder Schloßknochen auszulösen, während der Röhrenknochen in der Keule verbleibt. Das Fleischstück wird dann sauber zurechtgeschnitten (Bild 28).
Soll das Fleisch zu anderen Erzeugnissen verarbeitet werden, ist der Röhrenknochen herauszutrennen.
Für die Herstellung von Rollschinken wird das Nußstück aus der Keule entfernt. Soll kein Rollschinken hergestellt werden, so löst man Oberschale, Unterschale, Hüfte und Nuß aus. Die einzelnen Stücke sind vielseitig verwendbar. Sie können zu Dauerpökelwaren verarbeitet werden oder bei der Herstellung von Rohwurst Verwendung finden. Keule wird auch gern als Schnitzelfleisch eingesetzt (Bild 29).

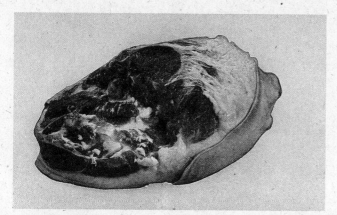

Bild 28. Landschinkenrohling, fertig beschnitten

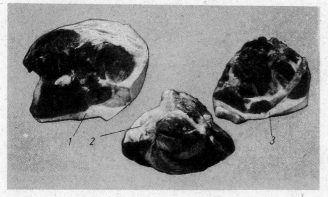

Bild 29. Fertig beschnittene Rohlinge
(1) Rollschinken (2) Nuß
(3) Schinkenspeck

5.2. Zerlegen von Rindern

Als erstes erfolgt die Trennung der Hälften, das sog. Vierteln, zwischen der 8. und 9. Rippe (Bild 30).
Beim *Auslösen des Vorderviertels* (Bild 31) wird zunächst der Bug mit Hesse abgetrennt. Es empfiehlt sich bei Hausschlachtungen, danach die einzelnen Stücke weiter auszulösen und zu entknochen. Zuerst wird die Schaufel ausgelöst, dann die Haxe oder Hesse und zum Schluß der Röhrenknochen.
Die ausgelösten Fleischteile unterteilen sich in das dicke Bugstück, das Schaufelstück, die falsche Lende und die Hesse.
Das dicke Bugstück eignet sich als Rinderbraten. Es lassen sich sogar Rouladen aus diesem Stück auslösen. Am häufigsten wird es für die Rohwurstherstellung verwendet.
Das Schaufelstück eignet sich auf Grund seines höheren Sehnenanteils mehr für Gulasch oder zur Herstellung von Koch- und Brühwurst.
Die falsche Lende, als bestes Stück des Bugs, wird zum Braten genutzt.
Die Hesse wird vorwiegend für Brühwurst und Kochwurst eingesetzt, aber auch als Suppenfleisch geschätzt.

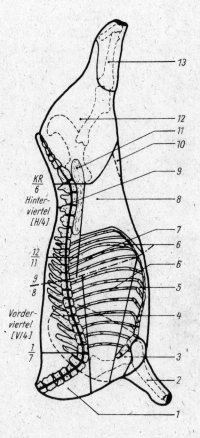

Bild 30. Schnittführung beim Zerlegen einer Rinderhälfte
(1) Kamm (2) Vorderhesse (3) Bug (4) Fehlrippe (5) Brust (6) Spannrippe (7) hohe Rippe (8) Dünnung (9) Roastbeef (10) Schliem (11) Filet (12) Keule (13) Hinterhesse

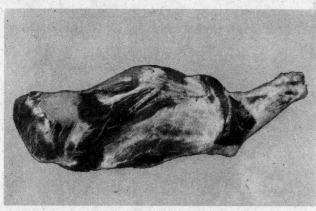

Bild 31. Bug mit Knochen

Bild 32. Kamm

Bild 33. Fehlrippenkamm

Als nächstes wird der Kamm abgetrennt. Die Trennstelle liegt zwischen dem 7. Hals- und dem 1. Rückenwirbel. Nach gutem Beschneiden und Entsehnen wird er für Rohwurst, Brühwurst und Kochwurst verwendet (Bild 32).
Vom verbleibenden Bruststück wird der Fehlrippenkamm abgesägt (Bild 33).
Der restliche Teil wird nochmals in Brust und Spannrippe unterteilt (Bilder 34 und 35). Ausgelöster Fehlrippenkamm eignet sich sehr gut als Bratenfleisch oder zur Rohwurstherstellung; Spannrippe und Brust dienen als Kochfleisch oder zur Wurstherstellung.
Beim *Auslösen des Hinterviertels* beginnt man mit dem Abtrennen der Dünnung, die sich als Kochfleisch eignet. Wenn Fett und Sehnen entfernt sind, kann sie auch für alle Wurstarten verwendet werden.
Danach wird das Filet ausgelöst. Zunächst wird es unterhalb der Kugel mit dem Roastbeef abgetrennt (Bild 36). Anschließend wird das Filet aus dem Roastbeef gelöst und beschnitten. Filet ist als Bratenfleisch, zum Kurzbraten und auch zur Herstellung von Kaltrauchwaren geeignet.
Das Roastbeef wird vom Knochen gelöst, beschnitten und als Braten verwendet.
Die Keule läßt sich am besten auf einem Tisch auslösen (Bild 37). Zuerst schneidet man den Schloß- und Beckenknochen heraus. Danach wird die Hesse abgeschnitten und ausgelöst (Bild 38).
Anschließend entfernt man den Röhrenknochen.
Die ausgelösten Fleischteile werden in Oberschale (Bild 39), Schwanzstück (Bild 40), Kugel (Bild 41) und Blume (Bild 42) unterteilt.
Oberschale, Schwanzstück und Kugel werden für Rouladen verwendet, während sich die Blume als Rinderbraten eignet.
Alle genannten Fleischstücke sind besonders für die Rohwurstherstellung geeignet.

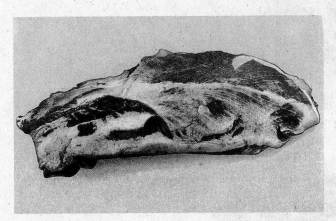

Bild 34. Rinderbrust mit Knochen

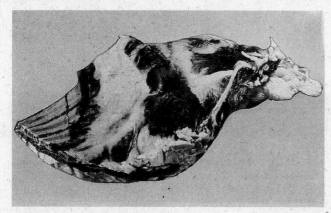

Bild 35. Dünnung mit Spannrippe

Bild 36. Roastbeef mit Filet

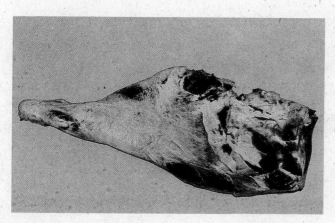

Bild 37. Rinderkeule mit Haxe

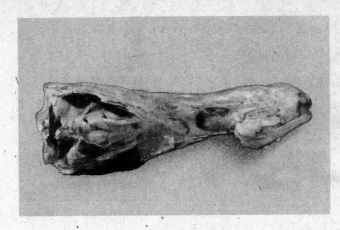

Bild 38. Rinderhaxe

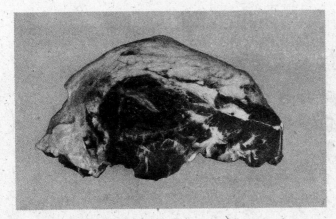

Bild 39. Oberschale

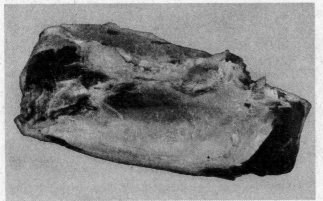

Bild 40. Schwanzstück

Bild 41. Kugel

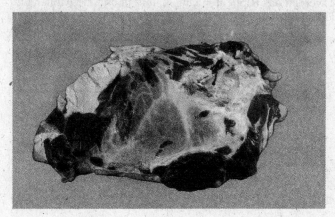

Bild 42. Blume

5.3. Zerlegen von Kälbern

Der Schlachtkörper wird zunächst durch Spalten der Wirbel halbiert.
Die weitere Zerlegung erfolgt an der hängenden Hälfte (Bild 43).
Ein Stück der Dünnung wird von der Keule abgeschnitten und das Hinterkalb (Bild 44 a) vom Vorderkalb (Bild 44 b) durch einen Schnitt zwischen der 11. und 12. Rippe getrennt. Danach wird ein weiterer Trennschnitt zwischen dem 5. und 6. Lendenwirbel geführt, wobei Nierenstück und Keule anfallen (Bild 45).
Am Nierenstück verbleiben etwa $2/3$ des Bauchlappens.
Das Nierenstück wird vom Knochen gelöst, es wird als Kalbsnierenbraten verwendet (Bild 46).
Am Vorderkalb wird der Bug mit Haxe gelöst (Bild 47) und danach die Brust mit dem Bauchlappen mittels Säge vom Rücken getrennt.
Der Rücken wird anschließend in Hals, Kamm und Kotelett zerlegt (Bild 48).

Die Kalbsbrust (Bild 49) wird gern zu «gefüllter Kalbsbrust» verarbeitet. Dazu sind die Rippen auszulösen. Der Hohlraum zwischen Brustfleisch und Haut wird mit zerkleinerter Fleischmassse (Hackfleischmasse, Bratwurstmasse u. ä.) gefüllt.
Hals und Kamm werden zur Koch- und Brühwurstherstellung eingesetzt, während das Kotelett als Kalbskotelett verwendet werden kann.
Das Bugstück kann ebenfalls gebraten oder zu Koch- und Brühwurst verarbeitet werden.
Vom Bug wird die Haxe abgeschnitten und nach Bedarf in Hinter- und Vorderhaxe getrennt. Haxen sind begehrte Bratenstücke.
Vom Bug wird der Schulterblattknochen freigeschnitten und herausgezogen.
Beim Auslösen der Keule wird der Hüft- und Schloßknochen gelöst und gezogen. Die Haxen werden im Gelenk abgetrennt. Zwischen Oberschale und Nuß wird der Röhrenknochen freigeschnitten und ausgelöst.
Die Keule kann weiter in Oberschale, Nuß und Frikandeau (Bild 50) zerlegt werden. Die Oberschale dient als Braten, doch können auch Kalbsschnitzel herausgeschnitten werden. Nuß und Frikandeau sind Bratenstücke.
Beim Bearbeiten der Brust werden das Rippenfell eingeschnitten und die Rippen entfernt. Anschließend schneidet man die Rippenköpfe am Brustbein ab.

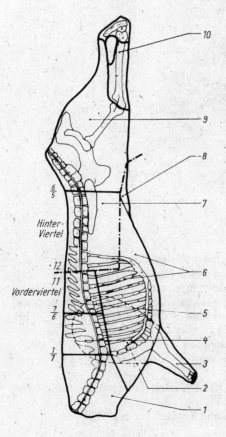

Bild 43. Schnittführung beim Zerlegen einer Kälberhälfte
(1) Hals (2) Bug (3) Vorderhaxe (4) Kamm (5) Kotelettstück (6) Brust mit 1/3 des Bauchlappens (7) Nierenstück mit 2/3 des Bauchlappens (8) sehniger Teil des Bauchlappens (9) Keule (10) Hinterhaxe

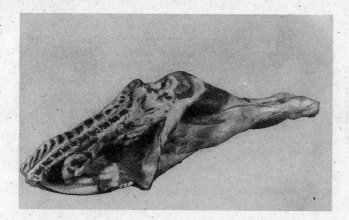

Bild 44. Kälberhinterviertel (a) und Kälbervorderviertel (b)

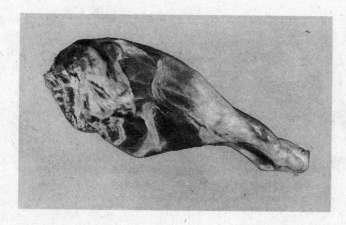

Bild 45. Kalbskeule mit Haxe

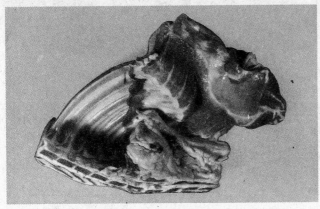

Bild 46. Kalbsnierenstück

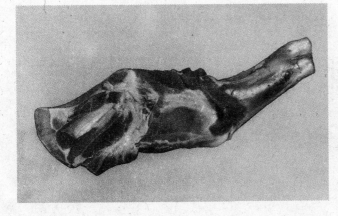

Bild 47. Kalbsbug mit Haxe

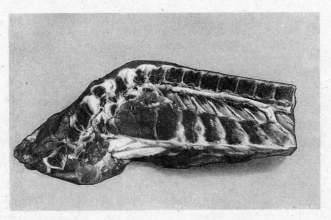

Bild 48. Kalbskamm mit Hals

Bild 49. Kalbsbrust

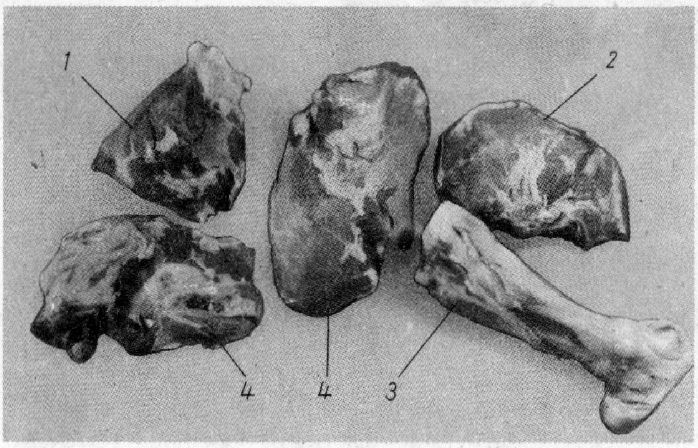

Bild 50. Kalbskeule, zerlegt
(1) Nuß (2) Oberschale
(3) Haxe (4) Frikandeau

6. DÄRME

6.1. Naturdärme

Verwendung finden die Därme von Rind, Schwein und Schaf. Das Darmpaket wird in Dünndarm und Dickdarm unterteilt. Der Dünndarm besteht aus den Darmabschnitten Zwölffingerdarm, Leerdarm und Hüftdarm, die sich nicht sichtbar voneinander abheben. Der Dickdarm ist anatomisch besser zu unterteilen; er besteht aus Blinddarm, Grimmdarm und Mastdarm.
Als Wursthüllen werden außer den Därmen auch der Schweinemagen, die Speiseröhre vom Rind und die Harnblase von Schwein, Rind und Kalb verwendet (Tabelle 4).

Bild 51. Schweinedärme
(1) Blase (2) Dünndarm
(3) Magen (4) Dickdarm

Schweinedärme (Bild 51):

Der Dünndarm heißt beim Schwein enger Darm oder auch Schweinekranzdarm. Seine Länge beträgt 16...18 m und das Kaliber (Durchmesser) 22...36 mm.
Der Anfangsteil des Grimmdarms, der als Schweinebutte, Schweinekappe oder Kittel bezeichnet wird, ist 30...50 cm lang. Der eigentliche Grimmdarm ist 3 m lang, und man nennt ihn krauser Darm, Schweinekrause, Krummdarm oder großer Schweinedarm. Der Übergang vom Grimmdarm in den Mastdarm ist das sog. Nachende. Der Mastdarm wird als Fettdarm oder Fettende bezeichnet, er hat zusammen mit dem Nachende eine Länge von 1...1,50 m.
In Fettenden werden qualitativ hochwertige Wurstsorten gefüllt. Die Schweinekrausen werden als Hüllen für Blutwurst und Leberwurst verwendet und die Schweinbutte für Sülzwurst oder Zungenwurst. Die engen Schweinedärme sind vielseitig einsetzbar, in der Regel nutzt man sie für Roh- und Brühwurst.

Rinderdärme (Bild 52):

Der gesamte Dünndarm hat eine Länge von 27...45 m; das Kaliber beträgt je nach Alter des Tieres 30...50 mm.
Der Zwölffingerdarm wird krummes Ende oder Leberdarm genannt. Der Leer- und

Tabelle 4. Natürliche Wursthüllen

Anatomische Bezeichnung	Handelsübliche Bezeichnung			Verwendung für		
	Schwein	Rind	Schaf	Schwein	Rind	Schaf
Magen	Magen	–	–	Preßkopf	–	–
Speiseröhre	–	Rinderschlund	–	–	Schinkenwurst	–
Harnblase	Blase	Rinderblase, Kalbsblase	–	Zungenwurst, Leberwurst, Filetwurst, Preßkopf, Sülzwurst	Sülzwurst, Rohwurst (Kalbsblase)	–
Dünndarm						
Zwölffingerdarm	enger Darm, Kranzdarm	krummes Ende, Leberdarm	Saitling	Brühwurst, Rohwurst	Rohwurst, Blutwurst	Wiener, Weißwürstchen
Leerdarm	enger Darm, Kranzdarm	Kranzdarm, enger Darm, runder Rinderdarm	Saitling	Brühwurst, Rohwurst	Rohwurst (Mettwurst, Knackwurst)	Wiener, Weißwürstchen
Hüftdarm	enger Darm, Kranzdarm	Kranzdarm, enger Darm, runder Rinderdarm	Saitling	Brühwurst, Rohwurst	Rohwurst (Mettwurst, Knackwurst)	Wiener, Weißwürstchen
Dickdarm						
Blinddarm	Schweinebutte, Kittel, Kappe	Butte, Kappe, Säckel	Schafbutte, Schöpshülle, Buttende, Hammelkappe	Filetwurst, Zungenwurst	Bierschinken, Mortadella, Rohwurst	Rohwurst
Grimmdarm	Schweinekrause, krauser Darm, Krummdarm, großer Schweinedarm	Schloßdarm, Mitteldarm, Scheibe, Kreuzdarm	–	Kochwurst (Leberwurst, Fleischblutwurst, Thüringer Rotwurst)	Kochwurst, Rohwurst, Kalbsleberwurst	–
Mastdarm	Nachende, Fettende, Schlacke, Pinken	Fettende, Schlacke	–	Leberwurst (Guts- oder feine Leberwurst), Rohwurst	Rohwurst, Sülzwurst	–

Hüftdarm heißt Kranzdarm. Man bezeichnet ihn auch als engen Darm oder runden Rinderdarm, weil er im Gegensatz zum Schloßdarm beim Aufblasen einen bogigen Verlauf zeigt.

Der Blinddarm mit dem Anfangsteil des Grimmdarms heißt Butte oder Buttdarm. Den eigentlichen Blinddarm nennt man ortsüblich auch Kappe, Sack oder Säckel; er ist etwa 50 cm lang bei einem Durchmesser von 8...12 cm. Die Butte ist 1...2 m lang. Der Hauptteil des Grimmdarms wird als Schloß- oder Mitteldarm bezeichnet, manchmal auch als Schnecke, Scheiben- oder Kreuzdarm. Er erscheint beim Ausschlachten als Scheibe oder Schnecke. Dieser Darm ist nur etwa 7...10 m lang. Sein Kaliber beträgt 50...70 mm.

Das Rinderfettende ist erheblich weiter als der Mitteldarm. Es wird meist in 50 cm lange Abschnitte getrennt und als Darm für Sülzwurst verwendet.

Die Mitteldärme sind für Kochwurst und Rohwurst universell einsetzbar. Rinderbutten verwendet man für Rotwurst und Preßkopf, Kranzdärme vorwiegend für Rohwurst.

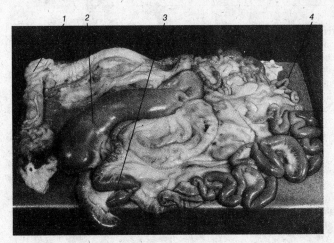

Bild 52. Darmpaket vom Rind
(1) Fettende (2) Butte
(3) Kranzdarm (4) Rindermitteldarm

Schafdärme:

Vom Schaf finden in der Regel nur Dünndarm und Butte bei der Hausschlachtung als Wursthülle Verwendung. Der Dünndarm, allgemein als Saitling bekannt, hat eine Länge von 18...24 m und ein Kaliber von 12...28 mm. Die Schafbutte, auch als Schöpshülle, Hammelbutte und Buttende bezeichnet, hat eine Länge von 75...125 cm.
Saitlinge verwendet man für Brühwurst und dünnkalibrige Rohwurst, Butten für Rotwurst.

6.2. Kunstdärme

Wenn auch in der Hausschlachtung vorwiegend Naturdärme eingesetzt werden, so muß der Hausschlächter trotzdem über grundlegende Kenntnisse des Einsatzes von Kunstdärmen verfügen. Kunstdärme haben sich bei der Wurstherstellung in den letzten Jahrzehnten immer besser bewährt. In der Fleischindustrie werden verschiedene Wurstsorten bevorzugt in Kunstdärme abgefüllt, weil diese über bestimmte technologische Eigenschaften verfügen, die zum Teil die der Naturdärme übertreffen. Vor allem in den

letzten Jahren ist bei Kunstdärmen sowohl in qualitativer als auch in quantitativer Hinsicht eine stürmische Entwicklung zu verzeichnen.
Kunstdärme lassen sich nach den zu ihrer Herstellung verwendeten Grundstoffen einteilen in solche aus

- Cellulosehydrat,
- Echt-Pergament,
- eiweißbeschichtetem Gewebegerüst,
- gehärtetem Eiweiß,
- Polyamiden,
- Polyestern,
- PVDC-Mischpolymerisaten,
- Polypropylen und
- Polyethylen.

Die ersten vier Gruppen werden wegen ihrer Grundstoffe als regenerierte Naturprodukte bezeichnet, während die übrigen synthetische Därme sind.
Kunstdärme haben gegenüber Naturdärmen Vorteile in der Lagerung und der hygienischen Beschaffenheit. Die Füllvorbereitungen sind unkompliziert. Ein Teil der Kunstdärme braucht vor dem Füllen nicht einmal mehr gewässert zu werden.
Die noch vor Jahren gültige Regel, daß Kunstdärme aus regenerierten Naturprodukten vorwiegend für Rohwurst und solche aus synthetischen Stoffen für Brühwurst geeignet sind, ist heute nicht mehr gültig. Inzwischen sind vollsynthetische Kunstdärme entwickelt worden, die sowohl dampf- und rauchdurchlässig als auch schrumpffähig sind.
Wichtig ist, daß der Hausschlächter beim Einsatz von Kunstdärmen deren Eignung und Eigenschaften kennt, da es sonst zu Fehlproduktionen kommen kann.
Für Rohwürste dürfen nur solche Kunstdärme eingesetzt werden, die gas- und wasserdampfdurchlässig sind. Neuentwickelte Rohwurstkunstdärme, z. B. Orwo spec. D, Cutisin und Naturin, haben diese Eigenschaft. Sie sind darüber hinaus atmungsaktiv und nehmen Raucharoma und Rauchfarbe an. Außerdem verfügen sie über ein Schrumpfvermögen, so daß sie die Bewegungen der Bräte mitmachen können. Durch eine entsprechende Beschichtung sind die Kunstdärme von innen so beschaffen, daß sowohl eine Bräthaftung stattfinden kann, die Därme sich aber vor dem Verzehr auch abschälen lassen.
Gas- und wasserdampfundurchlässige Kunstdärme sind für Koch- und Brühwurst geeignet. Die Oberfläche dieser Därme bleibt trocken, ein Schimmelbefall kann nicht stattfinden. Der Inhalt ist bei längerer Lagerung länger als im Naturdarm vor Fettoxidation geschützt.
Der Naturdarm wird seine dominierende Rolle bei der Hausschlachtung behalten, schon deshalb, weil ein hausschlachtenes Produkt traditionell mit dem Begriff «Naturdarm» verbunden ist. Es ist aber durchaus denkbar, daß sich der Kunstdarm für bestimmte Produkte bei Hausschlachtungen durchsetzen wird.

6.3. Darmbearbeitung

Bearbeitung von Schweinedärmen

Die Bearbeitung der Schweinedärme soll möglichst noch im warmen Zustand erfolgen, damit sich das anhaftende Fett vollständig entfernen läßt.
Begonnen wird mit dem Abtrennen der Milz. Danach wird der Magen vom Micker ge-

löst. In der Nähe des Eintritts der Speiseröhre in den Magen wird der Magen angeschnitten und geleert. Anschließend wendet und säubert man ihn.
Als nächstes wird der Schweineengdarm bearbeitet. Ist die Gewinnung von Schleiß vorgesehen, wird der Darm mit einem scharfen Messer vorsichtig vom Micker geschnitten. Soll kein Schleiß gewonnen werden, wird er vom Micker gerissen.
Zunächst wird der Darm möglichst vollständig entleert, gesäubert und mit Wasser mehrmals durchgespült. Danach wird der Schleiß vom Darm abgezogen, gebündelt und gesalzen. Anschließend wendet und entschleimt man den Darm. Dazu wird in der Regel ein Schleimholz oder ein Eßlöffel verwendet.
Wird der Engdarm innerhalb von 24 h gefüllt, braucht man ihn nicht zu salzen. Er ist wie alle anderen Därme auch in kaltem Wasser aufzuheben.
Nach dem Bearbeiten des Engdarms trennt man die Schweinekrause mit Kappe und Enddarm vom Micker.
Die Kappe wird abgeschnitten, entleert, gewendet und gesäubert. Krause und Enddarm sind in gleicher Weise zu behandeln.
Die Blase wird entleert, aufgeblasen und getrocknet. Vor dem Füllen ist sie zu wässern und zu wenden. Vor dem Füllen werden Kraus- und Enddarm in gewünschte Längen geschnitten und abgebunden.

Bearbeitung von Rinderdärmen

Begonnen wird mit der Bearbeitung der Kranzdärme. Sie werden vom Micker geschnitten; ein Reißen ist nicht möglich.
Die Kranzdärme werden entleert, gewendet und entschleimt. Anschließend bewahrt man sie bis zum Füllen in kaltem Wasser auf. Danach wird die Rinderbutte mit Mittel- und Enddarm bearbeitet. Nach dem Abtrennen vom Mitteldarm wird die Butte entleert und entschleimt. Auch der Enddarm wird vom Mitteldarm abgeschnitten, entleert, gewendet und entschleimt. Es bleibt der Mitteldarm übrig, der wie die anderen Därme zu bearbeiten ist.
Die Blase wird ebenfalls gewonnen. Nach der Entleerung bläst man sie auf und trocknet sie. Große Rinderblasen werden häufig nach dem Trocknen halbiert und genäht. In diese Hälften wird Roh- oder Brühwurst gefüllt. Das Nähen kann mit jeder Nähmaschine durchgeführt werden.

Bearbeitung von Schafdärmen

Der Schafsaitling wird in der Regel gleich beim Ausschlachten gewonnen. Die Bearbeitung erfolgt durch Leeren, Spülen und Entschleimen. Die Gewinnung der Schafbutte ist ebenfalls möglich. Bei größeren Schafen gewinnt man auch die Blase.

Bearbeitung von Kalbsdärmen

Als Wursthüllen werden vom Kalb nur Butte und Blase gewonnen. Die Bearbeitung erfolgt wie bei Rind und Schaf.
Das restliche Darmpaket wird aufgeschnitten, gewaschen und gut gereinigt. Nach dem Brühen wird dieses sog. Kalbsgekröse mit zur Herstellung von Leberwurst verwendet.

Schleißen des engen Schweinedarms

Alle inneren Organe sind vom Bauchfell (Serosa) überzogen. Durch dessen glatte und feuchte Beschaffenheit wird die Reibung der inneren Organe wesentlich verringert. Den Bauchfellüberzug beim engen Schweinedarm kann man abziehen. Er bildet eine dünne und zarte Darmhülle und wird Schleiß genannt. Weitere Teile des Bauchfells von Organen, die als Hülle für Wurst- und Fleischwaren genutzt werden, sind das «Goldschlägerhäutchen», das als Überzug für Lachsschinken Verwendung findet, und die in einigen Gegenden bei Hausschlachtungen noch verwendete Schmerhaut (Flomenüberzug) (Herstellung von Rohwurstspezialitäten, wie Feldkieker und Fließen). Das Bauchfell überzieht das muskulöse Darmrohr, so daß der Darm wie in einer Tasche im Bauchfell hängt. Die beiden Bauchfellblätter sind um den Darm verklebt und bilden ein geschlossenes Rohr. Damit die Verklebung bestehen bleibt, muß bei der Schleißgewinnung folgendes beachtet werden:

- Der Darm wird vom Micker nicht abgerissen, sondern der Micker muß in einem Abstand von 4...5 mm vom Darm mit dem Messer abgetrennt werden.
- Der Darm ist vor der Schleißgewinnung zu reinigen.
- Das Schleißen erfolgt entgegen der Darminhaltsbewegung; begonnen wird also am Übergang des Dünndarms in die Kappe.

Der Schleiß wird zunächst mit den Fingerspitzen vorsichtig gelöst, umgestülpt und danach vom Darm abgerollt (Bild 53). Geübte Fleischer können etwa 9 m Schleiß vom engen Schweinedarm gewinnen.

Bild 53. Schleißen von Schweinedarm

Da Schleiß einen hohen Anteil an Mickerfett aufweist, ist eine sofortige Verarbeitung notwendig. Eine Konservierung durch Salzung ist zwar möglich, doch sollte die Aufbewahrung drei Wochen nicht überschreiten. Darauf sollte geachtet werden, wenn bei Hausschlachtungen gesalzener Schleiß verarbeitet wird.

Der in einigen Gegenden auch als «Bändel» bezeichnete Schleiß wird fast ausschließlich als Hülle für Rostbratwürste verwendet. Die Bratwürste erhalten durch die zarte Beschaffenheit des Schleißes eine besondere Qualität.

In Schleiß gefüllte Bratwürste, die gefriergelagert werden sollen, dürfen wegen des hohen Anteils an Mickerfett eine Lagerdauer von 3 bis 4 Wochen nicht überschreiten. Beim Auftauen ist darauf zu achten, daß die Bratwürste vollständig aufgetaut sind, bevor eine Weiterbehandlung erfolgt. Der zarte Schleiß reißt sonst sehr leicht ein.

7. ROHWURST

Rohwurst wird aus zerkleinertem rohem Schweine-, Rind- oder Schaffleisch und zerkleinertem Fettgewebe unter Zugabe von geeigneten Zusatzstoffen hergestellt und einer Reifung unterzogen. Im Verlauf dieser Reifung entwickeln sich eine produkttypische Konsistenz und ein typisches Aroma.
Das zerkleinerte Fleisch wird in der Regel in Wursthüllen verschiedener Größe und verschiedenen Materials abgefüllt. Eine Kaltrauchbehandlung ist möglich, zur Reifung aber nicht unbedingt nötig.
Die Rohwurstherstellung erfordert viel Erfahrung. Sie ist vor allem deshalb kompliziert, weil beim Herstellungsprozeß mehrere Faktoren zusammenwirken. Dabei sind drei Hauptfaktoren zu nennen, die sich gegenseitig beeinflussen. Im einzelnen sind das:

- Die Qualität von Fleisch und Fett sowie der Zusatzstoffe, wie Salz und Gewürze,
- die bakterielle Zusammensetzung des Ausgangsmaterials und die weitere Entwicklung des Keimgehaltes,
- die Einflüsse der Umwelt, insbesondere des Großklimas (Sommer und Winter) und des Kleinklimas (Temperatur, relative Luftfeuchte, Licht usw.).

Daraus ist abzuleiten, daß es selbst unter den weitgehend konstanten Bedingungen einer industriellen Rohwurstproduktion kaum möglich ist, jede Charge mit gleicher Qualität herzustellen. Fehlproduktionen können zwar weitgehend vermieden werden, doch fällt z. B. das Aroma der Rohwurst bei jeder Charge unterschiedlich aus.
Die Rohwurstherstellung ist bei Hausschlachtungen wesentlich komplizierter als bei der industriellen Produktion. Fast alle Faktoren, die die Qualität der Rohwurst beeinflussen, sind bei der Hausschlachtung nicht zu bestimmen oder können nicht gesteuert werden. Durch die Verbesserung der Wohnverhältnisse in den Dörfern (Steinhäuser statt Fachwerk mit Lehmauskleidung sowie Étagen- bzw. Zentralheizung in allen Räumen) hat sich die Klimagestaltung für die Rohwurstreifung so verschlechtert, daß es riskant ist, Rohwurst herzustellen.
In den letzten Jahren häufen sich deshalb Fehlproduktionen von Rohwurst aus Hausschlachtungen. Dem Hausschlächter obliegt es heute, neben der Herstellung von Wurstwaren auch beratend zu wirken. Er muß sich überzeugen, unter welchen Bedingungen die von ihm hergestellten Produkte weiterbehandelt und gelagert werden, bzw. von der Herstellung abraten.

7.1. Innere Vorgänge bei der Rohwurstherstellung

Früher gab es wenig Möglichkeiten, Fleisch über längere Zeit aufzubewahren. Die ältesten Verfahren der Konservierung von Fleisch waren Trocknung und Salzung. Das bei der Konservierung von Milch angewandte Säuern (Quark- und Käseherstellung) ließ sich nicht auf Fleisch übertragen. Große Fleischstücke säuerten nicht spontan wie Milch, sondern gingen in Fäulnis über. Sobald die Fleischstücke aber stark zerkleinert und so zusammengedrückt wurden, daß der Luftsauerstoff nicht eindringen konnte, war eine ähnliche Säuerung und Haltbarkeit wie bei verschiedenen Milchprodukten zu beobachten. Während aber die Konservierung durch Trocknung oder Salzung Konsistenz, Geruch und Geschmack des Fleisches annähernd bewahrte, entstand durch die Säuerung in Verbindung mit der Zerkleinerung des Fleisches ein Produkt mit einer neuen Geschmacksrichtung. Außerdem zerfiel das zerkleinerte Fleisch beim Schneiden nicht wieder in die ursprünglich vorhandenen kleinen Teile, sondern es erschien als ein ganzes Stück. Anfangs wurde angenommen, daß dieser Vorgang, der zur «Schnittfestigkeit» führt, auf einfachen physikalischen Vorgängen beruht. Es bestand die Vorstellung, daß die zerkleinerten Teile durch die Wasserabgabe nur enger zusammenrücken und dadurch die Schnittfestigkeit bewirken, eine Ansicht, die auch heute noch anzutreffen ist. Schnittfestigkeit kann aber ebenfalls in kurzer Zeit erzielt werden, wenn dem Rohwurstbrät sogar nur Wasser zugesetzt wird. Es sind also andere Vorgänge, die zur Schnittfestigkeit führen. Ähnlich wie bei der Bier-, Wein- und Käseherstellung sind die Herstellungsvorschriften für Rohwurst empirisch gefunden worden, ohne daß die ablaufenden Vorgänge bekannt waren. Die Quote der Fehlproduktionen war hoch, auftretende Fehler konnten nicht erklärt werden. Eine industrielle Produktion dieser Erzeugnisse war erst dann ökonomisch vertretbar, als die wissenschaftliche Forschung, insbesondere die Mikrobiologie, die Biochemie und in letzter Zeit die Eiweißforschung, viele bei der Herstellung ablaufende Vorgänge aufgeklärt hatte. Diese Erkenntnisse werden in der industriellen Produktion angewandt, doch hat es den Anschein, daß sie bei der Hausschlachtung, gemessen an dem immer noch zu hohen Anteil der Fehlproduktionen, keine Berücksichtigung finden. Dabei gilt, daß unter Beachtung der spezifischen Bedingungen, wie sie bei der Hausschlachtung gegeben sind, Fehlproduktionen ebenso vermeidbar sind wie bei der industriellen Produktion.

Rohwurstbrät

Die Rohwurstherstellung beginnt mit dem Herstellen des Rohwurstbräts. Darunter versteht man die nach Rezeptur zusammengestellte, zerkleinerte und mit allen Zusatzstoffen, wie Salz, Nitrit und Gewürze, versehene Masse vor Beginn der Reifung.
Für Rohwurst vorgesehenes Fleisch und Fett, in der Regel Speck, Bauchfleisch oder fettdurchwachsenes Fleisch, werden im Wolf zerkleinert, wobei die Lochscheibenbohrung der Wolfscheibe die Zerkleinerung bestimmt. Bereits bei dieser Zerkleinerung beginnt die Rohwurstreifung. Die Zerkleinerung im Wolf ist die Voraussetzung sowohl für eine intensive Durchmischung mit Fett und eine Verdichtung der Masse als auch für die Freisetzung von Flüssigkeit aus dem zerstörten Zellverband. Im intakten Muskelzellverband befindet sich freies Wasser sowohl innerhalb der Muskelzelle als auch im sogenannten Interzellularraum, also zwischen den Muskelfasern. Dieses Wasser wird bei der Zerkleinerung freigesetzt und schwemmt dabei auch wasserlösliches Eiweiß mit aus. Ohne das Vorhandensein einer bestimmten Menge dieser Eiweiß-Wasser-Lösung ist eine ordnungsgemäße Herstellung von schnittfester Rohwurst nicht möglich. Die Wasser-Eiweiß-Lösung hat zwei wichtige Aufgaben:

- Sie ist Nährstoffquelle für Bakterien.
- Sie umhüllt die festen Bestandteile des Bräts, also alle Muskel-, Fett- und Bindegewebsteile, und wirkt als Verbindungs- bzw. Kittsubstanz. Sie hat die Eigenschaft, während der Reifungsvorgänge zu erstarren, und bewirkt so die Schnittfestigkeit.

Bei der Brätherstellung soll eine möglichst große Menge der Eiweiß-Wasser-Lösung freigesetzt werden. Dafür gibt es folgende Möglichkeiten:

- Starke Zerkleinerung der Muskelfaser durch Verwendung der kleinsten Lochscheibe beim Wolfen oder Verlängerung der Kutterzeit,
- Zusatz von Löslichkeitsverstärkern, z. B. Kochsalz oder Pökelsalz,
- intensives Mengen und Kneten des Bräts.

Von der ersten Möglichkeit ist bei Hausschlachtungen abzuraten. Feinzerkleinerte Rohwürste reifen schlecht zu Dauerware; sie neigen bei längerer Lagerung zur Ranzigkeit. Der zweite Nachteil der Feinzerkleinerung liegt in einem zu hohen Nährstoffangebot für die Bakterien. Bei feinzerkleinertem Brät beginnen sowohl die bakterielle Reifung als auch die bakterielle Fehlreifung sehr schnell. Besonders in der wärmeren Jahreszeit ist die Produktion schwer zu steuern.
Wesentlich günstiger ist es, die beiden anderen Möglichkeiten zur Vergrößerung des Anteils an löslichem Eiweiß zu nutzen. So wird seit altersher Kochsalz zur Fleischwaren- und Wurstherstellung benutzt. Kochsalz hat eine geschmacksbeeinflussende Funktion, erhöht die Menge an wasserlöslichem Eiweiß, bewirkt ein besseres Wasserbindevermögen und hat durch die Senkung der Wasseraktivität einen konservierenden Effekt.
Geschmacksbeeinflussende Wirkung von Kochsalz. Am Anfang dieses Jahrhunderts lag die durchschnittliche Kochsalzkonzentration in Rohwurst noch bei 3,5 %. Das würde heute als übersalzen gelten. Die zur Zeit übliche Konzentration liegt bei 2,3...2,5 % und tendiert weiter nach unten.
Kochsalz als Löslichkeitsverstärker. Innerhalb der Muskeleiweißfraktionen gibt es Verbindungen, die durch reines Wasser gelöst werden; andere benötigen etwas Kochsalz, und wiederum andere sind wasserunlöslich. Bei Einsatz von Kochsalz wird also die Menge des wasserlöslichen Eiweißes um die Fraktion vermehrt, die etwas Salz zur Lösung benötigt.
Verbesserung des Wasserbindevermögens durch Kochsalz. Eiweißmoleküle haben eine negative oder positive elektrische Ladung von unterschiedlicher Stärke. Wassermoleküle sind ebenfalls «ionisiert», d. h. teilweise in positive und in negative Wassermoleküle aufgespalten. Positiv geladene Wassermoleküle werden von negativ geladenen Eiweißmolekülen angezogen und fest gebunden. Das Eiweiß umgibt sich mit einer Hydrathülle (Wasserhülle). Diese Wasserbindung ist um so größer und fester, je mehr Eiweiß- und Wassermoleküle vorhanden sind. Kochsalz hat die Eigenschaft, die Bindungskraft von Molekülen zu erhöhen, folglich fördert es die Bindung von Wasser an Eiweiß. Die Förderung des Wasserbindevermögens ist bei Zusatz von 5 % Kochsalz optimal, eine höhere Konzentration führt zu keiner weiteren Verbesserung. Das Wasserbindevermögen ist außerdem noch vom pH-Wert des Fleisches abhängig. Das geringste Wasserbindevermögen hat Fleischeiweiß bei einem pH-Wert von 5,3 (5,2 bis 5,4). Da bei einer ungestörten und fehlerfreien Rohwurstreifung pH-Werte zwischen 5,0 und 5,2 erreicht werden, ist der fördernde Einfluß des Kochsalzes auf das Wasserbindevermögen aufgehoben. Dementsprechend vergrößert sich die Menge des «freien Wassers». Es kann durch Verdunstung aus dem Brät entweichen.
Anders liegen die Verhältnisse im Brühwurstbrät. Wegen des dort anzutreffenden pH-Wertes von etwa 6,0 (5,9 bis 6,2) kommt die Verbesserung der Wasserbindung durch Kochsalz gut zur Wirkung.
Konservierende Wirkung von Kochsalz. Die Konservierung von Lebensmitteln mit Hilfe von Kochsalz ist seit Jahrhunderten bekannt. Ursprünglich wurde angenommen, daß der Wasserentzug die Konservierung bewirkt. Nachdem aber bekannt war, daß für eine Konservierung von Fleisch bereits eine 10-...12%ige Kochsalzlösung ausreicht und bei dieser Konzentration sogar eine leichte Massezunahme des behandelten Fleisches eintritt, war diese Theorie nicht mehr haltbar. Heute ist bekannt, daß der Konservierungseffekt nicht durch den gelösten Stoff, sondern durch den Zustand des Lösungsmittels, also des Wassers, bewirkt wird. Durch die Konservierung soll in erster Linie der bakterielle Verderb verhindert werden. Bakterien benötigen für Wachstum und Stoffwechsel viel sog. «freies Wasser». Alle Stoffe, die wasserlöslich sind, verbrauchen für ihre Lösung im Wasser einen Teil des freien Wassers und überführen es in «gebundenes Wasser».

Diese Bindung ist um so größer, je niedriger die relative Molekülmasse des Stoffes und je einfacher diese Verbindung zusammengesetzt ist. Werden nur 10 % des Wassers gebunden, so können Bakterien nicht mehr wachsen. Die Menge des freien Wassers, die Wasseraktivität, wird mit dem a_w-Wert bezeichnet. Werden 12 % Kochsalz in Wasser gelöst, so erniedrigt sich die Wasseraktivität bis zu einem a_w-Wert von 0,92. Bei diesem Wert können die fleischabbauenden Bakterien nicht mehr existieren, das Fleisch ist konserviert.
Nicht alle Bakterienarten reagieren in gleicher Weise auf die Erniedrigung des a_w-Wertes. Einige Arten werden bei Werten von 0,96 im Wachstum gehemmt, andere Arten tolerieren noch 0,94. Daraus ist abzuleiten, daß durch die Zugabe von 2,3 % Kochsalz, eine Menge, die gegenwärtig bei Rohwurstbrät üblich ist, zwar keine Konservierung erfolgt, aber eine Auswahl bestimmter Bakterienarten, d. h. eine Selektierung, stattfindet.
Eine ordnungsgemäße Brätherstellung stellt also eine wichtige Vorbedingung für die nachfolgenden Reifeprozesse dar. Brät ist mehr als Hackfleisch im Darm. Im Brät beginnt das Zusammenspiel von Muskelfasern und Eiweißlösung, von Kochsalz in seinen mannigfachen Funktionen und Wasser, von elektrischen Anziehungs- und Abstoßungskräften, ein Zusammenspiel, das seinen Höhepunkt im Eingreifen der Bakterien in den anschließenden zwei Phasen der Rohwurstreifung findet.

7.2. Rohwurstreifung

Unter dem Begriff «Reifung von Rohwurst» werden die in der Rohwurst nach der Brätherstellung ablaufenden Vorgänge verstanden.
Die Reifungsvorgänge führen zur Ausbildung der gewünschten rohwursttypischen Merkmale, wobei frische, schnittfeste oder ausgereifte Rohwurst hergestellt werden kann. Die Reifungsvorgänge verlaufen in zwei Phasen. In der ersten Phase dominieren lebhafte Wachstums- und Stoffwechselvorgänge der Bakterien. Sie wird durch die Differenzierung der Bakterien abgeschlossen und ist durch ein Maximum an flüchtigen Fettsäuren, insbesondere Brenztraubensäure und Milchsäure, gekennzeichnet. In der zweiten Phase kommt es zu einer langsamen, aber stetigen Abnahme der Bakterienzahlen. Es dominieren Ab- und Umbauvorgänge. Insbesondere werden die in der ersten Phase entstandenen Fettsäurendepots abgebaut, wobei das produkttypische Aroma entsteht. Gleichzeitig erfolgt ein Abbau der Eiweißstoffe und der aus dem Zucker gebildeten Milchsäure.

7.2.1. Erste Reifungsphase

Das Brät stellt eine Suspension von festen Muskelfaserstücken, Fetteilchen und einer Eiweißlösung dar, die nach Kochsalzzugabe und dem Kuttern, Wolfen oder Mengen eine bestimmte Struktur aufweist. Diese Struktur ist nicht sehr stabil; sie kann durch äußere Einwirkungen zerstört werden. Das Füllen des Bräts in den Darm führt zu einem solchen Eingriff in die Struktur. Die Ausgangsstruktur des Bräts wird durch den Übergang vom Ballen im Zylinder in den wesentlich kleineren Tüllendurchmesser zerstört. Die in der Hausschlachtung üblichen Handfüllmaschinen führen zu einer relativ starken Zerstörung der Struktur, was als Ausgangspunkt für bestimmte Fehlproduktionen anzusehen ist. Insbesondere wird das Brät durch den in der Tülle herrschenden ungleichen Förderdruck teilweise entmischt. Beim Abhängen (Vortrocknen) der gefüllten Würste regeneriert sich die ursprüngliche Struktur dann, wenn während des Abhängens folgende Bedingungen eingehalten werden:

- relative Luftfeuchte > 95 %,
- Luftgeschwindigkeit nahe Null.

Ist das nicht möglich, kann es zu Fehlreifungen kommen. Durch den unterschiedlichen Druck beim Füllen bildet sich zwischen Darm und Brät eine sehr dünne Schicht einer Eiweiß-Wasser-Lösung aus, die später wieder vom Brät aufgenommen wird. Liegt die relative Luftfeuchte nach dem Füllen unter 85 %, so trocknet diese wäßrige Eiweißlösung, und es entsteht eine hauchdünne, pergamentartige Schicht, die die Poren des Darmes völlig abdichtet. Es können zusätzlich noch einige Millimeter der äußeren Brätschicht austrocknen, wobei sich ein Trockenrand bildet. Dadurch entsteht im Wurstkern eine feuchte anaerobe (sauerstofffreie) Zone, in der sich bestimmte eiweißabbauende Bakterien vermehren können. Dieser *Trocknungsfehler* kann innerhalb der ersten Stunden nach dem Füllen entstehen. Er führt zu Fehlproduktionen, die erst nach einigen Tagen oder Wochen bemerkt werden.

Wird dieses kritische Stadium innerhalb der ersten Reifungsphase beherrscht (siehe unter «Steuerung» und «Rohwurstfehler»), so regeneriert sich die Struktur, und es können die weiteren Reifungsvorgänge ablaufen. Dabei stehen zunächst Bakterienwachstum und Bakteriendifferenzierung im Vordergrund.

Bakteriendifferenzierung

Die Ausgangskeimzahl im Rohwurstbrät beträgt im Mittel 5×100000 Keime je 1 g Brät mit Schwankungen zwischen 10000 und mehreren Millionen Keimen g^{-1}. Die Bakterienflora setzt sich aus vielen Arten zusammen. Es handelt sich dabei um Bakterien aus dem Darmbereich von Mensch und Tier (sog. Enterobakterien oder Colibakterien), Mikrokokken, Sporenbildner und Milchsäurebakterien. Es sind Bakterien, die zwischen 10 °C und 20 °C am besten wachsen. Andere bevorzugen 30 °C, und manche Arten tolerieren eine geringe Wasseraktivität. Ein Teil benötigt neben Eiweiß auch Zucker.

Bei der Rohwurstherstellung sind für die erwünschten milchsäurebildenden Bakterien günstige Entwicklungsmöglichkeiten zu schaffen, während die Entwicklung eiweißabbauender Bakterien zu unterbinden ist.

Durch die Zugabe von Nitritpökelsalz zum Rohwurstbrät sinkt der a_w-Wert auf etwa 0,96 ab. Bei diesem Wert wird das Wachstum der eiweißabbauenden Bakterienarten gehemmt. Nunmehr müssen Maßnahmen getroffen werden, um den erwünschten milchsäurebildenden Bakterienarten Entwicklungsvorteile zu verschaffen. Dafür gibt es folgende Möglichkeiten:

- optimale Temperaturführung,
- Bereitstellung eines ausreichenden Nährstoffangebots,
- Schaffung eines geeigneten Mikroklimas,
- Zugabe von Starterkulturen.

Temperaturführung. Die optimale Temperatur für Milchsäurebakterien liegt bei 22...25 °C. Unterhalb von 18 °C ist die Entwicklung schleppend. Es besteht die Gefahr, daß sich bei Anwesenheit von Bakterien, die diese Temperaturbereiche bevorzugen, eine Fehlreifung vollzieht.

Nährstoffangebot. Bakterien benötigen Wasser, Eiweiß, Vitamine und Kohlenhydrate (Zucker). Die drei erstgenannten sind im Brät ausreichend vorhanden, während Zucker nur in Form von «Muskelzucker» (Glycogen) in relativ geringer Menge vorliegt. Da alle Bakterienarten Zucker bevorzugen, besteht eine hohe Nahrungskonkurrenz.

Mikroklima. Wichtig ist auch die Schaffung eines geeigneten Mikroklimas während der ersten Reifungsphase. Die relative Luftfeuchte soll dabei 90...95 % betragen und die Luftgeschwindigkeit gegen Null tendieren.

Zugabe von Starterkulturen. Milchsäurebakterien setzen sich unter günstigen Entwicklungsbedingungen gegenüber eiweißabbauenden Bakterien nur dann durch, wenn sie von vornherein im Rohwurstbrät in einer Mindestkeimzahl von etwa 10 000 Keimen g^{-1} vorhanden sind. Allerdings ist es weder in der Hausschlachtung noch in der industriellen Produktion möglich zu entscheiden, ob in der jeweiligen Charge Rohwurstbrät Milchsäurebakterien in genügender Anzahl vorhanden sind. Milchsäurebildende Bakterien sind an den Kreislauf Boden–Pflanze–Tier gebunden. Sie sind sowohl Pflanzenbewohner (Silageherstellung) als auch im Darm der Tiere ständig anwesend. Sie gelangen mit den Pflanzen in den Darm, können sich dort auch als selbständige Darmbewohner ansiedeln und vermehren und werden mit dem Kot wieder ausgeschieden. Sie sind ursprünglich an das Säugetier angepaßt («Milchsäure»bildner kommen also auch beim Menschen vor). Durch die hohe Stickstoffdüngung findet seit Jahren eine Verdrängung der Milchsäurebakterien aus der Pflanzenwelt und eine Zunahme von eiweißabbauenden Bakterien statt, was sich auch beim Tier und bei Lebensmitteln tierischer Herkunft bemerkbar macht. In der Milchindustrie wird ein Rückgang der Milchsäurebildner seit langem beobachtet. Zur sicheren Produktherstellung werden dort Milchsäurebakterienkulturen eingesetzt. Die gleiche Tendenz ist in der Fleischindustrie festzustellen, und die günstige Wirkung des Kulturzusatzes bei der Rohwurstherstellung bestätigt das.

Es kommt darauf an, die beschriebenen Voraussetzungen so zu gestalten, daß es zu einer optimalen Entwicklung der Milchsäurebakterien kommt. Die aktive Einflußnahme auf diese Bedingungen bezeichnet man als *Steuerung der Rohwurstproduktion*. Einzelheiten dazu sollen in einem gesonderten Abschnitt dargestellt werden (s. unter 7.2.3.).

Die Bakteriendifferenzierung vollzieht sich erst auf dem Höhepunkt der Bakterienentwicklung. Zunächst kommt es zu einem stürmischen Wachstum aller im Ausgangsbrät vorhandenen Bakterien bis zu einer Größenordnung von etwa 1 Milliarde Keime je 1 g Brät. Erst auf dem Höhepunkt dieser Entwicklung setzen sich unter günstigen Bedingungen die Milchsäurebildner durch. Sie haben die Eigenschaft, Glucose zu Milchsäure zu vergären. Die gebildete Milchsäure reichert sich im Brät an und senkt den pH-Wert von ursprünglich 5,6 bis 5,7 auf etwa 5,0. Bei diesen Werten können die eiweißabbauenden Bakterien kaum noch wachsen; sie beginnen abzusterben. Bei optimalen Bedingungen ist die Bakteriendifferenzierung nach 36...48 h abgeschlossen.

Die zunächst einsetzende Entwicklung aller Bakterienarten ist für die Rohwurstreifung nicht nachteilig, sondern als erwünscht anzusehen, da sie die Voraussetzung für ein volles, kräftiges Rohwurstaroma ist. Die pH-Wert-Senkung während der ersten Reifungsphase bewirkt aber nicht nur die Verdrängung der eiweißabbauenden Bakterien, sondern sie führt auch zu folgenden Veränderungen in der Brätstruktur:

- Denaturierung und Gelbildung im Eiweiß,
- Freisetzung von gebundenem Wasser.

Denaturierung, Gelbildung und Schnittfestigkeit

Eiweiß existiert in zwei Zustandsformen, in einer flüssigen Form (Sol) und in einer festen Form (Gel). Die Zustandsänderung hängt von der Temperatur ab (Beispiel: Gelatine ist bei 15 °C fest und bei über 30 °C flüssig) oder wird durch pH-Wert-Änderung bewirkt. Das Fleischeiweiß geht bei einem pH-Wert um 5,3 vom Sol- in den Gelzustand über, d. h., das Eiweiß in der Eiweiß-Wasser-Lösung wird fest. Da das Brät vollständig mit der Eiweißlösung durchtränkt ist, führt der Gelzustand zu einer Brätverfestigung, zur Schnittfestigkeit. Im Gegensatz zur Zustandsveränderung der Gelatine ist der Gelzustand durch nachträgliche Erhöhung des pH-Wertes nicht mehr in den Solzustand zurückzuführen, das Eiweiß ist denaturiert.

Freisetzung von Wasser

Durch die pH-Wert-Senkung und die mit der Gelbildung verbundene Umstrukturierung des Eiweißes wird die Voraussetzung geschaffen, daß es während der zweiten Phase der Reifung zu einer schnellen und gleichmäßigen Wasserabgabe kommt, ohne daß wie in der ersten Phase Trocknungsfehler zu befürchten sind.
Wie unter 7.1. dargelegt, verringert sich mit dem Absinken des pH-Werts auch die Ladungsstärke und damit das Wasserbindevermögen. Vorher fest gebundenes Wasser wird frei und zirkuliert in der Rohwurst. Durch Gelbildung und Denaturierung entsteht eine Wabenstruktur; die Zwischenräume zwischen den festen Bestandteilen wirken wie Kapillaren. Wird in der zweiten Phase dafür Sorge getragen, daß die relative Luftfeuchte im Reiferaum immer etwas tiefer liegt als der a_w-Wert in der Rohwurst, so wird das freie Wasser durch das Feuchtegefälle nach außen abgegeben. Ein solches Gefälle ist bei einer relativen Luftfeuchte von 75...80 % im Reiferaum vorhanden.
Mit der Bakteriendifferenzierung, dem Absinken des pH-Wertes und den damit verbundenen Veränderungen in der Struktur des Brätes ist die erste Phase der Reifung abgeschlossen. Diese Phase wird auch Stabilisierungsphase genannt. Eine Rohwurst nach der ersten Phase ist gegenüber Umwelteinflüssen und Behandlungsfehlern relativ stabil.
Die Stabilisierungsphase ist entscheidend für das weitere Reifen der Rohwurst. Sie ist die schwierigste Phase und erfordert viel Wissen und Aufmerksamkeit. Auch in der Hausschlachtung ist sie die schwierigste Phase geworden. Ihre ungenügende Beherrschung hat die meisten Fehlproduktionen zur Folge.

Umrötung

Im Verlauf der ersten Phase der Rohwurstreifung geschieht noch eine besonders sinnfällige Veränderung. Das ursprünglich grau gefärbte Rohwurstbrät wird leuchtend rot. Die dabei ablaufenden Reaktionen vollziehen sich in gleicher Weise beim Einsatz von Salpeter oder Nitritpökelsalz bei der Herstellung von Brühwurst, Dauerpökelwaren, Garfleischwaren, Kochwurst und Pökelfleisch. Der gesamte Vorgang wird *Umrötung* genannt. Bis zur Jahrhundertwende wurde fast ausschließlich und sehr großzügig mit Salpeter gearbeitet. Gefahren für die Gesundheit beim Verzehr der sehr oft mit Salpeter hoch angereicherten Würste wurden nicht erkannt. Später fand man, daß nicht das Nitrat, sondern die erste Reduktionsstufe des Salpeters, das Nitrit, der für die Umrötung wirksame Stoff ist. Nitrat muß erst zu Nitrit reduziert werden. Das geschieht vorwiegend durch nitratabbauende Bakterien, und dazu wird eine bestimmte Zeit benötigt. Als dann ebenso großzügig mit Nitrit gearbeitet wurde, wie das mit Salpeter üblich war, kam es zu ernsten Erkrankungen und zu einer Reihe von Todesfällen. Nitrit ist wesentlich giftiger als Nitrat, und aus diesem Grunde kam es zur ersten Zusatzstoffverordnung, dem *Nitritgesetz*. Nitrit durfte seitdem nicht mehr als Substanz gehandelt und verarbeitet werden, sondern nur in einer industriell hergestellten Vormischung mit Kochsalz, dem Nitritpökelsalz. In den letzten Jahren ist der Einsatz von Nitrat und Nitrit erneut beanstandet worden, allerdings nicht wegen seiner direkten Giftwirkung, die durch die Nitritverordnung sofort unter Kontrolle geriet, sondern durch eine Verbindung, die im Magen des Menschen entsteht, wenn Nitrit mit Abbauprodukten von Eiweiß im salzsauren Magensaft zusammentrifft. Diese Verbindung, das *Nitrosamin*, kann krebserzeugend wirken. Nitrosamin entsteht aber nur, wenn Nitrit unabgebaut in den Magen gelangt.

Vermeidung der Nitrosaminbildung

Nitrosamin kann nur dann gebildet werden, wenn nicht vollständig abgebautes Nitrit verzehrt wird. Es ist dafür Sorge zu tragen, daß so wenig wie möglich «Restnitrit» im Produkt verbleibt. Dafür gibt es folgende Möglichkeiten:

- Nitritpökelsalz wird nur dort eingesetzt, wo es verfahrensmäßig unerläßlich und aus lebensmittelhygienischer Sicht notwendig ist.
- Die Einsatzmenge wird soweit wie möglich reduziert.
- Der Herstellungsprozeß muß so geführt werden, daß möglichst viel Nitrit zu dem ungefährlichen Nitrosomyoglobin, dem Pökelrot, umgewandelt wird.

Restnitrit ist immer dann zu erwarten, wenn es durch fehlerhafte Behandlung zu Farbabweichungen bei Rohwurst, z.B. Rand- oder Kernvergrauung, kommt. Restnitrit ist auch dann zu erwarten, wenn das gebildete Pökelrot nicht stabil ist, wenn also die rote Farbe wenige Minuten nach dem Anschneiden vergraut.

Der Umrötungsprozeß ist ein komplexer Vorgang, der bis heute noch nicht in allen Einzelheiten aufgeklärt ist. In den wichtigen Grundumsetzungen herrscht aber Klarheit und auch in den Bedingungen, die für ein sicheres Umröten notwendig sind.

Den Umrötungsprozeß kann man wie folgt darstellen:

$$\begin{aligned}
&\text{bakterielle Enzyme}\\
NO_3 &\rightarrow NO_2 + O \text{ (in der DDR ist } NO_3 \text{ nicht zugelassen!)}\\
2\,NO_2 + H_2O &\rightarrow 2\,HNO_2 + O\\
2\,HNO_2 &\rightarrow H_2O + N_2O_3\\
N_2O_3 &\rightarrow NO + NO_2\\
NO_2 &\rightarrow NO + 1/2\,O_2\\
NO + Mb &\rightarrow MbNO, \text{ Nitrosomyoglobin (Pökelrot)}
\end{aligned}$$

Dieses vereinfachte Schema vernachlässigt Nebenreaktionen, die zwar dem Wesen nach bekannt, aber nicht berechenbar sind. Allein aus den angeführten Hauptreaktionen läßt sich der Abbau des Nitrits zu Pökelrot gut darstellen. Für den Abbau des Nitrits sind bestimmte äußere Bedingungen zu schaffen, um eine optimale Umrötung und damit ein Minimum an Restnitrit zu erhalten.

- Der Nitritabbau vollzieht sich nur in einem schwach sauren Bereich optimal. Der pH-Wert muß daher im Bereich von 5,3 bis 5,6 liegen.
- Der Nitritabbau wird durch höhere Temperaturen gefördert, dabei sind die bei der Rohwurstherstellung üblichen Temperaturen noch nicht optimal.
- Salpeter (Nitrat) wird vorwiegend durch die Tätigkeit der Bakterien im Fleisch zu Nitrit reduziert. Für den weiteren Abbau des Nitrits zu Pökelrot (Nitrosomyoglobin) sind dagegen vorwiegend fleischeigene Enzyme verantwortlich. Diese Enzyme wirken bei Körpertemperatur optimal. Bei Temperaturen $>60\,°C$ sind sie weitgehend unwirksam.
- Ascorbinsäure beschleunigt die Umrötung.

Das gebildete Pökelrot ist in der ersten Zeit gegenüber Umwelteinflüssen noch instabil. Erst durch die im Verlaufe der zweiten Phase der Reife fortschreitenden Eiweißdenaturierungen wird es stabil. Die stabile Form des Pökelrots wird als Nitrosomyochromogen bezeichnet.

7.2.2. Zweite Reifungsphase

Der Ablauf der zweiten Reifungsphase ist geprägt durch
- weitere Bakteriendifferenzierung und Abnahme des Keimgehalts sowie
- Stoffumwandlungsprozesse, die zur Aromabildung führen.

Bakteriendifferenzierung in der zweiten Phase

Nach der Bakteriendifferenzierung der ersten Phase sind nur noch wenige Bakterienarten in der Rohwurst vorhanden. Es sind dies vor allem milchsäurebildende Bakterien, Mikrokokken und aerobe Sporenbildner. Es kommen aber auch Hefen vor. Von den ursprünglichen Bakterienarten im Brät sind jetzt nur noch deren Enzyme vorhanden, die nach dem Absterben der Bakterien die Zellwand durchbrechen konnten. In der ersten Woche der zweiten Phase sind Gesamtkeimzahlen von 10 bis 100 Millionen Keimen je 1 g durchaus noch üblich. Da das Angebot an löslichen Nährstoffen während der Rohwurstreifung für die Bakterien abnimmt und wegen der Wasserabgabe auch die Wasseraktivität, der a_w-Wert, zurückgeht, nimmt auch diese hohe Keimzahl stetig ab und liegt bei voll ausgereiften Würsten im Bereich von 1 000 bis 10 000 Keimen je 1 g. Bei «überreifen» Würsten, die infolge langer oder falscher Lagerung eine Fettzersetzung (Ranzigkeit) aufweisen, verschwinden die lebenden Bakterien oft völlig, da die bei der Ranzigkeit entstehenden Verbindungen stark toxisch auf Bakterien wirken.

Aromabildung

Als Summe aller Stoffumwandlungsprozesse entsteht das Aroma der Rohwurst. Die Stoffumwandlungsprozesse in der zweiten Reifungsphase betreffen die vier Hauptinhaltsstoffe *Eiweiß, Fett, Kohlenhydrate* und *Wasser*.
Aromabildung durch Eiweißabbau. Im Ergebnis der Umwandlung höhermolekularer Eiweißkörper (Muskelfasern, Proteine) entstehen zunächst Peptone, dann Aminosäuren und Amine und in der letzten Abbaustufe Ammoniak. Das Maximum an Aromastoffen beim Eiweißabbau ist in der Stufe der Aminosäuren zu erwarten. Dabei entstehen einige Verbindungen, z. B. die Glutaminsäure, die besonders gute Aromaträger sind. Je weiter der Eiweißabbau fortschreitet, um so mehr Ammoniak wird gebildet. Da Ammoniak basisch reagiert, steigt auch mit der Zunahme der NH_3-Anteile in der Rohwurst der *p*H-Wert während des Ausreifens wieder langsam an.
Aromabildung durch Fettabbau. Einer der wesentlichsten Aromaträger ist das Fett mit seinen Abbaustufen. Hier sind es vorwiegend Carbonylsäuren, die das Rohwurstaroma mit prägen. Mit zunehmender Reifedauer dominieren dann oxidative Fettabbauprozesse, die durch Licht, UV-Strahlen, Wärme usw. gefördert werden. Es entstehen niedrigmolekulare Fettsäuren, Kohlendioxid, Kohlenmonoxid, Aldehyde und Ketone.
Aromabildung durch Abbau der Zucker. Im Gegensatz zu den Fetten und zum Eiweiß beginnt der Ab- und Umbau der Kohlenhydrate schon in der ersten Phase. Ein großer Teil der im Fleisch enthaltenen Glucose und der zugesetzte Zucker wird zu Milchsäure als der ersten Abbaustufe der Kohlenhydrate abgebaut. Diese Milchsäure ist aber nicht Endprodukt. In der zweiten Phase wird zwar immer noch Restzucker zu Milchsäure abgebaut, in weit höherem Maße aber Milchsäure weiter zu Aldehyden, Ketonen, Alkohol und Kohlendioxid. Dadurch verringert sich die Säurekapazität, und gleichzeitig mit dem Anwachsen der Ammoniakverbindungen aus dem Eiweißabbau steigt der *p*H-Wert. Auch die aus dem Kohlenhydratabbau stammenden Aldehyde und Ketone sowie der Alkohol tragen zur Aromabildung bei.

Auffällig ist auch der stetige Wasserverlust während der 2. Phase der Reifung. Durch die pH-Wert-Senkung in der ersten Reifungsphase wurde ein Teil des elektrostatisch gebundenen Wassers freigesetzt. Infolge der weiteren Verdichtung der Brätstruktur wird zusätzlich Wasser freigesetzt, so daß es in den ersten drei bis vier Wochen der zweiten Phase der Reifung zu einem stetigen Wasserverlust kommt. Liegt der Gesamtwassergehalt der Rohwurst dann bei etwa 25 %, hört die Wasserabgabe auf, die Rohwurst ist «ausgereift». Die restlichen 25 % Wasser sind fest gebunden und bleiben in der Regel in dieser Höhe in der Rohwurst, auch wenn die Reifungszeit extrem verlängert wird. Eine Rauchbehandlung der Rohwurst soll möglichst erst in der zweiten Phase der Reifung vorgenommen werden. Die Rauchbestandteile denaturieren die Proteine der äußeren Randschichten. Diese Denaturierung schadet nicht, wenn sich in der Rohwurst schon eine Kapillarstruktur ausgebildet hat. Unter bestimmten Bedingungen, insbesondere dann, wenn die äußeren Bedingungen einen geregelten Ablauf der ersten Reifungsphase nicht zulassen, kann eine Räucherung sofort nach dem Füllen angezeigt sein. Dann ist allerdings dafür zu sorgen, daß die erforderliche Rauchtemperatur von 20...25°C genau eingehalten werden kann und die relative Luftfeuchte im Rauch nicht unter 95 % absinkt.

7.2.3. Steuerung der Rohwurstreifung

Eine Steuerung von biologischen Vorgängen ist nur möglich, wenn der Ablauf dieser Vorgänge zumindest in seinen wichtigsten Teilen bekannt ist und Möglichkeiten bestehen, bestimmte Abschnitte der Vorgänge durch Veränderung von außen zu beeinflussen. Die wichtigsten Vorgänge der Rohwurstreifung sind bekannt, sie wurden unter 7.2.2. behandelt.
Gelingt es, diese Faktoren zu beeinflussen, kann es kaum noch zu Fehlreifungen kommen. Die industrielle Herstellung verfügt heute über die entsprechenden Steuerungsinstrumente. Dadurch ist es gelungen, die Quote der Fehlproduktionen unter 0,001 % zu senken.
Die Quote der Fehlproduktionen von Rohwurst bei Hausschlachtungen liegt dagegen wesentlich höher, obwohl auch dort Möglichkeiten bestehen, bestimmte Steuerungsfaktoren zu nutzen.
Folgende drei Faktoren können die Herstellung von Rohwurst bei Hausschlachtungen wesentlich sicherer machen:

- Klimasteuerung,
- optimale Nährstoffzugabe für Bakterien,
- Steuerung der Bakteriendifferenzierung durch Zugabe von Starterkulturen.

Klimasteuerung

Unter den gegenwärtigen Bedingungen ist bei Hausschlachtungen die Steuerung der notwendigen klimatischen Bedingungen, insbesondere in der ersten Phase der Reifung, die wichtigste Maßnahme, um die Rohwurstherstellung sicherer zu gestalten.
Die Bedingungen für das Mikroklima während der ersten Phase der Reifung sind

- Relative Luftfeuchte >95 %,
- Raumtemperatur 20...25 °C,
- Luftbewegung nahe Null.

Die Hausschlachtungen in früheren Jahren wurden in Häusern durchgeführt, in denen im Winter nur ein oder zwei Räume geheizt waren. Die Außenwände bestanden oft aus Fachwerk mit Lehm- oder Ziegelauskleidung. In den Räumen war ebenfalls viel Holz verarbeitet. Das Mikroklima solcher Räume hatte im Winter eine hohe, für Rohwurst ausreichende Luftfeuchte. Feuchteschwankungen des Großklimas wurden durch die Lehm- oder Ziegelwände ausgeglichen. In diesen Räumen konnte eine Rohwurst auch bei tiefen Temperaturen vorreifen bis eine Umrötung zu erkennen war und sich eine Bakteriendifferenzierung vollzogen hatte. Danach kam die Rohwurst in einen Kaltrauch zur zweiten Reifungsphase. Diese Situation hat sich völlig gewandelt. Die meisten Häuser auf dem Lande bestehen heute aus gut isolierenden Hohlblockaußenwänden. In der Regel sind mehrere Räume den ganzen Winter über geheizt, oft auch das ganze Haus. Durch diese Heizung ist die Luftfeuchtigkeit im Haus meist unter 50% abgesunken. Selbst wenn für die Vorreifung die Heizung eines Raumes abgestellt wird, erhöht sich die relative Luftfeuchte nicht wesentlich, da die stark ausgetrockneten Wände die Feuchte sofort aufnehmen, sie aber nicht abgeben. Wird das Fenster geöffnet, so entsteht zusätzlich noch eine schädliche Luftbewegung.

Unter diesen Umständen ist eine Rohwurstherstellung mit herkömmlichen Reifungsverfahren nicht mehr möglich; die meisten Fehlproduktionen bei Hausschlachtungen resultieren aus dieser Situation. Es nützt auch nichts, in den Reifungsraum Schüsseln mit Wasser zu stellen oder die Würste ab und zu mit Wasser zu bespritzen. Oft hat sich die schädliche Eiweiß-Randverdichtung bereits in den ersten Stunden vollzogen. Selbst wenn die Würste dann in Wasser gelegt werden, kann dieser Fehler nicht mehr rückgängig gemacht werden. Bestehen solche räumlichen Verhältnisse, ist das Reifeverfahren zu ändern, d. h., auf die Vorreifung ist zu verzichten. Die frisch in den Darm gefüllten Rohwürste werden noch naß und möglichst eng aufgehängt, allerdings so, daß sie sich nicht berühren. Die Rohwürste kommen sofort in den Räucherraum, den Räucherschrank oder in den feuchtesten Raum im Haus, das ist meist das Bad. Wichtig ist, daß diese Räume so klein wie möglich sind. Räucherraum oder Räucherschrank sind so zu temperieren, daß eine Raumtemperatur von 20...25 °C erreicht wird. Es kann bereits geräuchert werden, allerdings müssen die Späne möglichst feucht gehalten werden. Da die Rauchbestandteile erst dann durch die Hülle dringen, wenn diese gut getrocknet ist, braucht nicht befürchtet zu werden, daß eine zu schnelle Denaturierung der Randschicht eintritt. In der Regel bleibt die relative Luftfeuchte in den ersten 24...36 h über 90%. Bei entsprechenden Temperaturen genügt diese Zeit, um die Würste umzuröten und die erste Phase der Reifung abzuschließen.

Ist ein Räucherraum nicht vorhanden, kann die erste Reifungsphase im Bad vorgenommen werden, da dieser Raum in der Regel die höchste Luftfeuchtigkeit hat und sich auch beheizen läßt. Sinkt die relative Luftfeuchte im Raum unter 90%, sind sofort Maßnahmen einzuleiten, sie wieder zu erhöhen, z. B. Verdampfen von Wasser im offenen Topf mit Hilfe eines Tauchsieders o. ä. Diese Maßnahmen sind solange durchzuführen (meist auch hier nur 24...36 h), bis die Würste Umrötung und beginnende Schnittfestigkeit zeigen. Die Kontrolle der Luftfeuchtigkeit mit einem Haarhygrometer ist unbedingt zu empfehlen.

Steuerung durch zusätzliche Nährstoffzugabe

Die Klimasteuerung in der ersten Reifungsphase ist mit der Steuerung der Nährstoffbereitstellung für die Bakterien zu kombinieren. Bakterien, insbesondere aber die wichtigen Milchsäurebakterien, benötigen für ihre Stoffwechseltätigkeit Zucker. Es kann davon ausgegangen werden, daß in fast allen Fällen der fleischeigene, in der Muskulatur gespeicherte Zucker nicht mehr ausreicht. Auch unter industriemäßigen Produktionsbedingungen wird dem Rohwurstbrät generell Zucker zugesetzt. Es genügt handelsüblicher Weißzucker in Höhe von 0,2...0,4 % der Masse des Bräts. Auch hier ist ein genaues Wiegen erforderlich. Zu viel Zucker kann zur überstürzten Säuerung und damit zu Farbfehlern führen. Die Zugabe von Zucker als Nährstoff für Bakterien ist auch in der Hausschlachtung unbedingt notwendig. In diesem Zusammenhang soll die Frage des Zusatzes von «Rötungspulvern» besprochen werden.

Rötungspulver sind ihrer Zusammensetzung nach Zuckermischungen. Sie bestehen aus einem Gemisch von niedermolekularen und höhermolekularen Kohlenhydraten, also beispielsweise aus Traubenzucker, Weißzucker und Malzzucker. Als Rötungsmittel bezeichnet man sie deshalb, weil zu der Zeit, als noch vorwiegend mit Salpeter gearbeitet wurde, eine schnellere Umrötung bei Zusatz von Zucker eintrat. Das resultierte daraus, daß die nitratabbauenden Bakterien durch den Zuckerzusatz schneller wuchsen und sich besser entwickelten. Bakterien sind aber auch heute bei Nitritzugabe noch notwendig; allerdings nicht, um Salpeter abzubauen, sondern um Milchsäure zu bilden. Deshalb kann Rötungspulver auch heute noch mit Erfolg eingesetzt werden. Da es sich um ein Zuckergemisch handelt, kann bei Verwendung von Rötungspulver der Zusatz von Weißzucker entfallen. Billiger ist jedoch Weißzucker. Neben ihrer Funktion als Nährstoff für Bakterien haben Zucker auch noch direkte farbstabilisierende Eigenschaften. Sie senken das Redoxpotential und unterdrücken die Bildung des grauen Metmyoglobins; dadurch wird mehr Nitrosomyoglobin gebildet.

Zugabe von Starterkulturen

Die dritte Möglichkeit einer Steuerung der ersten Phase der Reifung liegt in der Beeinflussung des Bakteriengleichgewichts. Das wird dadurch erreicht, daß durch Zusatz einer bestimmten Menge von Milchsäurebakterien von vornherein ein Übergewicht an Milchsäurebildnern geschaffen wird. Die Rohwurst erhält eine «Starthilfe» zur Entwicklung in die gewünschte Richtung, deshalb nennt man solche Bakterienkulturen auch Starterkulturen. Starterkulturen sind im Handel erhältlich und werden weitgehend in der industriellen Produktion verwendet. Beim Einsatz von Starterkulturen kann die Zeitdauer der ersten Reifungsphase genau bestimmt werden, da die bakterielle Entwicklung nicht mehr vom zufälligen Bakterienbesatz des Fleisches abhängt. Wichtig ist, daß den Starterkulturen genügend Zucker als Nährstoff angeboten wird; es empfiehlt sich ein Zusatz von 0,5 % Zucker, bezogen auf die Masse des Brätes.

Der im Rezepturteil (s. unter 7.6.) in der Regel vorgeschriebene Zuckerzusatz von 0,2 % muß demnach bei Verwendung von Starterkulturen auf 0,5 % angehoben werden, d. h., auf 10 kg Brätmasse sind 50 g Zucker zuzugeben. Der Einsatz von Starterkulturen hat sich in vielen Industriebetrieben positiv ausgewirkt, Starterkulturen können mit gleichem Erfolg auch bei der Rohwurstherstellung in der Hausschlachtung eingesetzt werden. Die Bezugsmöglichkeiten sind unterschiedlich. In der DDR sind gefriergetrocknete Kulturen und Flüssigkulturen im Handel. Für die Hausschlachtung eignen sich die gefriergetrockneten Kulturen sehr gut. Vor dem Einsatz sollte sich der Hausschlächter über Bezugsmöglichkeiten und Einsatzbedingungen informieren. Auf jeden Fall muß bei Verarbeitung von Starterkulturen gewährleistet sein, daß neben der notwendigen Zuckerzugabe auch die empfohlenen Temperaturen von 22...25 °C eingehalten werden, da sich sonst die Starterkulturen nicht genügend entwickeln können.

Steuerungsfaktoren in der zweiten Phase

Die Reifungssteuerung der zweiten Phase der Rohwurstreifung ist unkompliziert. Es sind folgende Bedingungen einzuhalten:

- Relative Luftfeuchte 85...70 %
- Temperatur 16...10 °C
- Luftbewegung $\leq$ 1m s^{-1}

7.3. Rohwurstreifeverfahren

Obwohl sich bei der Herstellung von Rohwurst im Laufe der Zeit und unter verschiedenen territorialen Bedingungen mannigfache Herstellungsvarianten herausgebildet haben, lassen sich im wesentlichen die folgenden vier Verfahren unterscheiden:

- Naturreifeverfahren,
- Klimareifeverfahren,
- Schwitzreifeverfahren,
- Lakereifungsverfahren.

Das *Naturreifeverfahren* war das bei Hausschlachtungen bisher bevorzugte Verfahren. Alle wesentlichen Reifungsbedingungen werden dabei nicht vom Menschen beeinflußt, sondern hängen von den natürlichen Umweltbedingungen ab. Es sollte unter heutigen Bedingungen bei der Hausschlachtung nicht mehr angewendet werden. Die Gründe dafür wurden unter 7.2.3. angeführt.

Beim *Klimareifeverfahren* werden Reifungstemperatur und relative Luftfeuchte während beider Phasen gesteuert. Die Entwicklung dieses Verfahrens war die Voraussetzung für eine industrielle Produktion von Rohwurst. Es werden mittlere Reifungstemperaturen von 18...24 °C und eine relative Luftfeuchte von 90 % in der ersten Phase und 70 % in der Nachreifung eingestellt. In der Regel sind weitere Steuerungselemente nicht üblich.

Das *Schwitzreifeverfahren* ist ein modifiziertes Klimareifeverfahren. Es werden hohe Temperaturen und eine hohe relative Luftfeuchte in der ersten Phase der Reifung angewendet. Die Temperaturen bewegen sich zwischen 22 °C und 28 °C, und die relative Luftfeuchte soll nahe 100 % liegen. Dementsprechend ist die Dauer der ersten Reifungsphase kürzer als beim Klimareifeverfahren. Ohne zusätzliche Elemente der Reifungssteuerung war dieses Verfahren aber risikoreich. Bei nicht geeigneten Rohstoffen, zu hohem Keimbesatz und ungünstiger Keimzusammensetzung kam es oft zu bakteriellen Fehlreifungen. Dieser Nachteil konnte durch die Kombination von Zuckerzugabe und Starterkultureneinsatz beseitigt werden. Damit ist das Schwitzverfahren heute das Verfahren der Wahl für die industrielle Produktion. Es vereint eine hohe Produktionssicherheit mit einer Vorhersagemöglichkeit des genauen Zeitablaufs der Reifung, hat eine kürzere Reifungszeit und erbringt ein volles Aroma.

Das *Lakereifungsverfahren* wurde ursprünglich in nordischen Ländern angewendet. Dabei kamen die Rohwürste sofort nach dem Füllen in eine 12%ige Kochsalzlake. Es kommt dadurch zu einer verzögerten bakteriellen Reifung, weil die Wasseraktivität auch für Milchsäurebakterien zu niedrig ist. Fehlreifungen treten nicht auf. Das Eiweiß denaturiert durch den Einfluß des Kochsalzes. Der Geschmack ist leer und salzscharf. Nach diesem Verfahren werden heute kaum noch Rohwürste hergestellt.

Folgende Weiterentwicklung des Lakereifungsverfahrens hat möglicherweise auch für Hausschlachtungen Bedeutung: Rohwürste, denen Zucker und Starterkulturen zugesetzt wurden, können nach dem Füllen sofort in eine 5%ige warme Kochsalzlösung eingelegt werden. Mittels Handregelung oder Relaissteuerung (Aquarienheizung) hält man die Temperatur der Lösung bei 30 °C. Bereits nach 18 h ist hierbei die erste Phase der Reifung abgeschlossen, und die Rohwürste können in den Kaltrauch gebracht werden. Dieses Verfahren ist bei der Herstellung von «Rohwurst, darmlos», einer Rohwurstvariante, die auch für die Herstellung im Haushalt geeignet ist, anzuwenden. Da bei Hausschlachtungen das Naturreifeverfahren nur noch dort risikolos durchzuführen ist, wo bestimmte räumliche Voraussetzungen gegeben sind, ist ein Verfahren zu empfehlen, das sowohl Elemente des Klimareifeverfahrens als auch des Schwitzverfahrens enthält.

7.4. Anforderungen an die Rohstoffe

Bei der Herstellung von Rohwurst sind bestimmte Mindestanforderungen sowohl an die Rohstoffe Fleisch und Fett als auch an die Hilfs- und Zusatzstoffe sowie das Darmmaterial zu stellen.

Anforderungen an die Rohstoffe Fleisch und Fett

Zunächst ist der Rohstoff danach auszuwählen, ob eine streichfähige oder eine schnittfeste Rohwurst hergestellt werden soll. Für streichfähige Rohwurst soll das Fleisch so frisch wie möglich verarbeitet werden, d. h., die Fleischreifung ist nicht abzuwarten. Das Fett ist ebenfalls möglichst frisch zu verarbeiten. Bevorzugt wird sog. «weiches» Fett, also Bauch, Wamme und weicher Speck.

In den meisten Fällen wird bei der Hausschlachtung aber die Herstellung einer schnittfesten Rohwurst-Dauerware angestrebt. Dazu ist es notwendig, daß gut gereiftes Fleisch mit niedrigem pH-Wert verwendet wird. Die maximale Fleischsäuerung mit einem pH-Wert von 5,5 bis 5,7 wird beim Schwein wesentlich eher als beim Rind erreicht. Ein solcher pH-Wert ist aus folgenden Gründen erforderlich:

- Die Gefahr einer bakteriellen Fehlreifung ist um so geringer, je tiefer der Ausgangs-pH-Wert ist, da viele eiweißabbauende Bakterien bei höheren pH-Werten optimal wachsen.
- Der Ausgangs-pH-Wert von 5,6 liegt in der Nähe des isoelektrischen Punktes, also des Punktes mit der geringsten Wasserbindung und einer maximalen Freisetzung der Wasser-Eiweiß-Lösung bei der Zerkleinerung.

Eine schnittfeste Rohwurst kann nur dann mit der erforderlichen Sicherheit hergestellt werden, wenn das Fleisch gut durchgekühlt ist und mindestens 24 h nach dem Schlachten abhängen konnte.

Ist die Zeit für diese erforderliche Fleischreifung aus irgendwelchen Gründen nicht vorhanden und soll trotzdem schnittfeste Rohwurst hergestellt werden, sind alle Maßnahmen darauf zu richten, einen möglichst hohen Anteil an wasserlöslichem Eiweiß freizusetzen und den pH-Wert so schnell wie möglich abzusenken. Zu diesen Maßnahmen gehören:

- Zerkleinern der vollständig durchgekühlten Fleisch- und Fettanteile mit einwandfreien Schneidwerkzeugen,
- Erhöhung des Zuckerzusatzes bis zu 0,5 % der Gesamtmasse,
- Zusatz von Starterkulturen,
- Kräftiges Kneten und Mengen zur Erzielung eines bindigen Brätes.

Nicht minder wichtig ist die Beschaffenheit des zugesetzten Fettes. Nach Möglichkeit soll zur Herstellung von schnittfester Rohwurst nur frischer, kerniger Rückenspeck, der unmittelbar nach dem Schlachten gewonnen und sofort gut gekühlt wurde, verwendet werden. Das ist deshalb insbesondere für Dauerware notwendig, weil bei einer zu langsamen Auskühlung oder bei Verarbeitung noch warmen Specks Veränderungen auftreten, die zu einer alsbaldigen Ranzigkeit führen. Bei Zukauf von Speck, auch bei gefriergelagertem Speck, ist darauf zu achten, daß er nicht zu alt ist. Gefrierlagerung verzögert zwar die Fettoxidation, hält sie aber nicht auf. Steht Speck nicht in ausreichender Menge zur Verfügung, muß Fett mit weicherer Beschaffenheit verarbeitet werden. Das ist in der Regel Fett von Keule oder Schulter bzw. Schweinebauch. Nach Möglichkeit ist dieser weiche Fettanteil in faustgroße Stücke zu schneiden und über Nacht zu gefrieren. Aber auch dann sollen mit weichem Speck oder Schweinebauch nur Rohwurstsorten gröberer Körnung hergestellt werden. Bei feiner Körnung besteht beim Wolfen in jedem Fall die Gefahr des «Schmierens», das negative Folgen für Schnittfestigkeit und Aroma hat.

Anforderungen an die Zusatzstoffe

Zusatzstoffe für die Rohwurstherstellung bei der Hausschlachtung sind Zucker, Pökelhilfsstoffe, Kochsalz und Gewürze.

Der verwendete *Zucker* darf nicht mit Mikroorganismen befallen sein. Um eine gleichmäßige Verteilung im Brät zu gewährleisten, ist auf die Streufähigkeit zu achten.

Als *Pökelhilfsmittel* ist in vielen Ländern nur industriell vorgemischtes Nitritpökelsalz zugelassen (in der DDR ist diesbezüglich die «Nitritanordnung» vom 10. 8. 1982, Gbl. I, S. 878 gültig). Kaliumnitrat (Salpeter) ist in der DDR nicht mehr im Handel. Pökelsalz sollte nur in der erforderlichen Menge erworben werden. Nicht verbrauchtes Pökelsalz ist zu vernichten. Durch die Lagerung im Haushalt kommt es meist zu Verklumpungen und zum Abfall der Nitritaktivität. Außerdem ist die Gefahr der Verwechslung mit Kochsalz gegeben. Beim Kauf sollte darauf geachtet werden, daß das Pökelsalz nicht feucht oder bereits verklumpt ist. Es muß weiß aussehen und streufähig sein; andernfalls ist auf eine Minderung des Nitritanteils durch Lagerfehler oder Überlagerung zu schließen.

An *Gewürzen* werden bei Hausschlachtungen vorwiegend Naturgewürze verarbeitet. Auch hier gilt, daß Gewürze nur in den tatsächlich benötigten Mengen gekauft werden, da die Bevorratung über längere Zeit zu einem Abfall der Würzkraft führt. Gewürze sollen frisch und arteigen riechen. Schlecht gelagerte Gewürze riechen muffig und sind auf *keinen* Fall mehr zu verwenden. Beim Einsatz von Gewürzextrakten oder Flüssiggewürzen sind besondere Erfahrungen, vor allem die Kenntnis der Würzkraft, erforderlich, da es leicht zu Unter- oder Überdosierungen kommen kann. Bei Flüssiggewürzen ist festzustellen, ob sie mit einem keimhemmenden Konservierungsmittel haltbar gemacht wurden, das zu bakteriellen Reifungsstörungen führen könnte.

Anforderungen an die Därme

Rohwurst wird bei Hausschlachtungen meist in Naturdärme abgefüllt. Da die anfallenden Därme oft nicht ausreichen, müssen Naturdärme oder auch Kunstdärme zusätzlich gekauft werden. Die Behandlung der bei der Schlachtung anfallenden Därme ist im Kapitel 6 beschrieben. Zugekaufte Naturdärme sind in der Regel gesalzen. Vor der Verwendung sind gesalzene Därme mehrmals zu spülen und ausgiebig zu wässern, um einen Salzausschlag auf dem Fertigprodukt zu vermeiden. Dabei sind sie auf ihre Beschaffenheit zu prüfen. Anhaftendes Fett ist zu entfernen; riecht es bereits ranzig, so kann die

Rohwurst im Geschmack und Geruch nachteilig beeinflußt werden, auch wenn das Fett vor dem Füllen entfernt wurde. Im gesalzenen Zustand unrein (faulig-käsig) riechende Därme sind von vornherein von der Weiterverwendung auszuschließen. Ein Wässern verbessert den Zustand nicht. Schweinedärme haben oft stecknadelkopfgroße Knötchen, die parasitären Ursprungs sind (Nematodenknötchen). Bei geringem Befall sind diese Därme nicht zu beanstanden; stark befallene Därme sind zu verwerfen.
Kunstdärme für die Rohwurstherstellung müssen sowohl gas- und rauchdurchlässig als auch schrumpffähig sein, also mit der Wurst «mitgehen». Das sind in der Regel Kunstdärme auf Eiweißbasis, die meist aus Spaltprodukten des kollagenen Bindegewebes der Haut hergestellt wurden. Es gibt aber auch eine Reihe vollsynthetischer Därme, die über die geforderten Eigenschaften verfügen.
Naturdärme und rohwursttaugliche Kunstdärme sind vor dem Füllen zu wässern. Das Kollagen quillt dabei auf und öffnet die Poren des Darmes. Außerdem werden die Därme geschmeidiger und lassen sich besser füllen.

Steinsalz, Siedesalz und iodiertes Siedesalz

Kochsalz ist im Handel in verschiedener Form erhältlich. Als Steinsalz wird es aus natürlichen Lagerstätten gewonnen und ohne Aufarbeitung in den Handel gebracht.
Siedesalz (Pfannensiedesalz) wird aus Sole gewonnen, wobei durch Verdampfen das Salz rekristallisiert wird.
Es sind immer wieder Meinungen zu hören, daß sich für bestimmte Produkte, wie Rohwurst oder Schinken, entweder nur Steinsalz oder nur Siedesalz eignet. Neuerdings wird oft die Ansicht vertreten, daß bei Verwendung des mit Iod angereicherten Siedesalzes bakteriell bedingte Reifungsstörungen zu erwarten seien. Das ist durch wissenschaftliche Untersuchungen widerlegt worden. Alle im Handel befindlichen Salzarten bestehen chemisch aus Natriumchlorid und enthalten zusätzlich Spuren von Calcium-, Magnesium- und Natriumsulfat, Iod, Brom, Lithium usw. Sie sind wegen ihrer geringen Konzentration in keiner Weise zu einer Beeinflussung des Reifungsablaufs fähig. Auch iodiertes Siedesalz hat eine so geringe Iodkonzentration, daß bakteriell bedingte Reifungsstörungen nicht eintreten können.
Bei der Fleischverarbeitung ist allerdings zu beachten, daß sich die Dichte von Siede- und Steinsalz infolge der verschiedenen Kristallgröße deutlich unterscheidet. 1000 g Siedesalz beanspruchen einen Rauminhalt von durchschnittlich 1200 cm^3, während 1000 g Steinsalz nur 900 cm^3 benötigen. Wer gewöhnt ist, nach «Griff» zu salzen (eine Handvoll Salz auf eine bestimmte Menge Brät), kann sich bei Umstellung auf eine andere Salzsorte so verschätzen, daß es entweder zu einer Übersalzung oder zu einer Untersalzung kommt. Bei einer Untersalzung kann es hin und wieder zu Reifungsstörungen kommen, da Kochsalz eine zentrale Rolle bei der Reifung spielt.
Bei der Hausschlachtung sollte es die Regel sein, das Salz genau nach Rezeptur einzusetzen, d. h. es zu wägen. Auch beim Einsatz von Pökelsalz ist ein genaues Wägen erforderlich. Auf keinen Fall dürfen Salz- oder Pökelsalzzugaben nach «Griff» oder nach «Abschmecken des Bräts» erfolgen. Steinsalz löst sich z. B. auf Grund seiner Kristallstruktur etwas langsamer als Siedesalz; bei einem sofortigen Abschmecken kann es deshalb vorkommen, daß noch nicht alle Kristalle gelöst sind und eine weitere Salzzugabe zu einer Überdosierung führt.

7.5. Die einzelnen Herstellungsstufen

Die Rohwurstproduktion untergliedert sich in folgende Herstellungsstufen:
- Zerkleinern und Mengen,
- Füllen,
- Vortrocknen,
- erste Reifungsphase und Räuchern,
- zweite Reifungsphase.

Zerkleinern und Mengen

Die ursprünglichen Zerkleinerungsgeräte bei der Rohwurstherstellung waren Wiegemesser und Wiegeblöcke, später verwendete man Wiegeapparate. Diese Geräte werden heute auch bei Hausschlachtungen nicht mehr verwendet. Der Arbeitsaufwand ist dabei zu hoch, obwohl sich das Fleisch durch das Wiegen sehr gut entsehnen ließ. Die in der Industrie heute vorherrschende Zerkleinerung mittels Schneidmischers und Kutters wird bei Hausschlachtungen nur dort angewandt, wo in Gemeinschaftsschlachträumen die entsprechenden Maschinen vorhanden sind. Die wichtigste Zerkleinerungsart bei der Hausschlachtung ist das Wolfen, meist mit einem durch einen Elektromotor angetriebenen größeren Wolf (s. Bilder 3a und 3b). Die Körnung einer Rohwurst wird von der verwendeten Lochscheibe beim Wolfen und von der Messerwellen- und Schüsseldrehzahl, der Messeranzahl und Kutterzeit bestimmt. Bei der Verwendung des Wolfs zum Zerkleinern ist darauf zu achten, daß die Messer scharf sind und der Verschlußring weder zu lose noch zu fest angezogen wird. Durch nicht ausreichend geschärfte Messer wird das Brät gequetscht, während es beim falschen Anziehen des Verschlußringes zu einer stärkeren Erwärmung des Brätes kommt. Bei schlecht schneidenden Messern transportiert die Schnecke ungleichmäßig, und es kommt ebenfalls zu Quetschungen und Fettverschmierungen, die später die Schnittfestigkeit und das Schnittbild beeinträchtigen.

Fleisch soll bei der Zerkleinerung eine Temperatur $< 5\,°C$ haben, während Fett gefroren sein kann; nur dann ist ein einwandfreier Schnitt gewährleistet.

Bei Zusatz von Rindfleisch zu Schweinefleisch ist das Rindfleisch zunächst mit einer 3-mm-Scheibe zu wolfen. Das Schweinefleisch wird wie der Speck in kleine Stücke (2...3 cm Kantenlänge) geschnitten und mit dem Gewürz und dem Nitritpökelsalz vermischt. Danach wird das gewolfte Rindfleisch untergemengt und die Masse je nach gewünschtem Feinheitsgrad durch die 3-, 4- oder 5-mm-Scheibe des Wolfs gegeben. Wird nur Schweinefleisch verarbeitet, erfolgt analog ein Durchmischen des geschnittenen Fleisches mit dem geschnittenen Speck und den Gewürzen und ein anschließendes Wolfen dieses Gemisches.

Das anschließende Mengen soll nicht nur die gleichmäßige Verteilung von Fleisch, Fett und Gewürzen gewährleisten, sondern vor allem dazu dienen, eine gute Brätstruktur aufzubauen. Bei der Hausschlachtung wird ausschließlich mit der Hand gemengt. Das Mengen ist so lange durchzuführen, bis das Brät «bindig» wird und die Oberfläche feucht und klebrig erscheint. Das Brät muß sich gut zu Ballen formen lassen.

Füllen

Nach dem Zerkleinern und Mengen wird das Brät zu Ballen geformt, um es zu verdichten. Das Brät muß so in den Füllzylinder der Füllmaschine (s. Bild 4) eingebracht werden, daß keine Lufteinschlüsse oder Hohlräume entstehen. Das erfordert Erfahrung.

In den meisten Fällen werden bei der Hausschlachtung Handfüllmaschinen verwendet. Beim Füllen darf der Fülldruck nicht zu groß sein. Die Tüllen müssen innen glatt und nicht über 15 cm lang sein. Gefüllt wird zügig. Dabei sind die Därme voll, aber nicht zu stramm zu füllen.
Weiterhin ist darauf zu achten, daß kein Wasser in das Brät gelangt. Insbesondere sind die Därme nach dem Wässern gut abzustreifen. Beachtet man das nicht, kommt es zu Umrötungsstörungen, die als graue Stellen unter der Hülle in Erscheinung treten. Nach dem Füllen sind die Därme abzubinden und die Würste sofort aufzuhängen, ohne daß sie sich gegenseitig berühren; der Abstand zwischen den Würsten soll dabei so gering wie möglich sein.

Vortrocknen und Vorreifen

Ob und unter welchen Bedingungen diese bei Hausschlachtungen früher übliche Verfahrensstufe noch durchgeführt werden kann, wurde bereits unter 7.2.2. bei der Besprechung der inneren Vorgänge während der Reifung der Rohwurst dargelegt.

Erste Reifungsphase und Räuchern

Bei Wegfall der Verfahrensstufe Vortrocknen lassen sich die erste Reifungsphase und das Räuchern sehr gut miteinander kombinieren.
Das Räuchern ist neben dem Salzen und Trocknen eine der ältesten Konservierungsmethoden. Es gibt eine Reihe von weiterentwickelten Räucherverfahren; bei der Hausschlachtung werden aber fast ausschließlich Räucherkammern oder -schränke verwendet, die nur über die Lüftungsklappe steuerbar sind. Während in den vergangenen Jahrhunderten die Konservierung durch Räuchern im Vordergrund stand, sind es heute Aroma und Farbe, die das Produkt durch das Räuchern erhalten soll.
Innere Vorgänge beim Räuchern. Wird Holz erhitzt, entstehen zunächst bei Temperaturen um 200 °C Holzkohle und gasförmige Bestandteile (Rauch). Bei 500...600 °C entflammt der Rauch, und bei 220...250 °C entflammt die Holzkohle, sofern Luftsauerstoff zugeführt wird. Die Luftzuführung läßt sich über die Lüftungsklappe steuern. Es wird nur so viel Luft zugeführt, daß die gebildete Holzkohle entflammt (glüht). Damit liefert sie die Reaktionstemperatur für das Holz der Umgebung; dort bilden sich weiterhin Holzkohle und Rauch.
Unsicherheit besteht oft in der Frage des Wassergehaltes von Sägemehl zur Raucherzeugung. Generell wird durch eine erhöhte Feuchtigkeit die Glühtemperatur herabgesetzt und die Rauchbildung verzögert. Besteht die Gefahr, daß durch zu trockenes Sägemehl die Entflammungstemperatur von Rauch erreicht wird, sollte das Sägemehl angefeuchtet werden. Die Rauchdichte wird dadurch nicht beeinflußt, jedoch trifft das für die Zusammensetzung der gasförmigen Rauchbestandteile, insbesondere der Phenole, zu. Trockenes Sägemehl der gleichen Holzart erzeugt demnach ein anderes Aroma als feuchtes Sägemehl. Die Aromaintensität steigt mit sinkendem Wassergehalt im Sägemehl. Da die Lüftungsverhältnisse in jeder Kammer anders sind, sollte eine einmal gefundene optimale Einstellung der Feuchte immer beibehalten werden. Durch das Räuchern von Fleisch- und Wurstwaren sollen eine

- Konservierung,
- Aromabildung und
- Farbgebung

erreicht werden. Die heute üblichen kurzen Räucherzeiten lassen bestenfalls einen kurzfristigen Konservierungseffekt auf dem Darm bzw. wenige Millimeter unter dem Darm zu. Längere Einwirkungszeiten sind auf keinen Fall zu empfehlen. Das Produkt soll nur so lange im Rauch bleiben, bis Aromabildung und Färbung erreicht sind. Es ist bekannt, daß wochenlanges Räuchern (Katenrauch) unerwünschte phenolhaltige Rückstände im Produkt hinterläßt. Der Konservierungseffekt des Räucherns wird heute durch andere Methoden erreicht.

Die *Aromatisierung* wird durch die Absorption der Rauchgase erreicht. Rauch besteht neben unsichtbaren gasförmigen Bestandteilen auch aus einem sichtbaren Teer-Ruß-Nebel. Der Teernebel wird von der Oberfläche kaum absorbiert, er ist unerwünscht. Die gasförmige Phase, in der vor allem die aromabildenden Stoffe des Rauchs enthalten sind, werden durch das im Produkt vorhandene Wasser gelöst. Daraus ist zu schließen, daß die Aromatisierung um so schneller verläuft, je feuchter die Oberfläche ist. Weiterhin wird die Aromatisierung durch Rauchdichte und Temperaturerhöhung gefördert.

Die *Färbung* ist eine chemische Reaktion zwischen bestimmten Stoffen (Aldehyden) im Rauch und dem Muskeleiweiß. Diese Reaktion geht nur optimal vor sich, wenn die Oberfläche trocken ist und eine relativ hohe Temperatur herrscht.

Aromatisierung durch Rauch und Färbung sind zwei Vorgänge, die nicht gleichzeitig ablaufen, sondern nacheinander.

Werden Rohwürste sofort nach dem Füllen in einen temperierten Rauch (22...28 °C) gebracht, kondensiert die Raumfeuchte sofort auf der Wurstoberfläche, und es bilden sich Wassertropfen auf der Hülle. Hat sich dann die Temperatur des Füllguts der Raumtemperatur angeglichen, kondensiert Wasserdampf nicht mehr, die Oberfläche bleibt aber feucht, da jetzt freies Wasser aus dem Wurstbrät nach außen abgegeben wird. Da die relative Luftfeuchte im Feuchtrauch dabei über 90 % beträgt, ist auch eine ungestörte Reifung zu erwarten. Nach etwa 24 h sind die Umrötung und die erste Phase im wesentlichen abgeschlossen. Die Oberfläche der Rohwürste trocknet langsam, da der Nachschub von Wasserdampf aus dem Wurstkern langsamer vor sich geht. Mit zunehmender Trocknung der Oberfläche verringert sich die Aromabildung und beginnt die Färbung. Nach dem Erreichen eines rotbraunen Farbtones auf der Oberfläche ist die erste Phase der Reifung (einschließlich Räucherung) beendet, und es beginnt die zweite Reifungsphase (s. auch unter 7.2.2.).

7.6. Rohwurstrezepturen

Der Ursprung der Rohwurstherstellung ist in Italien zu suchen. In Deutschland war im 19. Jahrhundert vor allem im fränkisch-thüringischen Raum eine Entwicklung der Herstellungsverfahren und damit verbunden der Rezepturen zu verzeichnen. Es gibt historische Belege dafür, daß typische Rohwurstsorten ursprünglich aus dem Thüringer Raum stammten. So sollen solche Sorten, wie die Kasseler «Ahle Worscht» oder die «Lange Dürre», von Meistern aus Eisenach und Schmalkalden stammen.

Die außerordentliche Vielfalt der bei Hausschlachtungen hergestellten Rohwürste beruht nicht nur auf einer Vielfalt von Rezepturen. Allein schon durch die unterschiedliche Fleischqualität, durch den verschiedenen Anteil von Fleisch und Fett, durch die mögliche Einarbeitung von Rind- oder Schaffleisch und durch das individuelle Würzen wird ein unterschiedliches Aroma erzeugt. Konsistenz und Aroma der Rohwurst werden aber auch durch «Körnung» und «Darmvolumen» beeinflußt. Je kleiner die Körnung, desto schneller und intensiver verlaufen die bakteriellen und enzymatischen Reifungsvorgänge und umgekehrt. Aber auch das Darmvolumen hat auf die Aromatisierung und den Ablauf der Reifungsvorgänge einen Einfluß. Aus gleichem Einsatzmaterial und gleichen Zusatzstoffen wird beispielsweise bei großvolumigen Würsten in der ersten Phase mehr Brenztraubensäure und bei kleinvolumigen mehr Milchsäure gebildet. Bei kleinvolumigen Rohwürsten wird auch der a_w-Wert-Abfall schneller erreicht. Die folgende Rezeptursammlung wird unterteilt in

streichfähige Rohwurst und
schnittfeste Rohwurst.

Bei schnittfester Rohwurst werden nochmals

dünnkalibrige und
mittelkalibrige Rohwürste unterschieden.

Diese Unterteilung erfolgt nach dem Gesichtspunkt, daß sowohl die Reifungsbedingungen als auch die Aromaentwicklung vom Volumen der Wurst abhängen. Mit gleichem Recht könnte aber auch nach der Korngröße unterteilt werden, da Aromaentwicklung und Reifungsgeschwindigkeit auch vom Zerkleinerungsgrad bestimmt werden.

7.6.1. Streichfähige Rohwürste

Streichfähige Rohwürste werden manchmal auch fälschlicherweise als «frische Rohwürste» oder «nicht gereifte Rohwürste» bezeichnet. Die Streichfähigkeit läßt keine Rückschlüsse auf den Frischegrad zu. Auch eine nicht mehr frische Braunschweiger Mettwurst bleibt streichfähig, und in jedem Fall muß eine streichfähige Rohwurst auch gereift sein. Daß es aber nicht zu einer Schnittfestigkeit kommt, liegt an der Rezeptur und an der Behandlung. In der Regel sind streichfähige Rohwürste fein zerkleinert und bestehen aus Schweinefleisch oder Schweine- und Rindfleisch. Sie enthalten einen relativ hohen Fettanteil, der jedoch für sich allein noch nicht zur Streichfähigkeit führt.
Bei der Herstellung einer schnittfesten Rohwurst werden die Fettbestandteile durch die flüssige Eiweißphase des Bräts mit löslichem Eiweiß umhüllt, Fett liegt sozusagen im Eiweiß eingebettet. Bei streichfähiger Rohwurst ist diese Bindung nicht oder nur teilweise beabsichtigt, wobei aber die übrigen Merkmale der Rohwurstreifung, wie pH-Wert-Senkung, Umrötung, Säuerung und Aromatisierung, beibehalten werden sollen. Das wird durch eine Veränderung beim Mischen erreicht. Die zerkleinerten Fleischteile werden in das feinzerkleinerte Fett gemischt. Zuerst stellt man eine feinzerkleinerte Fettmasse her, in die anschließend die Fleischteile eingebracht werden. Jetzt umhüllt das zerkleinerte Fett die Muskelbestandteile. Es kommt zwar zur pH-Wert-Senkung, doch im Verlauf der Reifung wird kein zusammenhängender Eiweißverband erreicht. Die Einzelbestandteile der Wurst bleiben verschiebbar, also streichfähig.
Streichfähige Rohwurst trocknet wesentlich langsamer. Das gebildete Pökelrot wird durch die Fettumhüllung etwas verdeckt. Daher erscheint streichfähige Rohwurst in der Regel heller als schnittfeste.
Streichfähigkeit, Abtrocknungsgrad, Konsistenz und Farbe werden somit weitgehend durch die Verfahrensführung bestimmt. Sollte bei Hausschlachtungen eine streichfähige grobkörnige Wurstsorte gewünscht werden, so ist darauf zu achten, daß das Fleisch so schnell wie möglich, also vor dem Stadium der maximalen Säuerung, verarbeitet wird. Fleisch und Fett sind dann ungereift zu verwenden. Das hat jedoch zur Folge, daß die Menge des löslichen Eiweißes sehr gering ist. Da aber beim Zerkleinern sehr wenig Eiweiß-Wasser-Lösung ausgeschwemmt wird und das Fett noch relativ weich ist, erfolgt auch bei gröberer Körnung eine Fettumhüllung der trockenen Fleischteile und nicht wie bei der Herstellung von schnittfester Rohwurst eine Eiweißumhüllung der Fettbestandteile.

Streichfähige Rohwurst ist in der ersten Phase der Reifung gegenüber *Trocknungsfehlern* weitgehend unempfindlich; für *bakterielle Fehlreifungen* in dieser Phase ist sie aber sehr anfällig. Das liegt zum Teil am relativ hohen pH-Wert des ungereiften Fleisches, doch hängt es auch damit zusammen, daß sich Milchsäurebakterien in der Fett-Eiweiß-Struktur der streichfähigen Rohwurst nicht so gut entwickeln können.
Die folgenden Rezepturen beziehen sich jeweils auf einen Rohstoffeinsatz (Fleisch und Fett) von 10 kg. Bei manchen Wurstsorten sind verschiedene Varianten angegeben, die mit römischen Zahlen bezeichnet werden.

Mettwurst, fein

Zusammensetzung in kg:	I	II	III	IV
Schweinefleisch	6,0	5,0	5,0	2,5
Speck	4,0	4,0	5,0	5,0
Rindfleisch	–	1,0	–	2,5

Gewürze in g:	
Nitritpökelsalz	240
Pfeffer	30
Zucker	20
Paprika	15

Teewurst, fein

Teewurst unterscheidet sich von feiner Mettwurst durch die Würzung und den besonderen, pikant säuerlichen Geschmack sowie die etwas dunklere Farbe.

Zusammensetzung in kg:	I	II	III
Schweinefleisch	3,5	3,5	4,0
Rindfleisch	2,5	4,0	2,5
Speck	4,0	2,5	3,5

Gewürze in g:	
Nitritpökelsalz	240
Pfeffer	30
Zucker	20
Paprika	10
Kardamom	5

Die Fleisch- und Fettanteile sind mit der 2-mm-Scheibe zu wolfen.

Teewurst, grob

Zusammensetzung in kg:	I	II
Schweinefleisch	7,0	5,0
Speck	3,0	3,5
Rindfleisch	–	1,5

Gewürze in g:	
Nitritpökelsalz	240
Pfeffer	30
Zucker	20
Paprika	10

Gewolft wird mit der 4-…6-mm-Scheibe.

Thüringer Mettwurst, fein

Zusammensetzung in kg:	I	II
Schweinefleisch, durchwachsen	2,5	2,5
Rindfleisch, grob entsehnt, ohne Fett	4,0	4,0
Schweinefleisch, mager	3,5	–
Speck, ungeräuchert	–	3,5

Gewürze in g:	
Nitritpökelsalz	250
Pfeffer, weiß, gemahlen	30
Kardamom	3
Mazisblüte	4
Paprika	3
Zucker oder Sirup	20
Wacholderbeeren	10

Gewolft wird durch die mittlere Scheibe (4...6 mm). Der Geschmack verbessert sich, wenn etwa ein Viertel der Speckmenge als geräucherter Speck eingesetzt werden kann. Die Wacholderbeeren sind fein zu mahlen, anschließend etwa eine Stunde in 20...30 ml Korn oder Weinbrand ziehen zu lassen und danach mit dem Brät zu vermengen. Mettwurst füllt man in den Kranzdarm. Warmfleischverarbeitung ist zu empfehlen.

Mettwurst, grob

Zusammensetzung in kg:	
Schweinefleisch, mäßig durchwachsen (z. B. Bug)	5,0
Schweinebauch, etwas durchwachsen, ohne Schwarte	4,0
Speck, roh, oder Fettabschnitte	1,0

Gewürze in g:	
Nitritpökelsalz	240
Pfeffer, schwarz, gemahlen	30
Kümmel, ganz oder gebrochen	30
Piment, gemahlen	3
Paprika	5
Muskat	2

Gewolft wird mit der 4...6-mm-Scheibe. Als Wursthülle dient der Kranzdarm.

Greifswalder Mettwurst, fein

Zur Herstellung von Greifswalder Mettwurst muß Rindfleisch eingesetzt werden. Dabei läßt sich ein Teil des fetten Bauches oder der Fettabschnitte zu Rohwurst aufarbeiten.

Zusammensetzung in kg:	
Rindfleisch, mager, gut entsehnt	3,0
Fettabschnitte oder fetter Schweinebauch	7,0

Gewürze in g:
Nitritpökelsalz	240
Paprika	20
Zucker	20
Pfeffer	30

Rindfleisch und fettes Schweinefleisch werden getrennt mit der 2-mm-Scheibe gewolft. Anschließend wird das Rindfleisch unter Zugabe der Gewürze in das Schweinefleisch eingearbeitet und die Masse nochmals mit der 2-mm-Scheibe gewolft. Abgefüllt wird in Mitteldärme oder mittelkalibrige Kunstdärme. Die Würste werden 2 Tage im mäßig warmen Raum (10...15 °C) vorgetrocknet und anschließend im Kaltrauch geräuchert.

Sächsische Mettwurst, grob

Bei der vorwiegend in Ostsachsen hergestellten groben Mettwurst kann durch Einsatz von Rindfleisch ein Anteil fetten Schweinefleisches zu Rohwurst verarbeitet werden.

Zusammensetzung in kg:
Rindfleisch	2,0
Schweinefleisch, durchwachsen (Schulter, Bauch)	8,0

Gewürze in g:
Nitritpökelsalz	240
Pfeffer, schwarz, gemahlen	30
Paprika	5
Kümmel, ganz	30
Piment, gemahlen	4

Rindfleisch wird mit der 2-mm-Scheibe, Schweinefleisch mit der 4-...6-mm-Scheibe gewolft.
Nach Zugabe aller Gewürze wird die Masse bis zur Bindigkeit durchgearbeitet und in Kranzdärme gefüllt. Nach 1 bis 2 Tagen Vortrocknung wird im Kaltrauch geräuchert.

Knoblauchmettwurst

Zusammensetzung in kg:
Schweinefleisch, grob entsehnt, etwa 20 % Fettauflage	5,0
Schweinebauch	3,0
Speck, roh	2,0

Gewürze in g:
Nitritpökelsalz	240
Pfeffer, schwarz, gemahlen	30
Paprika, gemahlen	5
Knoblauch	1 kleine Zehe
Zucker	20

Gewolft wird mit der 4-...6-mm-Scheibe und abgefüllt in den Kranzdarm. Es kann Warmfleisch verarbeitet werden.

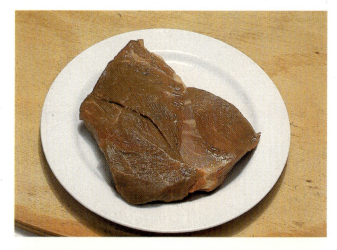

Bild 1. DFD-Fleisch

Bild 2. Schweinefleisch normaler Qualität

Bild 3. PSE-Fleisch

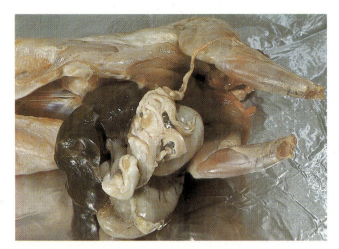

Bild 4. Finnenbefall bei Kaninchen

Bild 5. Finnenbefall bei Kaninchen

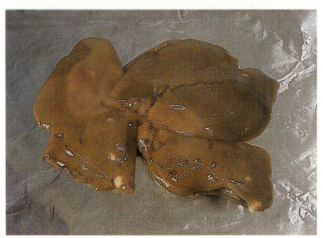

Bild 6. Kaninchenleber mit Kokzidiose

Bild 7. Rohwurstfehler, Schrumpfung

Bild 8. Rohwurstfehler, Trocknungsfehler

Bild 9. Rohwurstfehler, Trocknungsfehler

Bild 10. Kochwurstfehler, durch falsche Kochung entstanden

Bild 11. Schinken mit stickiger Reifung

Bild 12. Küchengeräte, die für die Herstellung von Fleisch und Wurstwaren verwendet werden können

Bild 13. Hausschlachtene Wurstwaren

Bild 14. Hausschlachtene Fleisch- und Wurstwaren

Bild 15. Meininger Tiegelbraten

Bild 16. Geräucherte Gänsebrust

Bild 17. Fleischfeinkost

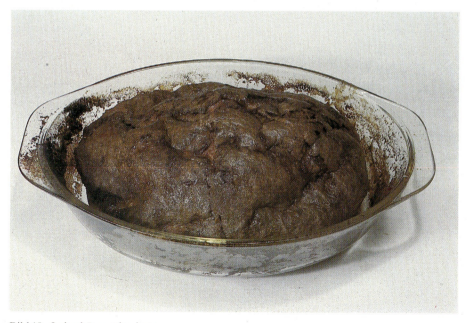

Bild 18. Leberkäse, gebacken

Bild 19. Verschiedene Krustenpasteten

Bild 20. Aspikerzeugnis

7.6.2. Schnittfeste Rohwürste

Für die Herstellung von schnittfester Rohwurst bei Hausschlachtungen sind vor allem kleine und mittlere Kaliber zu empfehlen. Großkalibrige Rohwürste sind selbst in der Fleischindustrie mit ihren weit besseren Steuerungsmöglichkeiten schwierig herzustellen. Großkalibrige Rohwürste werden traditionsgemäß mehr in den Nordbezirken hergestellt, während in der Mitte und im Süden bei Hausschlachtungen mittel- und dünnkalibrige Rohwürste überwiegen. Es gibt allerdings territoriale Ausnahmen, z.B. den «Feldkieker», eine Sorte aus dem Eichsfeld, die in die Blase abgefüllt wird.

Dünnkalibrige Rohwürste

Das Sortiment dünnkalibriger Rohwürste hat in den letzten Jahren auch im industriellen Bereich stark zugenommen. Sie werden dort unter verschiedenen Namen, wie Minisalami, Kabanossy, Pepperoni, Pepper stix, Hot sausage, Zerbster Schlanke usw., angeboten. Während im industriellen Bereich meist Schäldärme verwendet werden, ist auch eine darmlose Fertigung möglich. Bei Hausschlachtungen sind generell dünnkalibrige Naturdärme von 18...32 mm Durchmesser zu verwenden.

Dünnkalibrige Rohwürste sollen nach Möglichkeit nur aus Schweinefleisch hergestellt werden; eine Herstellung ausschließlich aus Rindfleisch ist nicht zu empfehlen. Auch soll Schaffleisch nur in geringem Prozentsatz zugemischt werden. Wird jedoch Rindfleisch eingesetzt, ist ein Anteil von 30 % nicht zu überschreiten.

Beim Überwachen der Reifungsvorgänge und des Räucherns ist darauf zu achten, daß alle Vorgänge etwas kürzer verlaufen. In den ersten Tagen der Herstellung sind dünnkalibrige Rohwürste genau zu beobachten. Dagegen ist die zweite Phase der Reifung unproblematisch. Dünnkalibrige Rohwürste reifen sehr schnell zu einer guten Dauerware mit einem Endwassergehalt von ungefähr 20...22 % aus. Sie sind also besonders dort zu empfehlen, wo die Lager- und Reifungsbedingungen nicht optimal sind. Bei einem a_w-Endwert um 0,80 sind ausgereifte dünnkalibrige Rohwürste fast unempfindlich gegenüber Schimmelpilzen. Allerdings sollten bei der Lagerung möglichst tiefe Temperaturen (10...15 °C) eingehalten werden. Sie sind empfindlich gegen Temperaturschwankungen und reagieren auch bei kurzfristigen Temperaturerhöhungen bis zu 20 °C mit Fettaustritt.

Dünnkalibrige Preßrohwurst

Die auch als «Landjäger» bekannte dünnkalibrige Preßrohwurst ist eine Spezialität, die auf Grund ihres Herstellungsverfahrens eine besondere Konsistenz, typische Form und besonderes Aroma aufweist. Landjäger wurden früher wesentlich häufiger produziert, sind aber relativ arbeitsaufwendig. In der DDR sind Landjäger gegenwärtig nicht im Standardsortiment verzeichnet. Für Hausschlachtungen und für die Hobbyküche sind dünnkalibrige Preßrohwürste aber schon deswegen zu empfehlen, weil bei ihrer Herstellung auf die sonst notwendige Einhaltung von 90 % relativer Luftfeuchte im Raum verzichtet werden kann.

Herstellungsverfahren. Für dünnkalibrige Preßrohwürste werden enge Schweinedärme verwendet. Der Zuckerzusatz ist auf 0,5 % anzuheben, da die Würste im Schwitzverfahren hergestellt werden. Als Sicherungszusatz werden Starterkulturen empfohlen. Die Därme dürfen nur zu ²/₃ gefüllt werden, da sie sich sonst nicht in die gewünschte rechteckige Form pressen lassen.

Nach dem Füllen werden die Würste in einen Kasten gelegt. Sehr gut eignen sich dafür Fleischbehälter aus Aluminium oder Plasten. Die Würste sind in einer Schicht dicht nebeneinander einzulegen und dürfen auf keinen Fall übereinander liegen. Auf diese Schicht wird ein passendes Brett gelegt, auf das die nächste Schicht Würste kommt. Ist die Kiste auf diese Weise gefüllt, wird das abschließende Brett mit etwa 10 kg belastet. Dazu kann ein Wägestück oder auch ein gefüllter Wassereimer verwendet werden. Die gefüllte Kiste muß nun sehr warm gestellt werden (möglichst auf einen Kachelofen oder Heizungskörper), damit sich eine Temperatur von 30...35°C einstellt, die etwa 24...30 h zu halten ist.

In dieser Zeit schließen die Würste die erste Phase der Reifung ab, röten um und behalten anschließend ihre rechteckige Form, da inzwischen ein Gelzustand eingetreten ist. Die Steuerung der relativen Luftfeuchte im Raum ist nicht notwendig, da die Kiste ein gegen den Raum abgeschlossenes Mikroklima hat. Durch die Wasserabgabe der Rohwürste bleibt die Luftfeuchtigkeit in der Kiste bei 100%.

Nach 24...30 h werden die Rohwürste herausgenommen. Sie erscheinen äußerlich klebrig, was auf das Austreten von eiweißhaltigem Wasser aus dem Darm zurückzuführen ist. Die Würste werden anschließend sofort abgewaschen, getrocknet und warm geräuchert, wobei sie sehr schnell Farbe annehmen.

Obwohl sie schon unmittelbar nach dem Räuchern verbraucht werden können, verbessern sich Konsistenz und Geschmack mit der Lagerdauer. Die Lagertemperatur soll 10...15 °C betragen. Nach etwa 14 Tagen sind sie ausgereift und können danach etwa drei Monate ohne Qualitätsabfall gelagert werden.

Landjäger

Zusammensetzung in kg:
Schweinefleisch, grob
entsehnt 4,0
Rindfleisch 3,0
Schweinebauch 3,0

Gewürze in g:
Nitritpökelsalz 230
Zucker 50
Nelken, gemahlen 10
Senfkörner 10
Pfeffer, weiß, gemahlen 20
Starterkulturen 20 ml

Gewolft wird mit der 3-mm-Scheibe. Danach erfolgt die Zugabe der Gewürze und Zusatzstoffe. Nach dem Mengen wird in enge Schweinedärme gefüllt.

Landjäger aus Schweinefleisch

Zusammensetzung in kg:
Schweinefleisch, grob entsehnt 7
Speck oder Bauch,
entschwartet 3

Gewürze in g:
Nitritpökelsalz 230
Zucker 50
Pfeffer, weiß, gemahlen 20

Paprika, süß	5
Kümmel, ganz	10
Starterkulturen	20 ml

Gewolft wird mit der 3-mm-Scheibe. Danach gibt man Gewürze und Zusatzstoffe zu, mengt und füllt locker in enge Schweinedärme. Die Gewürze können individuell variiert werden.
Vor dem eigentlichen Pressen sind die Rohwürste mit der Hand etwas vorzuformen sowie vorzupressen und mit einer Nadel mehrmals anzustechen, damit die Luft entweichen kann.

Salametti

Die «kleine Salami» ist eine in Italien und in der Schweiz verbreitete Spezialität im engen Schweinsdarm, die sich auch gut bei Hausschlachtungen herstellen läßt.

Zusammensetzung in kg:
Rindfleisch, gut entsehnt	4,0
Schweinefleisch, mager	3,0
Speck, roh	3,0

Gewürze in g:
Nitritpökelsalz	230
Pfeffer, schwarz, grob gemahlen	30
Pfeffer, weiß, gemahlen	10
Kardamom	5
Zucker	30
Knoblauch	1 bis 2 Zehen
Rotwein	300

Am Tage vor der Herstellung werden ein oder zwei Knoblauchzehen fein geschnitten und in 300 ml Rotwein eingelegt.
Das Rindfleisch wird zunächst mit der 2-mm-Scheibe gewolft und dann zusammen mit dem vorgeschnittenen Schweinefleisch und dem Speck nochmals durch die 2-...3-mm-Scheibe gelassen. Nach Zugabe von Gewürzen, Salz und Zucker wird der Rotwein zugesetzt, aus dem vorher die Knoblauchstückchen gut auszuseihen sind, da sie nicht mit in das Brät kommen.
Wenn gut durchgemengt wurde, kann in enge Schweinsdärme abgefüllt und geräuchert werden. Original-Salametti werden zwar nur lufttrocken hergestellt, doch empfiehlt sich unter unseren klimatischen Bedingungen das Räuchern. Salametti können auch als Dauerwurst ausreifen.

Steinacher Stiftle

Die Herstellung von dünnkalibriger Rohwurst bei Hausschlachtungen ist in Südthüringen besonders in der Sonneberger Gegend üblich. Das in enge Schweinedärme gefüllte Brät wird entweder luftgetrocknet ungeräuchert verzehrt oder geräuchert. Infolge ihres kleinen Kalibers reifen Stiftle schnell zu einer Dauerware mit einem Wassergehalt $<30\%$ aus.

Zusammensetzung in kg:
Schweinefleisch entsehnt,
mager oder
Rindfleisch, grob entsehnt   4,0
Schweinebauch, durch-
wachsen ohne Schwarte   6,0

Gewürze in g:
Nitritpökelsalz   230
Kümmel, gemahlen   3
Pfeffer, schwarz, gemahlen   30
Zucker   20
Knoblauch   ½ Zehe

Gewolft wird mit der 3-...4-mm-Scheibe und abgefüllt in engen Schweinedarm.

Sonneberger dünnkalibrige Rohwurst

Zusammensetzung in kg:
Schweinefleisch, mager
(aus der Keule)   3,0
Schweinefleisch, Abschnitte
mit Fettauflagerung   5,0
Schweinebauch   2,0

Gewürze in g:
Nitritpökelsalz   240
Pfeffer, schwarz, gemahlen   30
Wacholderbeeren   5
Zucker   20
Knoblauch   ¼ Zehe

Gewolft wird mit der 2-...3-mm-Scheibe. Die Wacholderbeeren sind zu zerdrücken und eine Stunde in Korn oder Weinbrand einzulegen. Danach wird die Lösung dem Brät zugemengt, das man in enge Schweinedärme (Kaliber 30...36 mm) abfüllt und räuchert.

Knacker mit Paprika

Es handelt sich um eine Wurstsorte, die in enge Schweinedärme gefüllt und paarweise abgedreht wird. Die Körnung beträgt 5...8 mm. Würzt man mit einer größeren Menge Paprika, so erhält diese Wurst eine besondere geschmackliche Note und eine dunklere Farbe.

Zusammensetzung in kg:	I	II	III
Schweinefleisch	3,0	3,0	4,0
Rindfleisch	2,5	2,0	2,0
Schweinebauch	1,5	5,0	–
Speck	3,0	–	4,0

Gewürze in g:
Nitritpökelsalz   240
Pfeffer   20
Paprika, scharf   30
Paprika, süß   20
Zucker   20

Hausschlachtene Knackwurst

Knackwurst wird in enge Schweinedärme gefüllt. Sie hat eine mittelgrobe Körnung von 4...5 mm und wird paarweise abgedreht.

Zusammensetzung in kg:	I	II	III
Schweinefleisch	3,5	3,0	4,0
Rindfleisch	1,5	1,0	2,0
Speck	2,0	–	4,0
Bauch	3,0	6,0	–

Gewürze in g:	
Nitritpökelsalz	240
Pfeffer	30
Zucker	20
Knoblauch	5
Kümmel	10

Rohwürste mit mittlerem Kaliber

Knackwürste sind Rohwürste, die in Rinderkranzdärme abgefüllt werden und nach dem Räuchern die volle Genußreife haben.

Knackwurst

Zusammensetzung in kg:	I	II	III
Schweinefleisch	3,0	4,0	6,5
Rindfleisch	3,0	2,0	1,5
Schweinebauch	4,0	4,0	2,0

Gewürze in g:	
Nitritpökelsalz	240
Pfeffer	30
Zucker	20
Kümmel	10
Paprika	10

Die Körnung beträgt 3...5 mm.

Thüringer hausschlachtene Knackwurst

Die hausschlachtene Knackwurst hat durch Einarbeitung von magerem Schweinefleisch und Rindfleisch einen besonderen Charakter. Sie sollte nur in Rinderkranzdärme abgefüllt werden, da die stoffliche Zusammensetzung mit dem Darmvolumen hinsichtlich der Reifung gut übereinstimmt. Kurze Zeit nach dem Räuchern ist der Höhepunkt der Aromabildung erreicht, und die Wurst sollte dann verbraucht werden. Eine Ausreifung zu Dauerwurst ist zwar möglich, doch verliert die Knackwurst dann an Aroma.

Zusammensetzung in kg:	
Schweinefleisch, mager	1,5
Schweinefleischabschnitte, durchwachsen, entsehnt	1,5
Rindfleisch (Keule)	1,5

Rindfleischabschnitte (z. B.
Bug, Dünnung), entsehnt 2,5
Schweinebauch 3,0

Gewürze in g:
Nitritpökelsalz 220
Pfeffer, weiß, gemahlen 30
Kümmel. gebrochen 10
Zucker 20
Knoblauch ¼ Zehe

Zuerst wird das Rindfleisch mit der 3-...4-mm-Scheibe zerkleinert. Nach dem Wolfen setzt man es zusammen mit den Gewürzen und dem Nitritpökelsalz dem vorgeschnittenen Schweinefleisch zu. Die gesamte Masse wird dann nochmals mit der 3-...4-mm-Scheibe gewolft und anschließend abgefüllt.
Salami, Cervelatwurst, Plockwurst, Schinkenwurst und **Schlackwurst** werden in der Regel in Mitteldärme, Fettenden oder rohwursttaugliche Kunstdärme (z. B. Cutisindärme) abgefüllt. Diese Wurstsorten sind zur Ausreifung für Dauerware geeignet.

Salami

Für die Herstellung von Salami empfiehlt sich die Verwendung eines Rindfleischanteils, durch den Farbe und Aroma kräftiger hervorgehoben werden. Statt Schweinefleisch kann auch Schaffleisch, Hirsch- oder Pferdefleisch verarbeitet werden. Die Körnung beträgt 3...5 mm.

Zusammensetzung in kg:	I	II	III
Rindfleisch	5,0	4,0	3,5
Schweinefleisch	2,0	2,0	3,0
Speck	3,0	4,0	3,5

Gewürze in g:	
Nitritpökelsalz	240
Pfeffer	40
Zucker	20
Knoblauch	10

Salami mit Hammelfleisch

Zusammensetzung in kg:	I	II	III
Hammelfleisch	6,0	5,0	4,0
Rindfleisch	2,0	2,0	2,0
Schweinebauch	–	1,0	2,0
Speck	2,0	2,0	2,0

Gewürze in g:	
Nitritpökelsalz	240
Pfeffer	30
Paprika	20
Koriander	5
Zucker	20

Salami mit Hirschfleisch

Zusammensetzung in kg:	I	II
Hirschfleisch	5,0	4,0
Rindfleisch	1,0	2,0
Speck	4,0	4,0

Gewürze in g:	
Nitritpökelsalz	240
Pfeffer	30
Zucker	20
Knoblauch	10

Plockwurst

Plockwurst ist eine vorwiegend in den Nordbezirken hergestellte Rohwurstsorte mit grober Körnung. Die Speckstücke sollen eine Größe von mindestens 12 mm (Bohnengröße) haben und gleichmäßig verteilt sein.

Zusammensetzung in kg:	I	II
Schweinefleisch	3,5	4,0
Rindfleisch	3,0	3,0
Speck	3,5	3,0

Gewürze in g:	
Nitritpökelsalz	240
Pfeffer	30
Zucker	20
Paprika	10
Weinbrand	20

Zervelatwurst aus Rind- und Schweinefleisch

Zusammensetzung in kg:	I	II	III
Rindfleisch	5,0	4,0	1,5
Schweinefleisch	2,5	2,5	5,0
Speck	2,5	3,5	3,5

Gewürze in g:	
Nitritpökelsalz	240
Pfeffer	30
Zucker	20

Zervelatwurst aus Rindfleisch

Zusammensetzung in kg:	I	II
Rindfleisch	6,0	6,5
Speck	4,0	3,5

Gewürze in g:	
Nitritpökelsalz	240
Pfeffer, weiß, gemahlen	30
Zucker	20

Kümmel, gemahlen 3
Mazisblüte 3

Zervelatwurst aus Schweinefleisch

Zusammensetzung in kg:	I	II
Schweinefleisch, mager	6,5	7,5
Speck	3,5	2,5

Gewürze in g:	
Nitritpökelsalz	240
Pfeffer, weiß, gemahlen	30
Zucker	20
Kümmel, gemahlen	25
Mazisblüte	3

Die Körnung beträgt 2...3 mm.

Schlackwurst

In den Nordbezirken wird der Mastdarm oder das Fettende als «Schlacke» bezeichnet und fast ausnahmslos für Zervelatwurst verwendet. Davon leitet sich die Bezeichnung Schlackwurst für Zervelatwurst ab. Heute ist die Schlackwurst eine Wurstsorte mit eigener Rezeptur geworden.

Schlackwurst aus Schweinefleisch

Zusammensetzung in kg:	I	II
Schweinefleisch, mager	6,0	6,5
Speck	4,0	3,5

Gewürze in g:	
Nitritpökelsalz	240
Pfeffer, weiß, gemahlen	30
Zucker	20

Die Körnung beträgt 2...3 mm.

Schlackwurst aus Rind- und Schweinefleisch

Zusammensetzung in kg:	I	II
Schweinefleisch, mager	4,5	4,0
Rindfleisch, entsehnt	2,5	2,5
Speck	3,0	3,5

Gewürze in g:	
Nitritpökelsalz	240
Pfeffer, weiß oder schwarz, gemahlen	30
Zucker	20
Kümmel, gemahlen	3

Salami aus Pferdefleisch

Zusammensetzung in kg:	I	II
Pferdefleisch	6,0	6,5
Speck	4,0	3,5

Gewürze in g:	
Nitritpökelsalz	240
Pfeffer	30
Zucker	20
Knoblauch	10
Rum oder Weinbrand	20

Die Körnung beträgt 4...5 mm.

Schinkenwurst

Schinkenwurst soll einen feinen Rauchfleischgeschmack aufweisen. Das Wurstgut hat eine grobe Struktur mit bis zu bohnengroßen Fleisch- und Speckstücken. Der Speckanteil soll niedriger als der Anteil von magerem, voll ausgereiftem Fleisch sein.

Zusammensetzung in kg:	I	II
Schweinefleisch	4,0	5,0
Rindfleisch	3,0	2,0
Speck	3,0	3,0

Gewürze in g:	
Nitritpökelsalz	240
Pfeffer	30
Zucker	20
Paprika	10

Schinkenpolnische

Schinkenwurst und Schinkenpolnische unterscheiden sich im wesentlichen nur in der Körnung des Wurstgutes und der Würzung.

Zusammensetzung in kg:	I	II
Schweinefleisch	7,0	6,0
Rindfleisch	1,5	1,5
Speck	1,5	2,5

Gewürze in g:	
Nitritpökelsalz	240
Pfeffer	30
Zucker	20
Piment oder Kümmel	20

Die Körnung beträgt 8...12 mm.

Feldkieker

Feldkieker sind eine Rohwurstspezialität aus dem Eichsfeld, deren Bezeichnung offenbar von der Art und Weise der Trocknung und Reifung abgeleitet wurde, da die Rohwürste am offenen Fenster oder der offenen Scheunenluke vorreifen.

Zur Herstellung wird grundsätzlich nur schlachtwarmes Fleisch verarbeitet; das Rohwurstbrät muß spätestens 5 h nach der Schlachtung gefüllt werden. Als Wursthülle dient die Kalbsblase oder eine genähte Schmerhaut (Flomenhaut), Schweineblasen haben sich nicht bewährt. Eine ordnungsgemäße Reifung der Feldkieker ist nur gewährleistet, wenn das Brät ausschließlich aus schlachtwarmem Schweinefleisch hergestellt wird. Zusätze von gereiftem Kaltfleisch (zugekauftes Rind- oder Schweinefleisch) mit tiefen pH-Werten führten in der Regel zu Fehlproduktionen.

Für die Herstellung von Feldkiekern soll nur Fleisch von gut ausgemästeten Schweinen mit festem Speck verwendet werden. Fleisch von schnell gemästeten Schweinen oder Fleisch mit Qualitätsmängeln (PSE) kann nicht erfolgreich verarbeitet werden. Die Rohwurstherstellung mit schlachtwarmem Fleisch ist wegen des hohen pH-Wertes und der geringen Menge des löslichen Eiweißes sehr schwierig. Sie hat aber ein typisches Aroma, das sie in vielen Merkmalen von einer aus Kaltfleisch hergestellten Rohwurst unterscheidet.

Zusammensetzung in kg:
Schweinefleisch, mager   4,0
Schweinefleisch, durch-
wachsen, oder durchwach-
senes Bauchfleisch   3,0
Speck, fest   3,0

Gewürze in g:
Nitritpökelsalz   230
Pfeffer, weiß   30
Die Körnung beträgt 3...5 mm.

Fließen

Fließen sind Preßrohwürste mit einer genähten Umhüllung. Als Material für die Hülle wird die Flomenhaut (Serosa) verwendet, die vorsichtig abzuziehen und anschließend mit Zwirn zu einem Säckchen zusammenzunähen ist. Das Säckchen soll etwa 600...800 g Brät fassen.

Fließen sind eine territoriale Spezialität des Dessauer Raumes.

Zusammensetzung in kg:
Schweinefleisch, mager   6,0
Schweinefleisch,
durchwachsen   4,0

Gewürze in g:
Nitritpökelsalz   230
Weißzucker   50
Pfeffer, schwarz, gemahlen   30
Pfeffer, schwarz, ganze Körner 10
Knoblauch   1/2 kleine Zehe

Das mit der 3-mm-Wolfscheibe zerkleinerte Brät wird vorsichtig in die genähten Säckchen gefüllt. Nach dem Zubinden sind die Säckchen zwischen zwei Brettern unter mäßigem Druck zu pressen. Zuvor empfiehlt es sich, die Säckchen mehrmals mit einer Nähnadel anzustechen, damit die Luft entweichen kann. Die Säckchen werden bei etwa 20 °C 24 h gepreßt und anschließend geräuchert. Zur Beschleunigung der Reifung können dem Brät Starterkulturen zugemischt werden.

7.7. Rohwurstfehler

Kernfäulnis, Innenfäulnis

Eine Kernfäulnis ist oft mit starken Schrumpfungen der Hülle verbunden, die sich in manchen Fällen auch vom Wurstgut löst. Beim Anschneiden fallen sofort Unterschiede in der Färbung und der Konsistenz auf. Der Rand ist in der Regel umgerötet (manchmal nur wenige Millimeter) und schnittfest, während der Kern nicht oder nur mangelhaft umgerötet, grau bis graugrün verfärbt und nicht schnittfest ist. Unter der Hülle befindet sich ein harter abgebundener Rand, der manchmal gelblich gefärbt ist und ranzig riecht. Bei älteren Würsten mit Kernfäulnis ist der Wurstkern fast immer gerissen und oft mit Schimmelpilzen durchsetzt. Geruch und Geschmack sind nicht arteigen, sondern kratzend und bei älteren Würsten ranzig. Bei der bakteriologischen Untersuchung läßt sich eine für gereifte Rohwurst untypische Keimflora feststellen, die meist nur aus aeroben Sporenbildnern und Mikrokokken besteht. Der pH-Wert liegt im Rand unter 5,3 und im Kern immer über 5,3. Dieser pH-Wert-Unterschied ist für Kernfäulnis typisch. Die Ursache liegt in einem Trocknungsfehler in der ersten Phase der Reifung (s. auch unter 7.2.1.).

Die Entstehung des Fehlers ist äußerlich nicht wahrnehmbar und zeigt sich erst nach Tagen oder Wochen. Eine Nachbesserung ist in keinem Stadium möglich. Rohwürste sind daher in den ersten Wochen der Reifung laufend zu kontrollieren. Zeigen sich Fehler, ist die Rohwurst schnell zu verbrauchen, solange die Geruchs- und Geschmacksabweichungen den Verzehr zulassen.

Gesamtfäulnis

Eine Gesamtfäulnis ist im Gegensatz zur Innenfäulnis von außen leichter wahrnehmbar. In der Regel rötet die Wurst in der entsprechenden Zeit nicht um, und die Schnittfestigkeit tritt nicht ein. Im Reifungsraum verbreitet sich nach und nach ein abweichender zunächst säuerlicher, später fauliger Geruch. Die ersten Erscheinungen sind je nach Reifungstemperatur meist schon nach wenigen Tagen wahrnehmbar. Das Schnittbild zeigt eine einheitliche graue Farbe und erscheint feucht. Der pH-Wert liegt bei etwa 6,0. Bei der bakteriologischen Untersuchung werden vorwiegend Enterobakterien, Pseudomonasarten, Hefen, Staphylokokken und aerobe Sporenbildner, aber kaum Milchsäurebakterien gefunden. Die ursprünglich im Brät vorhandenen Bakterienarten haben sich nicht differenziert, sondern gleichmäßig entwickelt. Es liegt eine bakteriell bedingte Reifungsstörung vor. Dazu kann es aus folgenden Gründen kommen:

- Das Bakteriengleichgewicht ist durch Verwendung von mikrobiologisch stark belastetem Fleisch gestört, z. B. bei Verwendung von überaltertem zugekauftem oder unhygienisch gewonnenem Fleisch.
- Wegen des Mangels an Nährstoffen, insbesondere an Kohlenhydraten (Muskelzucker), können sich trotz einer normalen Keimzahl die erwünschten Milchsäurebakterien nicht entwickeln.
- Es wurde hemmstoffhaltiges Fleisch verwendet.
- Es wurde DFD-Fleisch verwendet, das mangelhaft säuert.

Die häufigsten Ursachen einer Gesamtfäulnis sind die Verwendung nicht geeigneten Fleisches und eine Nährstoffverarmung. Beim Zukauf von Handelsfleisch ist besonders darauf zu achten, daß es keinen Altgeruch aufweist oder einen klebrigen Belag auf der Oberfläche hat. Auch auf DFD-Fleisch ist beim Zukauf von Rindfleisch zu achten.

Auf jeden Fall muß eine ausreichende Nährstoffzugabe (Zucker) erfolgen. Hemmstoffhaltiges Fleisch ist in den wenigsten Fällen die Ursache der Gesamtfäulnis. Diese Ursache läßt sich durch eine Laboruntersuchung sicher ermitteln.
Auch bei der Gesamtfäulnis ist eine Nachbesserung nicht mehr möglich. Im Augenblick der Wahrnehmung sind schon solche Abweichungen in bakteriologischer und stofflicher Hinsicht vorhanden, daß eine Verhinderung oder Verzögerung des Verderbs nicht mehr möglich ist.

Schrumpfung und Faltenbildung der Hülle

Die Rohwürste zeigen nach dem Räuchern erste Schrumpfungserscheinungen und Längsfaltenbildungen, die sich im Verlaufe der weiteren Reifung noch verstärken. Die Wursthülle ist daher fest mit der Masse verbunden. Im Anschnitt sind diese Rohwürste im Gegensatz zur Innenfäulnis durchgerötet. Mit der Zeit bilden sich im Wurstkern Spalten, die oft mit Grau- und Grünschimmelpilzen bewachsen sind.

Es handelt sich bei diesem Fehler um eine zu schnelle Wasserabgabe des Bräts in der ersten Phase der Reifung. Durch eine zu niedrige relative Luftfeuchte im Reiferaum oder durch zu hohe Rauchtemperaturen oder zu trockenen Rauch kommt es bereits zu Eiweißdenaturierungen der Randschicht, bevor sich durch die pH-Wert-Senkung eine Waben- und Kapillarstruktur im Brät aufgebaut hat. Durch die dann anschließende pH-Wert-Senkung verdichtet sich das Brät insgesamt. Da aber nun zwischen Randzone und Kernzone unterschiedliche Brätverdichtungen und ein unterschiedlicher Wassergehalt vorhanden sind, kommt es zu Spannungen, die durch Faltenbildungen zunächst ausgeglichen werden. Später kommt es dann zu Zerreißungen im Brät (Spaltenbildung). Durch folgende Maßnahmen läßt sich der Fehler vermeiden:

- Füllen mit mäßigem Förderdruck,
- Gewährleistung einer relativen Luftfeuchte von über 95 % bis zur pH-Wert-Senkung und Schnittfestigkeit,
- Feuchthalten von warmem Rauch (anfangs so feucht wie möglich),
- Absenken der relativen Luftfeuchte und Verwendung von trockenem Rauch erst nach Erreichen der Schnittfestigkeit.

Zeigen Rohwürste nach dem Räuchern erste Anzeichen der Faltenbildung, sind sie alsbald aufzubrauchen; solche Rohwürste sind nicht lagerfähig. Der anfangs noch nicht abweichende Geschmack ändert sich sehr rasch. Die Wurst wird, insbesondere zum Zeitpunkt der Spaltenbildung, oft ranzig.

Farbfehler

Farbfehler werden im allgemeinen unterteilt in *Randvergrauung, Kernvergrauung* und *Totalvergrauung*.
Während Kernvergrauung (bei Innenfäulnis) und Totalvergrauung (bei Gesamtfäulnis) mit bakteriell bedingten Reifungsstörungen einhergehen, hat die Randvergrauung mehrere Ursachen.

Randvergrauung. Dieser Fehler ist auch ohne Anschneiden deutlich sichtbar. Die Rohwurst, die äußerlich glatt und ohne Fehler erscheint, hat einen grauen bis graugrünen Farbton. Beim Anschneiden ist ein meist 0,5...1 cm breiter Rand mit einer grauen bis graugrünen Farbe deutlich erkennbar.

Die graue Farbe wird durch die Bildung von Metmyoglobin bewirkt. Nitrit ist vorhanden und wurde auch abgebaut. Dieser Abbau läuft zum Teil über eine Metmyoglobinbildung. Auch bei normal und gut umgeröteten Rohwürsten ist immer ein bestimmter Anteil Metmyoglobin vorhanden, der aber durch das Pökelrot (Nitrosomyoglobin) farblich überdeckt wird. Bei der Randvergrauung dominiert das Metmyoglobin und überdeckt seinerseits das Pökelrot. Der genaue Ablauf ist nicht vollständig bekannt. Metmyoglobin wird aber bevorzugt gebildet, wenn sehr viel Sauerstoff zur Verfügung steht oder wenn starke Temperaturschwankungen, insbesondere Temperaturen < 5 °C, auf die Rohwurst zur Zeit der Pökelrotbildung oder auf das noch nicht gefestigte, junge Pökelrot einwirken.

Es sind deshalb alle Maßnahmen einzuhalten, die zu einer optimalen Umrötung führen. Insbesondere sind während der ersten Phase der Reifung Luftbewegungen und starke Temperaturschwankungen zu vermeiden. Auch nach der Umrötung soll die Rohwurst in einen nicht zu kalten Nachreiferaum gebracht werden. Erst wenn das Pökelrot gealtert ist und sich das stabile Nitrosomyochromogen gebildet hat, ist die Rohwurst gegenüber tiefen Temperaturen unempfindlich geworden. Sie verträgt dann sogar ein Gefrieren.

Die Randvergrauung hat keinen Einfluß auf den Reifungsablauf oder die Aromabildung; sie ist ein Schönheitsfehler. Eine Nachbesserung ist manchmal durch Einlegen in eine warme 5%ige Pökelsalzlösung möglich, sollte aber unterbleiben, da sich dabei unnötig viel Restnitrit anreichern kann.

Totalvergrauung. Dieser Fehler geht mit einer Gesamtfäulnis einher. In seltenen Fällen kommt es zur Totalvergrauung, wenn statt Pökelsalz irrtümlicherweise Kochsalz verwendet wurde.

Beschlagen, Verhefung, Verpilzung

Diese Fehler treten bei zu hoher Luftfeuchte während der Nachreifung auf.

Das *Beschlagen* äußert sich in einer feuchten, klebrigen Oberfläche, die *Verhefung* in einem feuchten oder trockenen rein weißen Belag und das *Verschimmeln* in einem grauen, grünen oder schwarzen Belag.

Alle drei Fehler sind auf zu hohe Luftfeuchte zurückzuführen. In Einzelfällen kann es in der ersten Phase der Reifung schon zu einem feuchten, klebrigen Beschlagen kommen, und zwar dann, wenn die erste Phase bei einer relativen Luftfeuchte von etwa 90% nicht zügig durchgeführt wird, in der Regel also bei zu niedrigen Temperaturen. Verhefen und Verschimmeln treten meist erst bei der Nachreifung auf, und zwar bei relativen Luftfeuchten > 80%. Eine Verhinderung ist durch Überwachung der Luftfeuchte im Reiferaum möglich. Im Nachreiferaum soll eine leichte Luftbewegung herrschen; allerdings ist Zugluft zu vermeiden.

Hefebeschlag kann durch Abwaschen beseitigt werden. Die anschließende Trocknung und Nachreifung bei relativen Luftfeuchten < 80% verhüten eine Wiederverhefung.

Etwas ungünstiger ist die Nachbesserung beim Verschimmeln. Zunächst ist durch laufende Kontrolle darauf zu achten, daß sich die Schimmelpilze nicht über die ganze Wurstoberfläche ausbreiten. Der Befall mit Schimmelpilzen ist nicht nur ein Schönheitsfehler, sondern er kann auch zu Gesundheitsschädigungen führen, da einige Schimmelpilze Mykotoxine (Pilzgifte) bilden. In jedem Fall beeinträchtigen Schimmelpilze das Aroma negativ; die Stoffwechselprodukte sind eiweiß- und fettabbauend. Der weiße Edelschimmelpilz bildet dagegen kein Mykotoxin. Die durch seine Stoffwechselprodukte erzielte Aromaveränderung ist erwünscht. Dieser weiße Schimmelpilz ist in unseren klimatischen Bedingungen nicht heimisch; er muß in einem komplizierten Verfahren künstlich aufgetragen werden.

Wird bei der laufenden Kontrolle der Nachreifung von Rohwurst ein erstes Anzeichen des Verschimmelns (Grau- oder Grünschimmelpilze) gefunden, sind die Würste vom

Schimmelpilzrasen zu befreien. Eine Reinigung mit Wasser ist vorzuziehen, da bei der Trockenreinigung Schimmelpilzsporen in die Luft geraten und eingeatmet werden können. Durch die Reinigung in warmem Wasser wird keine dauerhafte Verhinderung erreicht; die Schimmelpilzsporen werden durch das Wasser sogar noch über die gesamte Oberfläche verteilt. Es kommt nun darauf an, das Auskeimen der Sporen zu verhindern. Das kann nur erreicht werden, wenn die relative Luftfeuchte im Nachreiferaum sofort auf unter 70 % abgesenkt wird.
Stark verschimmelte Würste sollten wegen der Gefahr einer Gesundheitsschädigung nicht mehr verzehrt werden. Sie sind genußuntauglich!

Überstürzte Säuerung

Die Rohwurst kann hierbei verschiedene Farbfehler aufweisen. Selten bleibt sie insgesamt grau. Häufig ist beim Anschnitt eine Umrötung zu beobachten. Dieses Pökelrot ist aber instabil und wird nach wenigen Minuten grau. Das Pökelrot oxidiert, und es bildet sich Metmyoglobin. Dieser Farbfehler geht nicht mit Reifungsstörungen einher; die Rohwurst ist schnittfest und aromatisiert. Die Ursache dieses Fehlers, der als Schönheitsfehler anzusprechen ist, liegt in einem zu schnellen Absinken des pH-Wertes. Bei unkontrolliert hoher Zuckerzugabe und Temperaturen $> 20\,°C$ kann er ebenfalls auftreten. Der Fehler ist durch genaues Wägen der Zuckermenge zu verhindern. Auch ist eine Nachbesserung möglich. Durch längeres Abhängen stabilisiert sich das Pökelrot, und es entsteht Nitrosomyochromogen.

Geruchs- und Geschmacksabweichungen

Bei der Rohwurst sind äußerlich, in der Konsistenz und hinsichtlich der Umrötung keine Fehler festzustellen. Beim Anschneiden und Verkosten werden Abweichungen im Aroma festgestellt, ohne daß Abweichungen bei der Verarbeitung des Fleisches (Fisch- oder Ebergeruch) ermittelt wurden. Die Geruchsabweichungen verschwinden häufig nach einigen Minuten, während eine mäßige Geschmacksabweichung (kratzend, leicht alt, leicht faulig) noch zu bemerken ist.
Dieser Fehler tritt häufig bei Verwendung von Handelsfleisch auf, und zwar dann, wenn dieses Fleisch entweder länger im Kühlraum aufbewahrt wurde oder eine Kontamination mit bestimmten Bakterien *(Bacterium proteus)* aufweist. *Proteus*bakterien, die auf Handelsfleisch nicht selten anzutreffen sind, wachsen sehr schnell und haben einen vorwiegend eiweißabbauenden Stoffwechsel. Die Verdrängung dieser Bakterien während der Bakteriendifferenzierung in der ersten Phase der Reifung ist langwierig, da sie niedrige pH-Werte vertragen. *Proteus*bakterien werden schließlich zwar auch verdrängt, können aber in ihrer Wachstumsphase schon deutliche Spuren des Eiweißabbaus hinterlassen, die sich in einem unsauberen, leicht fauligen Geruch und Geschmack bemerkbar machen. Es darf also nur Fleisch, das frisch riecht und keinen klebrigen Belag aufweist, verarbeitet werden.
Dieser Fehler ist in den letzten Jahren in zunehmendem Maße zu beobachten.
Eine Nachbesserung ist hier möglich. Durch längere Lagerung verschwindet die Geruchs- und Geschmacksabweichung häufig. Eine laufende Kontrolle ist allerdings erforderlich.

8. KOCHWURST

Kochwürste werden weitgehend aus gekochtem Ausgangsmaterial hergestellt und nach Abfüllung in Därme oder Dosen nochmals wärmebehandelt. Je nach Wurstart werden bestimmte Ausgangsrohstoffe roh zugesetzt, z. B. Leber und Blut.
Im Gegensatz zu Brühwürsten sind Kochwürste nur im erkalteten Zustand schnittfest. Bei Erwärmung zerfallen sie in ihre Ausgangsbestandteile.
Bei Kochwürsten unterscheidet man die drei Gruppen *Leberwürste, Blutwürste* sowie *Sülzwürste*.

- *Leberwürste* sind Kochwürste, deren Konsistenz und Streichfähigkeit auf einer Fett-Eiweiß-Emulsion beruht.
- *Blutwürste* sind Kochwürste, deren Konsistenz und Schnittfestigkeit durch kollagenhaltiges Bindegewebe und koaguliertes Blut hervorgerufen wird. Blutwürste bestehen vorwiegend aus Blut, Fettgewebe, gelierenden Substanzen (Schwarten u. ä.) sowie aus Innereien und Magerfleisch.
- *Sülzwürste* sind Kochwürste, deren Konsistenz und Schnittfestigkeit durch gelierende Substanzen (Gelatine oder Schwartenbrei) bewirkt wird. In die Gelatine sind je nach Sorte Fettgewebe und Fleischbestandteile (Magerfleisch) eingelagert.

8.1. Leberwurstherstellung

Leberwurst ist nach Rohwurst die bei Hausschlachtungen am häufigsten hergestellte Wurstart. Das ist einmal dadurch begründet, daß für Leberwurst gerade die Fleisch- und Fetteile des Schlachtkörpers verarbeitet werden können, die zur Herstellung anderer Produkte (Rohwurst, Schinken usw.) nicht gut geeignet sind, z. B. Schwarten, bindegewebige Teile, Fettabschnitte und Organe. Zum anderen läßt sich Leberwurst durch vielfältige Variationsmöglichkeiten der Rezeptur und der Würzung mit individuell abgestimmtem Geschmack herstellen.
Leberwurst eignet sich auch sehr gut zur Herstellung im Haushalt. Zum Füllen sind nicht unbedingt Därme notwendig; Leberwurst läßt sich auch gut in Dosen abfüllen und hitzebehandeln.

Rolle der Leber bei der Herstellung. In hygienischer und technologischer Hinsicht hat die Leber bestimmte Eigenschaften, die der Hausschlächter kennen muß.
Die Leber gehört zu den Schlachtkörperteilen, die besonders verderbgefährdet sind. Mit roher Leber hergestellte Leberwurst wird besonders durch einen bakteriell bedingten Verderb gefährdet. Das beruht auf folgenden Eigenschaften:

- hoher Anteil an wasserlöslichen Eiweißbestandteilen,
- hoher pH-Wert (auch bei guter Fleischreifung),
- Funktion im Stoffwechsel als Filter- und Entgiftungsorgan,
- Funktion als Speicherorgan für Kohlenhydrate (Zucker),
- reduzierende Eigenschaften.

Damit ist die Leber ein für Bakterien optimales Nährmedium. Die Eigenschaft der Leber zur Reduzierung von Luftsauerstoff hat besonders für das Eindosen von Leberwurst Bedeutung. Bei dieser Konservierungsart wird Luft aus der Dose entfernt und ein Vakuum erzeugt. Die durch das Kochen nicht verdrängte geringe Luftmenge wird von den

Leberbestandteilen gebunden, also reduziert. Dadurch entstehen anaerobe (sauerstofffreie) Verhältnisse, die bestimmten Bakterienarten, den Clostridien, die nur anaerob wachsen können, gute Bedingungen für das Wachstum schaffen. Clostridien sind nicht nur Bakterien, die ein Verderben der Wurst einleiten können, sondern einige Clostridienarten gehören auch zu den Erregern von Lebensmittelvergiftungen. Da sie Sporen bilden, sind sie durch Kochen nicht völlig zu vernichten.
Das Wachstum der Clostridien kann durch ständige Kühllagerung der Dosen (8...10 °C) unterdrückt werden.
Die Leber hat aber auch eine Besonderheit in verarbeitungstechnologischer Hinsicht; sie bildet Emulsionen.
Die produkttypische Streichfähigkeit der Leberwurst wird, ähnlich wie bei streichfähiger Rohwurst, durch das Fettgewebe ermöglicht. Das Fett muß aber dabei in bestimmter Weise verarbeitet worden sein, d. h., Fett, Wasser und Eiweiß (Fleischteile) müssen in möglichst fein verteilter Form vorliegen und eine Emulsion bilden. Das Fett wird durch das Kochen und das anschließende Zerkleinern im Wolf geschmolzen und liegt in Form feiner Fetttröpfchen vor. Diese Fetttröpfchen haben das Bestreben, sich wieder zu einer größeren Einheit zusammenzuschließen (Fettrand). Das wird verhindert, wenn sich im noch heißen Zustand um die Fetttröpfchen eine Eiweißhülle bildet. Verbindungen, die eine solche Eiweißhülle bilden können, nennt man Emulgatoren. Die Leber enthält solche Stoffe. Sie sind allerdings wärmeempfindlich und werden bei Temperaturen > 65 °C inaktiviert. Deshalb wird Leber nur roh zugesetzt.
Die Rolle des Fettes bei der Leberwurstherstellung. Kochstreichwürste, also auch Leberwürste, sollen, wie es der Name beschreibt, im erkalteten Zustand streichfähig sein. Die feinstzerkleinerten Bestandteile der Leberwurst, Fleisch, Leber und Bindegewebe, müssen demnach eine bestimmte Verschiebbarkeit aufweisen und dürfen nicht fest koaguliert sein. Die Verschiebbarkeit dieser Elemente gewährleistet das Fett, sofern es in einer bestimmten Verteilung (Emulsion) und in einer bestimmten Menge vorhanden ist. Der für Leberwurst optimale Fettzusatz schwankt im Bereich von 20...60 %. Liegt er darüber oder darunter, treten allerdings deutliche Qualitätsmängel auf. Eine fettarme Leberwurst mit weniger als 20 % Fett läßt sich ohne deutlichen Qualitätsabfall nicht herstellen. Sie verliert ihre Streichfähigkeit und wird trocken und krümelig. Eine fettarme Leberwurst im Darm wird schnell unansehnlich. Durch Austrocknung der äußeren Schicht entsteht ein trockener, grauer Rand. Ein fein verteilter Fettanteil verhindert dagegen die Wasserabgabe, und eine solche Leberwurst bleibt auch bei längerer Lagerung im Darm ohne Abweichungen. Fett soll so frisch wie möglich verarbeitet werden. Es ist ein wichtiger Aromaträger in der Leberwurst. Altes Fett beeinflußt den Geschmack negativ. Dagegen ist es gleichgültig, ob das zugesetzte Fett «weich» oder «kernig» ist.
Leberwurst ist ein Drei-Komponenten-System, das aus

- Fettgewebe
- Leber und
- Fleisch

besteht. Diese drei Komponenten müssen in einem bestimmten Verhältnis zueinander eingesetzt werden, um Fehlproduktionen zu vermeiden. Eine Leberwurst mit einem Fettanteil unter 20 % sollte nicht hergestellt werden.
Bei einem Fettanteil von 20...40 % soll die zugesetzte Lebermenge 10...25 % betragen, um eine stabile Emulsion zu erhalten. Bei Fettanteilen zwischen 40 % und 50 % muß der Leberzusatz auf 25...40 % erhöht werden.
Im Interesse einer stabilen Emulsion gelten zwei Faustregeln:

- Je höher der Fettanteil ist, desto höher muß der Leberanteil sein.
- Der Fettanteil soll nicht unter 20 % und nicht über 60 % liegen.

Innerhalb dieser Grenzen hat der Hersteller mannigfache Variationsmöglichkeiten bei der Zusammenstellung seiner Rezepturen.

Herstellungsverfahren

In kaum einem anderen Bereich der Wurstproduktion gibt es eine größere Meinungsvielfalt über die richtigen Herstellungsverfahren wie bei der Leberwurstproduktion.
Es gibt Empfehlungen, die Leber nur schlachtwarm zu verarbeiten. Andererseits wird ein Anbrühen der Leber als optimales Verfahren vorgeschlagen. Hinsichtlich der Vorgarung von Fleisch und Fett reichen die Meinungen vom völligen Durchkochen des Rohstoffs bis zur Verwendung von «im Kern noch rohem» Fleisch und Fett. Wichtig ist, daß neben der Einhaltung eines bestimmten Verhältnisses von *Fett, Leber* und *Fleisch* auch die Temperaturführung während der gesamten Herstellung eine entscheidende Rolle für die Qualität des Endprodukts spielt.
Für die Verarbeitungsfähigkeit und Konsistenz des Endprodukts ist es gleichgültig, ob schlachtwarme, vorgesalzene, kühlgelagerte oder Gefrierleber verarbeitet wird.
Wichtig ist in jedem Fall, daß nicht nur die Gallenblase, sondern auch die großen Gallengänge und die großen Gefäße so bald wie möglich herausgelöst werden. Wird das nicht befolgt, kommt es zum «Bittergeschmack» in der fertigen Wurst. Der Tropfsaft bei länger lagernden Lebern ist nicht mitzuverarbeiten. Vor der Verarbeitung sind die Lebern abzuspülen.
Zugekaufte Rinderleber oder dunkle Sauenleber ist sorgfältig auszuputzen, in Streifen zu schneiden und anschließend in fließendem kaltem Wasser kurzzeitig zu wässern.
Das für hausschlachtene Produkte typische frische Aroma der Leberwurst kann aber nur durch Verarbeitung schlachtfrischer Leber erreicht werden.
Vor dem Garen soll das Fleisch in fließendem Wasser gut gespült werden. Lunge, Leber, Kopf und Halsstücke vertragen ein langes Wässern. Fett mit Schwarte ist auf Borstenreste zu überprüfen. Beim Geschlinge ist vor dem Einlegen zu kontrollieren, ob die Speiseröhre voll aufgeschnitten und von Futterresten gesäubert wurde. Das Herz muß von Blutgerinnseln befreit werden. Zum Garen werden die gereinigten und gewässerten Teile in einer bestimmten Reihenfolge in den Kessel gelegt. Zunächst kommen die Köpfe mit der Knochenseite nach unten, danach kommen die Fleischstücke und zum Schluß die Fettanteile mit der Schwarte nach unten; so läßt sich die Schwarte besser abziehen. Wird vor dem Garen entschwartet, kommt der Schwartenanteil in einem Kochnetz mit in den Kessel.
Von entscheidender Bedeutung ist aber die Temperaturführung beim Garen und Mengen. Fleisch, Fettgewebe und Organe müssen vollständig durchgegart sein. Das ist eine wesentliche Voraussetzung für die Haltbarkeit der Kochwurst, insbesondere beim Eindosen. Im Kern noch rohes Ausgangsmaterial führt mit Sicherheit zu Fehlproduktionen. Es ist aber gleichfalls darauf zu achten, daß die Energiezufuhr beim Garen nicht zu stark ist, da sonst das Fett auskocht und sich im Kochwasser sammelt. Das Wasser soll nur leicht aufwallen.
Nach der Garung müssen Fleisch und Fett heiß zerkleinert werden. Die Zugabe der zerkleinerten rohen Leber hat sofort nach dem Zerkleinern der Fleisch-Fett-Masse zu erfolgen, sonst sinkt die Temperatur in der Masse ab. Beim Zumengen der Leber muß die Masse so warm sein, daß man gerade noch mit den Händen mengen kann. Bei nur mäßig warmem Brät ist eine ordnungsgemäße Emulgierung des Fettes nicht mehr gewährleistet, da Teile des Fettes schon zu erstarren beginnen.

Eine Zugabe von Kesselbrühe kann etwa in Höhe des Garverlustes von 10...15 % erfolgen. Zuviel Kesselbrühe führt zum Geleeabsetzen.

Die Zugabe von Salz und Gewürzen erfolgt beim Mengen. Gefüllt werden die Naturdärme entweder mit der Handfüllmaschine, oder es wird mit dem Handtrichter, auch Handhörnchen genannt, gearbeitet. Durch Abstreichen mit der Hand sind vor dem Füllen alle Wasserreste aus dem Darm sorgfältig zu entfernen. Gefüllt wird locker, da Kochwurstmasse einen Dehnraum benötigt.

Auf die Temperaturführung beim Garen der Würste ist besonders zu achten. Beim Einlegen in den Kessel darf das Wasser zwar leicht aufwallen, doch soll die Temperatur des Kesselwassers während des Garens nur zwischen 80 °C und 90 °C liegen.

Die Garzeit der Leberwürste richtet sich nach dem Darmkaliber. Je 1 mm Darmkaliber rechnet man ungefähr 1 min Garzeit bei 80 °C.

Darmkaliber in mm	Garzeit in min
35	30...35
45	40...45
55	50...55
65	70...75

Nach dem Garen taucht man die Würste nochmals kurz in kochendes Wasser, um anhaftendes Fett zu entfernen. Anschließend werden die Würste in fließendem kaltem Wasser unter mehrmaligem Wenden vollständig durchgekühlt.

Insgesamt muß die Leberwurstherstellung zügig ablaufen. Auf keinen Fall darf die Masse längere Zeit stehen, auch nicht, wenn sie schon in Därme oder Dosen abgefüllt ist.

Wenn stark keimhaltiges Material verarbeitet wurde, genügen oft wenige Stunden Standzeit, um die Leberwurstmasse ungenießbar zu machen. In extremen Fällen geht die Masse «hoch» wie Hefeteig. Das ist dann der Fall, wenn durch Bakterienvermehrung Gas gebildet wird. Kommt es bereits vor dem Garen der Würste zu solchen Veränderungen, ist dringend vor der Weiterverarbeitung der Leberwurstmasse zu warnen. Durch das Kochen werden vegetative Bakterienformen zwar abgetötet, doch ihre Sporen überleben in jedem Fall die Gartemperaturen. Einmal eingetretene Geschmacksveränderungen werden auch durch Erhitzung nicht gebessert.

Die *Farbe der Leberwurst* ist weitgehend von der Rezeptur und der Behandlung der Leber abhängig. Je fetthaltiger und feiner die Emulsion ist, desto heller ist die Färbung. Eine dunklere Farbe entsteht durch das Vorsalzen der Leber. Die bei einigen Leberwurstsorten gewünschte rötliche Färbung stammt vom Einsatz von Nitritpökelsalz. In der Regel wird dabei die Leber mit Pökelsalz vorgesalzen. Bei Hausschlachtungen oder bei sonstigen Kleinproduktionen sollte man bei Kochwürsten auf die Zugabe von Nitritpökelsalz verzichten. Bei der Leberwurstherstellung besteht keine Notwendigkeit, Nitritpökelsalz zu verwenden.

Geruch und Geschmack der Leberwurst werden sowohl von der Rezeptur als auch von der Gewürzzusammenstellung bestimmt. Letztere läßt einen großen Spielraum zu (s. auch unter 8.5.1.).

8.2. Blutwurstherstellung

Blutwürste gehören zu den traditionellen Hausschlachteprodukten. Auch hier gibt es mannigfache Variationsmöglichkeiten der Rezepturgestaltung und insbesondere der Würzung, so daß jede Produktion eine andere individuelle Note aufweisen kann. Blutwürste werden vorwiegend in weite oder enge Naturdärme gefüllt und danach geräuchert. Sie können aber auch in der Dose aufbewahrt werden. Für den Frischverzehr sind besonders im Thüringer Gebiet Tiegelblutwürste, gebacken oder gebraten, bekannt, während im norddeutschen Raum für den Frischverzehr das Blut mit Grütze oder Graupen vermischt wird. Eine Herstellung von Blut- oder Rotwürsten ist auch in der Hobbyküche möglich und zu empfehlen.

Blut ist ein hochwertiger Eiweißträger und hat die ernährungsphysiologischen Eigenschaften von Fleisch. Es wird deswegen auch als flüssiges Fleisch bezeichnet. Blut ist außerdem sehr preiswert und wird gegenwärtig noch nicht einmal zu 10 % in der menschlichen Ernährung genutzt.

Die Herstellung von Blutwurst oder Bluttiegelbraten ist nicht unbedingt an eine Hausschlachtung gebunden. Stabilisiertes Vollblut ist über Fleischereien zu beziehen.

Die Rolle des Blutes bei der Blutwurstherstellung. Das Blut hat ebenso wie die Leber in hygienischer und verarbeitungstechnologischer Hinsicht einige Besonderheiten, die, um Fehlproduktionen zu vermeiden, beachtet werden sollten.

In hygienischer Hinsicht ist Blut ein leichtverderbliches Lebensmittel. Das beruht auf seiner stofflichen Zusammensetzung. Es ist ein idealer Nährboden für Bakterien und muß stets sehr kühl (4...5 °C) gelagert werden. Es ist auch bei einer Kühllagerung höchstens 48 h aufzubewahren. Die in der Fleischindustrie zur längeren Aufbewahrung üblichen Verfahren, wie Hochsalzung mit Kochsalz oder Pökelsalz, Einfrieren usw., sind für Hausschlachtungen und Kleinproduktionen nicht zu empfehlen.

Die Haltbarkeit einer ordnungsgemäß erhitzten und anschließend geräucherten Blut- oder Rotwurst ist dagegen gut. Blutwurst im Naturdarm verliert durch Brühen und durch Verdunstung relativ leicht Wasser, der a_w-Wert sinkt (s. auch unter 7.1.), wobei sich die Haltbarkeit erhöht.

Die Herstellung von Blutwurst in Dosen unterliegt bei der Hausschlachtung den gleichen Bedingungen wie die Herstellung von Leberwurst in Dosen. Hier sind neben der ordnungsgemäßen Erhitzung vor allem Lagertemperatur und -zeit für die Haltbarkeit ausschlaggebend.

Die Einarbeitung von Blut bewirkt eine *spezifische Färbung,* eine *besondere Konsistenz* und ein *typisches Aroma.*

Die verschiedenen Blutfarben beruhen auf der Fähigkeit des Eisenanteils im Blut, sehr schnell mit z. B. Kohlendioxid, Sauerstoff, Schwefelwasserstoff und Nitroverbindungen zu reagieren.

Dunkelrotes Blut kann durch starkes Rühren und damit verbundenes Einschlagen von Sauerstoff zu einem hellen Oxihämoglobin umgewandelt werden. Manche Hersteller empfehlen deshalb zur Erzielung einer helleren Farbe ein kräftiges Schlagen der Blutwurstmasse.

Durch Hitzekoagulation wird Blut grau bis grauschwarz. Diese Färbung beruht insbesondere auf der Anlagerung von Schwefelverbindungen und Kohlendioxid.'

Wird ein weinrotes, leuchtendes Schnittbild gewünscht, muß das Blut mit Nitritpökelsalz versetzt werden und vor der Verarbeitung 24 h stehenbleiben. Der Zusatz von Nitritpökelsalz ist technologisch nicht notwendig. Pökelsalz bewirkt lediglich die Farbveränderung.

Die Konsistenz (besonders die Schnittfestigkeit) der Blutwurst wird durch die Hitzekoagulation des Blutes und durch den Schwartenzusatz bewirkt. Blut und Schwarten müssen deshalb in einem bestimmten Verhältnis vorhanden sein. Zu viel Blut bewirkt eine mehr krümelige Konsistenz, während zu viele Schwarten eine gummiartige Beschaffenheit hervorrufen. Blut und Schwarten sollen etwa in gleichen Anteilen eingesetzt werden.

Herstellungsverfahren

Für die Vorbehandlung des Ausgangsmaterials (Wässern und Garen) gilt das, was bei der Herstellung von Leberwurst beschrieben wurde. Die Schwarten sind nicht zu weich zu garen, sie müssen nach dem Brühen noch «griffig» sein. Das gegarte Ausgangsmaterial ist zu würfeln. Die Schwarten werden mit der kleinsten Lochscheibe gewolft. Unmittelbar nach dem Brühen und Schneiden sind alle Bestandteile mit Kochsalz und Gewürz zu mengen, wobei das etwas angewärmte Blut zugesetzt wird. Auch hier gilt, daß zügig zu arbeiten ist, um eine einwandfreie Bindung zu erhalten.

Gefüllt wird sofort im Anschluß an das Mengen. Daran schließt sich das Garen der Würste im Kessel bzw. das Einkochen der Dosen an. Beides muß ohne Zeitverzug geschehen, damit sich die Masse nicht entmischt und es zu keinem zwischenzeitlichen Wachstum von Bakterien kommen kann. Vor dem Einlegen in den Kessel sind die Würste mit einer dünnen Nadel anzustechen, damit Luft entweichen kann. Blutwürste sind in siedendes Wasser einzubringen. Im weiteren Verlauf der Garung darf das Wasser aber nicht mehr kochen; die Gartemperatur von etwa 90 °C ist einzuhalten. Die Garzeit ist abhängig vom Kaliber. Bevor die Würste aus dem Kessel genommen werden, sind sie nochmals mit einer dünnen Nadel anzustechen. Tritt dabei noch rötlich gefärbter Saft aus, ist die Garzeit zu verlängern. Der austretende Fleischsaft muß klar sein. Nach dem Garen sind die Würste durch kurzes Eintauchen in heißes Wasser zu entfetten.

Räuchern von Kochwurst

Leberwürste, Blut- und Sülzwürste können sowohl ungeräuchert als auch geräuchert verzehrt werden. Bei Hausschlachtungen sollten beide Verfahren gewählt werden, da frische ungeräucherte Kochwürste einen besonderen Eigengeschmack haben. Ungeräucherte Kochwürste müssen aber innerhalb kurzer Zeit (etwa eine Woche) verbraucht werden. Was bis dahin nicht verbraucht wurde, ist zu räuchern.

Kochwürste müssen gut abgetrocknet und durchgekühlt sein, bevor sie geräuchert werden. Die Rauchtemperatur darf nur mäßig warm sein und sollte bei 15...20 °C liegen. Besonders bei Blut- und Sülzwurst führen zu hohe Rauchtemperaturen zu Trennungen der Masse im Kern. Dort beginnen, begünstigt durch die hohen Temperaturen, eiweißabbauende Bakterien (Sporenbildner) auszukeimen und zu wachsen. Im Zusammenhang mit der Kernerweichung durch zu hohe Rauchtemperaturen kommt es dann zur Kernfäulnis. Kochwürste werden bis zum Erreichen der gewünschten Farbe geräuchert. Dann sind sie so kühl wie möglich und trocken aufzubewahren.

8.3. Sülzwurstherstellung

Das Ausgangsmaterial wird genauso vorbereitet wie für Leberwurst und Blutwurst. Grundsätzlich wird bei Sülzwurst ein höherer Anteil an Magerfleisch eingesetzt.

Das gegarte Fleisch wird in Würfel geschnitten, wobei die Kantenlänge etwas größer als bei Blutwurst ist.

In einigen Gegenden wird Sülzwurst auch aus sehr fein zerkleinertem Material hergestellt.

Anschließend werden die mitgegarten Schwarten durch die feine Wolfscheibe gelassen und mit dem gewürfelten Fleisch und entfetteter Brühe vermischt. Der Brüheanteil soll 5...8 % an der Gesamtmasse nicht überschreiten.

Gewürzt wird vorwiegend mit Kochsalz, Pfeffer und Kümmel. Zwiebeln werden mit den Schwarten roh gewolft.

Die Masse soll möglichst heiß gemischt und noch warm gefüllt werden. Gefüllt wird Sülzwurst in Magen, Blase, Kappe und Butte sowie in Dosen. Weite Kaliber werden bevorzugt, da Sülzwurst relativ schnell Wasser verliert und eine im engen Darm hart gewordene Sülzwurst an Saftigkeit und Aroma verliert.
Das Garen der Sülzwurst erfolgt wie bei Rotwurst.
Das Anstechen der Därme vor und während des Garens ist nicht zu empfehlen, da hierbei viel Fett und Fleischsaft verlorengeht. Falls sich Luftblasen gebildet haben, kann während des Abkühlens angestochen werden, wobei dann die Sülzwürste zu wenden sind.
Beim Abkühlen werden die Sülzwürste beschwert.
Sülzwürste werden grundsätzlich kalt geräuchert.

8.4. Herstellung von Kochwurst in Dosen

Das Einkochen von Kochwurst in Dosen ist ein in der Hausschlachtung und im Haushalt übliches Verfahren. Da in die vorhandenen Naturdärme meist Rohwürste abgefüllt werden, ist es notwendig, einen Teil der Kochwurst in Dosen abzufüllen.
Grundsätzlich sind Blech- und Glasdosen gleichgut geeignet. Das Konservieren von Kochwurst in Dosen ist allerdings nicht ohne Risiko. Durch Nichtbeachten einiger Grundsätze ist ein bakterieller Verderb der Kochwurst leicht möglich.
Da die Temperaturen im Kern der Dose nur etwa 95 °C erreichen, werden lebende Keime abgetötet, Sporenformen aber nicht. Bei Verarbeitung von frischem Material und Einhaltung der Verarbeitungshygiene liegt die Anzahl der Sporen günstigenfalls bei 100 Sporen je 1 g Kochwurst; im ungünstigen Fall, bei Verarbeitung von altem Fleisch oder Fett, alten Zwiebeln, überlagerten Gewürzen oder unsauberem Arbeiten kann die Sporenanzahl bis auf 100 000 Sporen je 1 g ansteigen.
Die Kochwurstmasse bietet Bakterien wegen der Nährstoffbereitstellung sowie den günstigen a_w- und pH-Werten gute Bedingungen zum Wachstum. Das Bakterienwachstum, insbesondere das Auskeimen der Sporen, kann bei der eingedosten Kochwurst nur durch tiefe Lagertemperaturen beeinflußt werden. Allerdings können bei Temperaturen um 10 °C einige Sporenarten bereits auskeimen, ihre Vermehrungsgeschwindigkeit ist aber noch gering. Sind infolge unhygienischer Herstellung statt 100 bis 1000 Sporen bereits 100 000 Sporen je 1 g im Wurstgut enthalten, genügt eine geringe Vermehrungsrate, um auch bei diesen Temperaturen ein Verderben innerhalb kurzer Zeit einzuleiten.
Bei der Herstellung von Kochwurst in Dosen sollte auf die beschränkte Lagerdauer von maximal 4 Monaten geachtet werden. Sie verkürzt sich auf 6 bis 8 Wochen, wenn keine ausreichende Kühllagerung (5...10 °C) gewährleistet ist.
Beim Füllen der Dosen ist auf peinliche Sauberkeit zu achten. Die Dosen sind vor der Verwendung gründlich zu reinigen und zu spülen. Spülmittelrückstände sind durch Klarspülen restlos zu beseitigen. Die Dosenränder sind nach dem Füllen zu säubern. Sehr wichtig ist es, unmittelbar nach dem Füllen mit dem Einkochen zu beginnen. Es genügen bei hohen Keimzahlen mitunter einige Stunden Standzeit, um ein bakterielles Verderben der Masse einzuleiten.
Die nach Dosendurchmesser errechnete Erhitzungszeit ist unbedingt einzuhalten. In der Regel soll eine 500-ml-Dose 90 min und eine 1000-ml-Dose 140 min kochen.
Nach dem Abkühlen sind die Glasdosen auf ordnungsgemäßen Verschluß zu prüfen; diese Prüfung sollte auch während der Lagerung regelmäßig durchgeführt werden.
Bei bestimmten Glasdosen (Industriegläser, INKO-Glasdosen) ist bei der Lagerungskontrolle oft schwer zu erkennen, ob eine Glasdose infolge Gasbildung im Füllgut oder

wegen eines Materialfehlers das Vakuum verloren hat, also «aufgegangen» ist. Die bei diesen Glasdosen verwendeten Gummidichtungsringe vulkanisieren beim Erhitzen etwas nach und verkleben den Deckel mit der Glasdose.

Werden folgende Grundbedingungen eingehalten, so können Fehlproduktionen beim Eindosen von Kochwurst vermieden werden:

- kein unnötiges Stehenlassen der gefüllten Dose,
- Verwendung von keimarmem Rohmaterial,
- Beachtung der Verarbeitungshygiene,
- genügende Erhitzungsdauer und ausreichende Gartemperatur,
- Lagertemperaturen um 10 °C,
- Beschränkung der Lagerdauer auf 4 bis 6 Monate.

Füllen der Kochwürste mit dem Handtrichter

Während Rohwürste auch bei Hausschlachtungen heute ausschließlich mit der Füllmaschine gefüllt werden, ist bei Kochwürsten die Füllung der Därme per Hand noch üblich. Der Hausschlächter muß diese Methode beherrschen. Aber auch für die Hobbyküche ist die Handfüllung bei einigen Spezialitäten zu empfehlen, zumal die dort hergestellten Mengen so gering sind, daß sich die Anschaffung einer Handfüllmaschine nicht lohnt. Handtrichter sind in den Einkaufs- und Liefergenossenschaften des Fleischerhandwerks erhältlich. Beim Füllen wird der Darm mit der linken Hand gehalten, wobei zwei Finger am Trichterrand liegen. Dann wird der Trichter in die zu füllende Masse getaucht, und man stopft mit Daumen und Zeigefinger die Masse durch die Tülle.

8.5. Kochwurstrezepturen

8.5.1. Leberwürste

Feine Leberwurst

Zusammensetzung in kg:
Schweinefleisch
ohne Knochen 3,0
Schweineleber 2,5
Schweinewamme 4,5

Gewürze in g:
Kochsalz 200
Pfeffer 20
Zwiebeln 200

Schweinefleisch, Leber und Zwiebeln werden mit der 2-mm-Scheibe gewolft, anschließend mit der geschnittenen Fettwamme gemischt und gewürzt und danach nochmals mit der 2-mm-Scheibe gewolft. Nach dem Füllen in Kranzdärme, Mitteldärme, Nachenden oder Blasen sind die Würste zu garen. In fließend kaltem Wasser läßt man sie dann erkalten. Schließlich werden die Würste aufgehängt und kalt geräuchert. Feine Leberwurst kann man auch in Dosen füllen.

Landleberwurst

Zusammensetzung in kg:
Schweinefleisch	3,0
Schweineleber	2,0
Wammen und Backen	5,0

Gewürze in g:
Kochsalz	220
Pfeffer	30
Majoran	20
Zwiebeln	300

Schweinefleisch, Leber, Wammen, Backen und Zwiebeln sind mit der 5-mm-Scheibe zu wolfen und mit den Gewürzen und etwa 1 l Brühe zu mischen.

Gutsleberwurst

Zusammensetzung in kg:
Schweinefleisch	3,0
Schweinebauch	4,0
Schweineleber	3,0

Gewürze in g:
Kochsalz	220
Pfeffer	20
Majoran	30
Zwiebeln	200

Je 1 kg Schweinefleisch, Bauch und Leber sowie die Zwiebeln sind mit der 2-mm-Scheibe zu wolfen. Anschließend wird die Masse mit den Gewürzen und dem restlichen Fleisch, Bauch und der Leber gemischt und durch die 6-mm-Scheibe gelassen. Nach gutem Durchmengen unter Verwendung von etwa 1 l Fleischbrühe wird vorwiegend in Fettenden gefüllt.

Gänseleberwurst

Zusammensetzung in kg:
Schweine- oder Kalbfleisch	2,0
Schweinewamme und Backen	6,0
Gänseleber	0,5
Schweineleber	1,5

Gewürze in g:
Kochsalz	200
Pfeffer	25
Kardamom	25
Muskat	25
Zwiebeln	100

Fleisch, Leber und Zwiebeln sind zweimal mit der 2-mm-Scheibe zu wolfen. Anschließend werden die Gewürze und etwa 1 l Brühe zugesetzt. Die gut durchgemengte Masse wird vor allem in Mitteldärme gefüllt.

Zwiebelleberwurst I

Zusammensetzung in kg:
Schweinefleisch	2,0
Schweineleber	1,0
Innereien, Pansen, Magen	2,0
Schweinewammen	5,0

Gewürze in g:
Kochsalz	220
Pfeffer	20
Zwiebeln	400
Majoran	20

Fleisch, Leber, Innereien, Wammen und Zwiebeln wolft man mit der 3-mm-Scheibe. Die Masse wird mit den Gewürzen und etwa 1,5...2 l Brühe gemischt und in Kranzdärme oder Dosen gefüllt.

Zwiebelleberwurst II

Zusammensetzung in kg:
Schweinebauch und Fettabschnitte	5,0
Innereien, Gekröse, Fleischabschnitte	2,5
Schweineleber	2,5

Gewürze in g:
Zwiebeln, roh	250
Zwiebeln, gebraten	200
Kochsalz	200
Zucker	20
Majoran	20
Piment	10
Speisewürze, flüssig	10

Schweinebauch, Fett und Innereien werden vorgegart und zusammen mit der rohen Leber und den Zwiebeln durch die feine Lochscheibe gelassen. Anschließend vermengt man die Masse mit Kochsalz und Gewürzen und schmeckt zum Schluß mit Speisewürze ab.

Hausmacherleberwurst

Zusammensetzung in kg:
Schweinekopffleisch	3,0
Schweinewammen und Backen	4,0
Schweineleber	1,0
Innereien, Pansen, Magen	2,0

Gewürze in g:
Kochsalz	220
Pfeffer	25
Majoran	25
Zwiebeln	250

Köpfe, Innereien und Zwiebeln werden mit der 5-mm-Scheibe gewolft, mit Leber, Wammen, Backen und Gewürzen vermischt und nochmals durch die 5-mm-Scheibe gelassen. Die nach dem Zugeben von 1,5 l Brühe gut durchgemengte Masse wird in Kranzdärme, Krausen oder Blasen gefüllt.

Geflügelleberwurst

Zusammensetzung in kg:
Schweinebauch	6,0
Schweineleber	2,0
Geflügelleber	2,0

Gewürze in g:
Zwiebeln, gedünstet	200
Kochsalz	180
Muskat, gemahlen	5
Ingwer, gemahlen	5
Pfeffer, weiß, gemahlen	20
Vanillinzucker	2

Vorgegarter Bauch wird mit roher Schweineleber fein verarbeitet (kleine Lochscheibe). Die Geflügelleber ist in etwa erbsengroße Würfel zu schneiden und mit den anderen Zutaten vorsichtig unterzumengen. Zu bevorzugen ist Enten- oder Gänseleber, aber auch Hühnerleber kann verwendet werden. Als Wursthülle dienen Mitteldärme oder Fettenden.

Sahneleberwurst

Zusammensetzung in kg:
Schweinefleisch, mager (Schulter o. ä.)	2,0
Schweinefleisch, fett (Abschnitte, Bauch)	4,0
Schweineleber	3,0
Sahne, süß	1,0

Gewürze in g:
Kochsalz	180
Zimt, gemahlen	2
Muskat, gemahlen	10
Ingwer, gemahlen	4
Zwiebeln, glasig gebraten	100...140

Schweinefleisch und Fettabschnitte werden vorgegart und mit der rohen Leber durch die feine Lochscheibe gewolft. Anschließend vermengt man die Masse mit der Sahne und den Gewürzen, bis eine gute Bindung erreicht wird. Gefüllt wird vor allem in Fettenden. Nach dem Garen ist auf gutes und schnelles Abkühlen zu achten.

Tomatenleberwurst

Tomate und Leberwurst harmonieren im Aroma gut miteinander. Wegen der gewünschten rosaroten Färbung wird Nitritpökelsalz verwendet.

Zusammensetzung in kg:
Schweinefleisch, mager	3,0
Schweinefleisch, fett (Bauch)	4,0
Schweineleber	3,0
Tomaten, gebrüht, oder Tomatenmark	0,2

Gewürze in g:
Zwiebeln, glasig gebraten	200
Majoran	10
Rötungspulver oder Weißzucker	20
Ingwer, gemahlen	5
Kardamom	2
Nitritpökelsalz	200
Pfeffer, weiß, gemahlen	20

Vorgegartes Schweinefleisch und -fett werden mit der rohen Leber zusammen fein verarbeitet. Die gebrühten Tomaten sind fein zu passieren und mit Pökelsalz und Gewürzen in die Masse einzumengen. Gefüllt wird in Därme von mittlerem Kaliber.

Krautleberwurst

Zusammensetzung in kg:
Schweinefleisch	2,0
Schweinewammen, Micker	4,0
Schweineleber	2,0
Innereien, Pansen und Gekröse	2,0

Gewürze in g:
Kochsalz	250
Pfeffer	30
Zwiebeln	200
Majoran, gerebelt («Kraut»)	35
Muskat	10
Kardamom	10

Die Innereien sind mit der 5-mm-Scheibe zu wolfen. Anschließend werden sie mit vorgeschnittenem Fleisch, Wammen, Leber und Zwiebeln sowie den Gewürzen vermischt und nochmals durch die 5-mm-Scheibe gelassen. Nach dem Durchmischen mit 1,5 l Brühe wird in Schweinekrausen, Kranzdarm, Mitteldarm oder Blasen gefüllt.

Leberwurst, halbfein

Diese im Aroma vorzügliche Leberwurst, die sich sowohl für den Sofortverzehr als auch zum längeren Aufbewahren nach einer Kalträucherung oder in Dosen eignet, wird in einigen Dörfern des Kreises Meiningen hergestellt.

Zusammensetzung in kg:
Schweinebauch, durchwachsen	7,0
Schweineleber	3,0

Gewürze in g:
Kochsalz (beim Eindosen)	180
Kochsalz (bei Abfüllung in Därme)	220
Pfeffer, gemahlen	20...30
Majoran	10
Muskat oder Mazis	5
Knoblauchsalz	20
Zwiebeln	10
Speisewürze	10

Die besondere Konsistenz dieser Leberwurst beruht darauf, daß sowohl Leber als auch Bauch zu je 1/3 fein und zu 2/3 grob gewolft werden.
Der Bauch wird nicht zu weich vorgegart und mit roher Leber verarbeitet. Die Zwiebeln werden mit etwas abgeschöpftem Kesselfett angebraten. Beim Mengen gibt man 0,5...1 l Kochbrühe zu. Die Masse wird mit etwas Speisewürze abgeschmeckt.

Leberwurst, grob

Zusammensetzung in kg:
Schweinebauch, mager	4,0
Schweinebacken	3,0
Schweineleber	3,0

Gewürze in g:
Kochsalz	180
Sirup oder Honig	20
Majoran	15
Ingwer, gemahlen	3
Muskat, gerieben	4
Nelken, gemahlen	1
Zwiebeln, gedünstet	150
Speisewürze, flüssig	

Schweinebauch und -backen werden vorgegart. Schweinebacken und rohe Leber sind fein zu wolfen, und der gegarte Bauch ist in Würfel zu schneiden. Nach Zugabe von Kochsalz und Gewürzen wird zum Schluß mit Speisewürze abgerundet.

Leberwurst, fein

Zusammensetzung in kg:
Schweinefleisch, mager	3,0
Schweinebauch	4,0
Schweineleber	3,0

Gewürze in g:
Kochsalz	180
Rötungspulver	40
Ingwer, gemahlen	3
Kardamom	3
Basilikum	3
Mazis	4

Pfeffer, weiß oder schwarz,
gemahlen   30

Schweinefleisch und -bauch werden vorgegart und zusammen mit der rohen Leber fein gewolft. Nach Zusatz von Salz und Gewürzen sowie dem Mengen füllt man die Masse in Mitteldarm oder Fettende und gart bei 85 °C.

Delikateßleberwurst

Diese Wurst gehört zu den hochwertigen Leberwurstsorten (30% Leberanteil) und wird fein (2-...3-mm-Lochscheibe) verarbeitet.

Zusammensetzung in kg:
Schweinefleisch, mager	1,5
Schweinebauch, durch-wachsen	3,0
Flomen	0,8
Fettwamme	1,7
Schweineleber	3,0

Gewürze in g:
Nitritpökelsalz oder Kochsalz	180
Pfeffer, schwarz, gemahlen	30
Muskat	3
Ingwer	5
Vanillinzucker	2
Zimt	1
Kardamom	3
Zwiebeln, gedünstet	50

8.5.2. Kochstreichwürste ohne Leberzusatz

Einfache Kochstreichwurst

Zusammensetzung in kg:
Schweinebauch	5,0
Schweinefleisch, mager	5,0

Gewürze in g:
Kochsalz	200
Majoran	10
Thymian	1,5
Pfeffer, weiß	15
Zwiebeln	5 Stück
Lorbeerblätter	2 Stück
Essig, Wein	

Schweinebauch und Schweinefleisch werden mit etwas Essig und Wein sowie einer Zwiebel und einem Lorbeerblatt gegart. Bauch und Fleisch sind danach fein zu wolfen und mit den Gewürzen und den ebenfalls durch den Wolf gelassenen Zwiebeln sowie etwas Brühe bis zur Bindigkeit zu mengen. Die Zwiebeln können auch zerkleinert und glasig gebraten werden.

Schinkenkrem

Zusammensetzung in kg:
Schweinefleisch, leicht durchwachsen	6,4
Speck, geräuchert	3,6

Gewürze in g:
Nitritpökelsalz	180
Pfeffer, schwarz	25
Speisewürze, flüssig	

Das Schweinefleisch wird 24 h in einer schwachen Lake (10 % Nitritpökelsalz) gepökelt und anschließend gegart. Das gegarte Fleisch wird mit ungegartem Speck gewolft, mit Gewürzen und Salz vermengt und mit Speisewürze abgeschmeckt. Danach wird die Masse in der Küchenmaschine feinstzerkleinert und in kleine Dosen eingekocht.

Kochstreichwürste mit Hirnzusatz

Hirn- oder Bregenwürste wurden bei Hausschlachtungen vorwiegend im norddeutschen Raum hergestellt. Sie sind zur Zeit im Standardsortiment der Fleischwaren der DDR nicht enthalten. Diese Wurstsorten sind aber insbesondere für die Hobbyküche zu empfehlen. Sie bereichern die Palette der Kochwürste und haben einen spezifischen, durch die Würzung noch unterstrichenen Geschmack.

Norddeutsche Bregenwurst

Zusammensetzung in kg:
Schweinefleisch, mager	2,5
Schweinebacken und -bauch	5,0
Schweinehirn	2,5

Gewürze in g:
Zwiebeln	400
Pfeffer, weiß	25
Ingwer, gemahlen	4
Mazis, gemahlen	15
Kochsalz	200

Das Schweinefleisch wird nicht vorgegart. Fleisch, Backen und Bäuche werden mit der feinen Lochscheibe gewolft und nach Zugabe des Kochsalzes unter Zusatz von etwa 100...150 ml Wasser so lange gemengt, bis das Wasser vollständig gebunden ist. Die Zwiebeln werden ebenfalls gewolft und mit dem von der Haut befreiten wenig zerkleinerten Hirn zugegeben und danach zusammen mit dem Gewürz nochmals durchgemischt. Abgefüllt wird in enge Schweinsdärme oder in Dosen. Das Garen erfolgt bei etwa 90 °C.

Süddeutsche Gelbwurst

Zusammensetzung in kg:
Schweinebauch	4,0
Schweinekopffleisch	4,0
Schweinehirn	2,0

Gewürze in g:
Kochsalz	180
Pfeffer, weiß	25
Muskat, gerieben	120

Schweinefleisch und Hirn werden durch die feine Lochscheibe gewolft. Anschließend vermengt man die Masse mit den Gewürzen und dem Kochsalz. Es wird sehr locker in Fettenden oder mittelweite Därme gefüllt. Gegart wird in kochendem Wasser, und zwar so lange, bis beim Stechen völlig klarer Fleischsaft austritt.

Die Würste werden nach dem Abkühlen mit einer Safran- oder Currypuderlösung eingestrichen. Der Darm muß aber fettfrei sein, da sonst die Lösung nicht haftet.

Kochstreichwürste mit Semmelzusatz

Semmelwurst (Gefülltes)

Semmelwürste werden bei Hausschlachtungen vorwiegend zum Frischverzehr hergestellt. Industriell werden sie kaum noch produziert. Semmelwürste haben den typischen Geschmack einer frischen Kochwurst und verringern durch den Semmelzusatz den Fettgeschmack.

Zusammensetzung in kg:
Schweinefleisch, fett (Fettabschnitte, Mickerfett usw.)	4,0
Innereien	4,0
Semmel	2,0

Gewürze in g:
Kochsalz	240
Pfeffer, schwarz	40
Ingwer, gemahlen	6
Piment, gemahlen	6

Fleischabschnitte und Innereien werden gar gekocht und die Semmel in der etwas entfetteten Brühe aufgeweicht. Das Fleisch und die Innereien werden gewolft und mit der Semmel gut gemengt. Beim Mengen gibt man die Gewürze zu. Gefüllt wird in enge oder mittlere Därme und anschließend bei 90 °C gegart.

Schmalkalder Gefülltes

Das Schmalkalder Gefüllte ist eine territoriale Spezialität, die auch heute noch in diesem Gebiet bei Hausschlachtungen hergestellt wird. Das Gefüllte ist eine kräftig und würzig schmeckende Streichkochwurst. Die technologische Besonderheit dieser Originalrezeptur beruht auf der Verarbeitung von rohem Fleisch, Brötchen und/oder Weißkraut.

Zusammensetzung in kg:
Schweinefleisch, mager oder mäßig durchwachsen (bzw. Schaf- oder Ziegenfleisch)	1,0
Schweinefleischabschnitte mit Fett	4,0
Schweinebacken ohne Schwarte	1,0

Schweinebauch ohne Schwarte	3,5
Schwarten	0,5
Brötchen	0,8 (etwa 20 Stück)
oder Brötchen und	0,2
Weißkraut	0,6

Gewürze in g:
Zwiebeln	600
Kochsalz	200
Pfeffer, schwarz, gemahlen	40
Mazis oder Muskat	5

Das magere Schweinefleisch bzw. das Schaf- oder Ziegenfleisch wird roh mit der 3-mm-Scheibe gewolft.
Die Schwarten sind vorzukochen und die Brötchen in Milch einzuweichen. Schwarten, ausgedrückte geweichte Brötchen und Zwiebeln werden ebenfalls mit der 3-mm-Scheibe gewolft und danach dem rohen Fleisch zugemischt. Schweinebauch und Schweinebacken werden mit der 5-mm-Scheibe roh gewolft und mit der Masse gut vermischt. Wird Weißkraut eingesetzt, so muß es vorher bei 80 °C gebrüht werden. Danach wird es gut ausgedrückt und mit den Brötchen zusammen eingearbeitet.
Gefüllt wird in Kranzdärme oder in Dosen.

8.5.3. Blutwürste

Sortepölse (Schwarzwurst)

Diese Blutwurstsorte stammt wahrscheinlich aus Dänemark und wird in einigen Gegenden Mecklenburgs bei Hausschlachtungen hergestellt.

Zusammensetzung in kg:
Grütze oder zerkleinerte Graupen	2,0
Flomen oder Fettabschnitte	3,0
Weißbrot, altbacken	1,0
Schweineblut	4,0

Gewürze in g:
Rosinen	250
Kochsalz	180
Zwiebeln	100
Piment	5
Thymian	3
Zitronenschale	5

Die Grütze wird mit dem Blut übergossen und über Nacht gut gekühlt stehen gelassen. Das Weißbrot wird gewürfelt der Blut-Grütze-Masse zugesetzt. Ein Teil Flomen wird vollständig ausgelassen und mit den Grieben zugesetzt, während man den anderen Teil mit den Zwiebeln anschwitzt. Anschließend gibt man die Gewürze zu und mengt nochmals gut durch (das Kochsalz wird aber bereits dem Blut zugesetzt). Die Masse wird in Mitteldärme oder enge Schweinedärme abgefüllt. Nach dem Garen und Auskühlen sind die Würste verzehrsfähig, allerdings können sie auch warm genossen werden. Räuchern ist nicht üblich.

Niederdeutsche Pinkelwurst

Pinkel oder Pinkelwurst ist im gesamten norddeutschen Raum bekannt. Pinkel ist die niederdeutsche Bezeichnung für den Mastdarm oder das Fettende. Pinkelwurst wird traditionell mit Grünkohl gekocht.

Zusammensetzung in kg:
Schweinefett (Nierenfett, Speck usw.)	5,0
Grütze (Hafer-, Weizen- usw.) oder zerkleinerte Graupen	5,0

Gewürze in g:
Zwiebeln	100...500
Pfeffer, schwarz, gemahlen	30
Nelken	3
Piment, gemahlen	5
Kochsalz	200

Die Grütze wird mit kochender Fleischbrühe übergossen und etwa 20 min gequollen. Es soll nur soviel Brühe verwendet werden, wie von der Grütze aufgenommen wird, also etwa 1...2 l. Das Fettgewebe wird mit den rohen Zwiebeln gewolft (feine Lochscheibe) und mit Gewürzen unter die noch warme Grütze gemischt. Die Masse wird in Kranz- oder enge Schweinedärme gefüllt und leicht geräuchert.
Nachdem der Grünkohl fast gar ist, werden die Pinkelwürste eingelegt und bis zum Schluß mitgekocht.

Norddeutsche Beutelwurst

Die norddeutsche Beutelwurst gehört zu den Blutwürsten mit pflanzlichen Anteilen, die bei Hausschlachtungen vorwiegend zum Sofortverzehr hergestellt wurden. Als pflanzliche Bestandteile werden Buchweizen-, Hafer- und Gerstengrütze bzw. Graupen oder Roggenschrot verwendet. Die Besonderheit der Beutelwurst besteht darin, daß die Wurstmasse in einen genähten Leinenbeutel gefüllt wird.

Zusammensetzung in kg:
Speck oder fettes Schweinefleisch	3,5
Roggenschrot oder Gerstengrütze	3,5
Schweineblut	3,0

Gewürze in g:
Kochsalz	200
Pfeffer, schwarz, gemahlen	20
Piment	5
Majoran, gerebelt	15

Die etwa 15 cm breiten und 35...40 cm langen Beutel werden mit der Naht nach außen gefüllt.
Roggenschrot oder Grütze werden mit angewärmtem Blut gemischt und 10 min zum Quellen stehengelassen. Danach kommt der gegarte und gewürfelte Speck mit zerkleinerten Schwarten hinzu und wird mit den Gewürzen vermischt. Der Beutel wird zuge-

bunden und etwa 2 h im Kessel gekocht. Etwa 15 min nach dem Herausnehmen aus dem Kessel legt man den Beutel kurz in warmes Wasser und öffnet ihn. Die Beutelwurst wird in Scheiben geschnitten und nochmals leicht angebraten.

Thüringer Rotwurst I

Das besondere Aroma der Thüringer Rotwurst wird durch die Verwendung von gepökeltem Schweinefleisch und durch die Gewürzzusammenstellung bewirkt.

Zusammensetzung in kg:
Schweinefleisch, etwas fettdurchwachsen	7,0
Schweineblut, gepökelt	1,0
Schweineleber	1,0
Schwarten, gebrüht, zerkleinert	1,0

Gewürze in g:
Nitritpökelsalz (Gesamtmenge für Fleisch und Blut)	200
Zucker oder Rötungspulver	20
Pfeffer, schwarz, gemahlen	20
Majoran, gerebelt	30
Kardamom	3
Kümmel, gemahlen	5
Piment	3
Nelken	2
Thymian	1
Zwiebeln, gedünstet	50

Das durchwachsene Schweinefleisch wird roh gewürfelt und mit der Hälfte des Pökelsalzes versetzt. Die andere Hälfte Pökelsalz verwendet man zum Pökeln des Blutes. Das Fleisch wird mit der Lake gegart, anschließend in kleine Würfel geschnitten und mit der gewolften rohen Leber, den zerkleinerten Schwarten und dem angewärmten gepökelten Blut vermengt und in Schweinekrausen abgefüllt. Die Wurst ist zum Frischverzehr und auch zum Räuchern geeignet.

Thüringer Rotwurst II

Zusammensetzung in kg:
Schweinebauchfleisch	2,5
Schweinebacken	2,0
Speck	1,0
Herzen	1,5
Schwarten	2,0
Blut	1,0

Gewürze in g:
Kochsalz	250
Pfeffer	30
Majoran	20
Piment	5
Zwiebeln	200

Der Speck wird auf eine Kantenlänge von 6...8 mm gewürfelt, und die weitere Herstellung verläuft wie bei Filet-Rotwurst. Gefüllt wird in Schweinekrausen, Rinderkranzdärme oder auch Dosen.

Thüringer hausschlachtene Rotwurst

Zusammensetzung in kg:

Schweinefleisch, mager	2,5
Schweinebauch	2,0
Schweinebacke	1,0
Schwarten	1,0
Speck oder Fettabschnitte	0,5
Leber	0,5
Herz	0,5
Milz	0,5
Lunge	0,3
Blut	1,0

Gewürze in g:

Kochsalz	200
Pfeffer, schwarz, gemahlen	20
Majoran	15...40 (je nach Geschmack)
Zwiebeln	300

Schweinefleisch, Schweinebacke, Herz, Speck und Bauch werden vorgegart und auf 5...8 mm zerkleinert.
Die gegarten Schwarten, Milz und Lunge werden mit der rohen Leber zusammen durch die feine Scheibe gelassen und mit den Grobbestandteilen, den Gewürzen und dem Blut vermengt. Abgefüllt wird die Rotwurst in Kappe, Rinderbutte, Blase oder Krausen.

Berliner Blutwurst

Die Berliner Blutwurst ist zum Verzehr in noch warmem Zustand geeignet und wird mit Weißbrot hergestellt.

Zusammensetzung in kg:

Schweinebauch, durchwachsen	3,0
Schweinekopffleisch	3,0
Schweineblut, defibriniert	3...4
Weißbrot oder Brötchen	0,5...0,6

Gewürze in g:

Pfeffer, schwarz, gemahlen	30
Piment	3
Nelken	2
Zimt	1
Majoran	14...40
Kochsalz	200

Altes Weißbrot oder altbackene Brötchen werden mit etwas angewärmtem Blut vermengt. Nach wiederholtem Kneten soll die Brot-Blut-Masse eine pastenartige Konsistenz aufweisen. Die weichgekochten Bauch- und Kopffleischteile werden gewürfelt und mit den Gewürzen gut unter die Brot-Blut-Masse gemengt. Die fertige Masse wird sehr locker in weite Kranzdärme oder Schweinekrausen gefüllt, da die Därme sonst beim Garen platzen. Die Gartemperatur liegt etwas höher und beträgt 95 °C. Berliner Blutwurst schmeckt am besten, wenn sie noch warm ist. Sie soll nicht geräuchert werden.

Speckblutwurst I

Zusammensetzung in kg:
Speck oder fettes Schweinefleisch	7,0
Fleischabschnitte	1,0
Schweineblut	2,0

Gewürze in g:
Kochsalz	200
Pfeffer, schwarz, gemahlen	20
Majoran, gerebelt	25
Thymian	2
Kümmel, gemahlen	2
Piment, gemahlen	5
Bohnenkraut, gerebelt	2

Der Speck wird mit dem Fleisch gegart und fein gewürfelt. Den gewürfelten Speck spült man mit heißem Wasser ab. Die Fett- und Fleischwürfel sind mit angewärmtem Blut zu mischen, zu würzen und in enge Schweinedärme oder Schweinekrausen abzufüllen. Nach dem Garen ist Räuchern möglich.

Speckblutwurst II

Zusammensetzung in kg:
Speck	7,0
Schwarte	2,0
Blut	1,0

Gewürze in g:
Kochsalz	250
Pfeffer	20
Majoran	20
Zwiebeln	100

Der Speck ist auf 6...8 mm zu würfeln. Die weitere Zubereitung erfolgt wie bei Filet-Rotwurst. Abgefüllt wird in Schweinekrausen, Rinderkranzdärme oder Dosen.

Filetwurst

Zusammensetzung in kg:
Speck	4,0
Filet	3,0
Schwarten	2,0
Blut	1,0

Gewürze in g:
Nitritpökelsalz	200
Pfeffer	25

Piment bzw. Nelken	5
Majoran	10
Zwiebeln	100

Der Speck ist auf 6...8 mm und das Filet auf 25 mm Kantenlänge zu würfeln. Die Schwarten und Zwiebeln werden durch die 3-mm-Scheibe gewolft. Die erhaltene Masse ist unter Zugabe von Blut und Gewürzen gut mit den Speck- und Filetstückchen durchzumischen und in Blasen, Kappen, Mägen, Rinderbutten oder auch Dosen zu füllen. Das Filet kann auch gepökelt und vorgegart werden.

Hausschlachtene Rotwurst

Zusammensetzung in kg:
Schweineschulterfleisch	2,5
Schweinebauchfleisch	2,0
Schweinebacken	1,0
Schwarten	2,0
Blut	1,0
Leber	0,5
Schweinelunge	0,5
Herzen	0,5

Gewürze in g:
Kochsalz	200
Pfeffer	30
Majoran	15
Zwiebeln	300

Schulter, Backen, Bauch und Herzen sind auf 5...8 mm Länge zu würfeln. Schwarten, Leber und Lunge wolft man mit der 3-mm-Scheibe. Die Masse ist unter Zugabe von Blut, Gewürzen und den gewürfelten Teilen gut zu mischen und in Kappen, Blasen, Schweinekrausen oder Dosen zu füllen.

Hausmacher-Blutwurst

Zusammensetzung in kg:
Schweinebauchfleisch	5,0
Herzen	1,5
Leber	0,5
Schwarten	2,0
Blut	1,0

Gewürze in g:
Kochsalz	250
Pfeffer	30
Majoran	10
Nelken	5
Zwiebeln	200

Bauch und Herzen werden auf 10...15 mm Kantenlänge gewürfelt. Schwarten, Leber und Zwiebeln sind mit der 3-mm-Scheibe zu wolfen; unter Zugabe von Blut, Gewürzen und den Bauch- und Herzstücken ist gut zu mischen. Gefüllt wird in Blasen, Kappen und Krausen sowie in Dosen.

Schweinekopf-Blutwurst

Zusammensetzung in kg:
Schweinekopffleisch	5,0
Schweinebauchfleisch	2,0
Schwarten	2,0
Blut	1,0

Gewürze in g:
Kochsalz	250
Pfeffer	25
Piment	3
Majoran	15
Zwiebeln	200

Kopf- und Bauchfleisch sind auf 8...12 mm zu würfeln. Die weitere Zubereitung erfolgt wie bei Hausmacher-Blutwurst.

Fleischblutwurst

Zusammensetzung in kg:
Schweineschulterfleisch	6,0
Schweinebacken	1,0
Schweineleber	0,5
Schwarten	2,0
Blut	0,5

Gewürze in g:
Kochsalz	200
Pfeffer	25
Majoran	10
Zwiebeln	100

Schulter und Backe werden auf 10...20 mm Kantenlänge gewürfelt. Schwarten, Leber und Zwiebeln sind mit der 3-mm-Scheibe zu wolfen; unter Zugabe von Blut, Gewürzen und den Fleischstücken wird gut gemischt und danach in Schweineblasen, Magen, Kappen, Krausen, Rinderbutten oder auch Dosen gefüllt.

Zungenwurst (Zungenrotwurst)

Zusammensetzung in kg:
Speck	4,0
Zungen	3,0
Schwarten	2,0
Blut	1,0

Gewürze in g:
Nitritpökelsalz	200
Pfeffer	25
Majoran	10
Piment bzw. Nelken	2
Zwiebeln	100

Der Speck ist auf 6...8 mm und die gepökelten und vorgegarten Zungen sind auf 25 mm Kantenlänge zu würfeln. Ansonsten wird wie bei Filet-Rotwurst verfahren.

Blutwurst mit Leberzusatz

Diese im oberen Thüringer Wald hergestellte hausschlachtene Blutwurst erhält durch den Leberzusatz ein spezifisches Aroma.

Zusammensetzung in kg:
Fleischabschnitte	3,5
Fettabschnitte (Bauch, Backen usw.)	3,5
Schweineleber	0,5
Schwarten, gut entfettet	1,5
Blut, defibriniert	1,0

Gewürze in g:
Kochsalz (bei Abfüllung in Därme)	220
Kochsalz (bei Abfüllung in Dosen)	200
Majoran	20
Pfeffer	30
Zwiebeln	10 Stück, mittlere Größe
Piment, gemahlen	3
Speisewürze	

Fleisch, Fettstücke und Schwarten (nicht zu weich) werden vorgegart. Die Fett- und Fleischstücke schneidet man mit der Hand in möglichst gleichmäßige, etwa erbsengroße Würfel. Zuerst werden die noch heißen Schwarten mit der 2-mm-Scheibe gewolft und anschließend Leber und Zwiebeln fein gewolft. Die zerkleinerten Schwarten sind noch heiß den gewürfelten Anteilen unter Zugabe von angewärmtem Blut und den übrigen Zutaten zuzusetzen und gut zu mengen. Die Temperatur muß beim Mengen noch über 30°C liegen. Wurst in Naturdärmen kann kaltgeräuchert und gelagert werden.

Blutwurst, italienische Art

Zusammensetzung in kg:
Schweinefleisch, durchwachsen	9,0
Schweineblut, defibriniert	1,0

Gewürze in g:
Rotwein	1 Flasche (0,7 l)
Kochsalz	210
Pfeffer, schwarz, gemahlen	30
Nelken, gemahlen	10
Ingwer, gemahlen	5

Das Schweinefleisch wird gegart und in feine Würfel geschnitten, noch warm mit erwärmtem Blut, dem ebenfalls erwärmten Rotwein und den Gewürzen vermischt und gut gemischt. Abgefüllt wird in Schweinekrausen. Nach dem Garen räuchert man die Blutwürste.

Blutwurst, französische Art

Diese in enge Schweinedärme abgefüllte Blutwurst ist vorwiegend zum Frischverzehr geeignet.

Zusammensetzung in kg:
Schweinebauch	4,0
Schweinefleisch, mager	4,0
Speck, roh	0,5
Schweineblut, defibriniert	1,5

Gewürze in g:
Kochsalz	230
Pfeffer, weiß	30
Thymian	10
Mazisblüte oder Muskat	8
Zimt, gemahlen	5
Zucker	10

Fleisch, Bauch und Speck werden gegart. Danach wolft man Bauch und Fleisch mit der 3-...4-mm-Scheibe und würfelt den Speck.
5 bis 8 kleine Zwiebeln (ganz) und einige Scheiben Porree werden in Schmalz goldgelb gebraten. Das Schmalz wird anschließend abgegossen und dem gegarten gewolften Fleisch zugefügt. Die gedämpften Zwiebeln und der Porree werden fein gehackt. Zwiebeln, Porree, Salz und Gewürze werden mit dem Fleisch und Speck unter Zugabe von angewärmtem Blut vermengt.
Abgefüllt wird in enge Schweinedärme, die zu runden Würsten abgebunden werden. Die Gartemperaturen dürfen nicht über 80 °C liegen, da die Würste leicht platzen.
Nach dem Garen spült man die Würste ab. Sie können sowohl warm verzehrt werden als auch abhängen.

Meininger Tiegelblutwurst

Diese sehr schmackhafte Blutwurst wird in der Regel warm zu Pellkartoffeln verzehrt. Tiegelblutwurst kann sowohl mit geschlagenem Blut als auch mit phosphatbehandeltem Vollblut aus dem Handel hergestellt werden und ist ein im Südthüringer Raum verbreitetes Erzeugnis.

Zusammensetzung in kg:
Schweineblut, defibriniert oder phosphatisiert (Fibrisol)	1,0
Vollmilch	1,0
Semmeln	3 große
Speck, geräuchert	0,3

Gewürze in g:
Zwiebeln	2 große
Kochsalz	40
Pfeffer, schwarz, gemahlen	8
Majoran	10

Das Blut läuft durch ein Sieb und wird anschließend mit der Milch vermischt. Die in kleine Würfel geschnittenen Semmeln läßt man in der Blut-Milch-Mischung weichen. Die Zwiebeln sind zu schneiden und roh in diese Mischung einzulegen.

Der Speck wird gewürfelt und in einer großen Pfanne leicht ausgelassen, bis die Würfel glasig sind. Vor Zugabe der Blut-Milch-Semmel-Masse sind die Pfannenränder etwas einzufetten.
Bei Mittelhitze wird in der Röhre etwa eine Stunde gebacken. Wenn die Oberfläche Krusten bildet, kann die Wurst verzehrt werden.

8.5.4. Sülzwürste

Sülzfleischwurst I

Zusammensetzung in kg:

Schweineschulter ohne Knochen, gepökelt	5,0
Eisbeinfleisch, gepökelt	2,0
Schwarten	2,0
Brühe	1,0

Gewürze in g:

Nitritpökelsalz	nach Geschmack
Pfeffer	25
Kümmel, ganz	5
Kümmel, gemahlen	5
Zwiebeln	200

Schweineschulter und Eisbeinfleisch sind auf eine Kantenlänge von 15...20 mm zu würfeln. Schwarten und Zwiebeln sind mit der 3-mm-Scheibe zu wolfen und unter Zugabe von Brühe, Gewürzen und den Fleischstücken gut zu mischen. Gefüllt wird in Schweine- oder Rinderblasen, Magen, Butten, Kappen oder Dosen. Nach dem Kochen sind die Würste abkühlen zu lassen und leicht zu pressen.

Sülzfleischwurst II

Zusammensetzung in kg:

Schweineschulter ohne Knochen, gepökelt	5,0
Kalbfleisch oder Fleisch junger Mastrinder	2,0
Schwarten	2,0
Brühe	1,0

Gewürze in g:

Nitritpökelsalz	nach Geschmack
Pfeffer	30
Kümmel, ganz	10
Ingwer	10
Muskat	5
Zwiebeln	200

Die Zubereitung erfolgt wie bei Sülzfleischwurst I.

Hausschlachtene Sülzwurst

Zusammensetzung in kg:
Schweinekopffleisch	2,0
Eisbeinfleisch mit Schwarte	2,0
Jungbullenfleisch	2,0
Schweinebauch	2,0
Schwarten	1,0
Brühe	1,0

Gewürze in g:
Kochsalz	240
Pfeffer	25
Kümmel	15
Knoblauch	5
Zwiebeln	200

Das Erzeugnis wird wie Sülzfleischwurst zubereitet.

Südthüringer Preßkopf

Zusammensetzung in kg:
Schweinekopffleisch	4,0
Eisbein mit Schwarte, ohne Knochen	2,0
Schweinebauch	2,0
Rindfleisch	1,0
Schwarten	1,0

Gewürze in g:
Nitritpökelsalz	230
Pfeffer, weiß, gemahlen	30
Kümmel, gebrochen	15
Zwiebeln, roh	300
Knoblauch	¼ Zehe

Kopffleisch, Bauch, Eisbein und Rindfleisch werden gegart und auf Stücke von 20...30 mm Kantenlänge zerkleinert. Die gegarten Schwarten werden fein gewolft, ebenso die rohe Zwiebel. Mit etwa 1 l Brühe und den Gewürzen wird die Masse miteinander gemischt und in Blasen oder Rinderbutten gefüllt. Nach dem Garen und Auskühlen (Beschweren!) wird im Kaltrauch geräuchert.

Preßkopf, Hausmacherart

Zusammensetzung in kg:
Schweinekopffleisch, leicht gepökelt	5,0
Eisbeinfleisch, gepökelt	2,0
Schwarten	2,0
Brühe	1,0

Gewürze in g:
Nitritpökelsalz	200
Pfeffer	20

Kümmel	10
Zwiebeln	200

Schweinekopf- und Eisbeinfleisch sind auf 10...20 mm Kantenlänge zu würfeln. Schwarten und Zwiebeln werden mit der 3-mm-Scheibe gewolft; unter Zugabe von Brühe, Gewürzen und den Fleischstücken ist gut zu mischen. Gefüllt wird in Schweineblasen oder in Dosen.

Fränkischer Kümmelpreßkopf

Zusammensetzung in kg:
Schweinebauch, gepökelt	5,0
Schweinekopffleisch und magere Fleischabschnitte	3,0
Aspik	2,0

Gewürze in g:
Nitritpökelsalz	200
Kümmel	30
Pfeffer, gemahlen	20
Majoran	20
Koriander	10

Die gegarten Fleischbestandteile werden in Würfel geschnitten und mit den Gewürzen vermengt in einen Schweinemagen oder eine Rinderbutte abgefüllt. Der Aspik (Herstellung siehe S. 188) wird danach eingefüllt und der Magen oder die Butte luftblasenfrei abgebunden. Beim Erkalten ist die Wurst mehrmals zu wenden.

Roter Preßkopf

Zusammensetzung in kg:
Schweinekopffleisch	5,0
Schweinebauch, durchwachsen	3,0
Herz, Niere, Milz, Leber	1,0
Blut, stabilisiert	1,0

Gewürze in g:
Kochsalz oder Nitritpökelsalz	200
Majoran	20
Thymian	5
Pfeffer	20
Kümmel, ganz	10
Zwiebeln	200

Alle Fleischzutaten (außer Leber) werden vorgegart, in mittelgroße Würfel geschnitten und blanchiert. Die Zwiebeln, etwas rohe Leber und die vom Bauch vorher entfernten Schwarten werden gewolft und mit den Fleischwürfeln vermengt. Das angewärmte Blut wird mit dieser Masse vermengt und in Schweinemagen abgefüllt.

8.6. Kochwurstfehler

Bei Kochwürsten kann es zu vielerlei Fehlproduktionen kommen, deren Ursachen verfahrensabhängig oder bakteriell bedingt sein können. Meist führen aber Herstellungsfehler zu einer Anreicherung mit Fäulnisbakterien, so daß eine strenge Grenze zwischen technologischen oder bakteriellen Ursachen des Verderbs nicht gezogen werden kann.

Konsistenzabweichungen

Besonders bei Blutwurst und Sülzwurst kann es zu einer mangelhaften Bindung kommen. Beim Anschnitt zerfallen die Bestandteile vor allem im Bereich des Kerns, oder die Masse ist insgesamt nicht glatt und schnittfest, sondern krümelig und bröcklig. Geruch und Geschmack sind aber noch nicht abweichend. Für diesen häufig auftretenden Fehler können folgende Ursachen in Frage kommen:

- Schwarten wurden zu lange gegart,
- Schwarten wurden zu weich gegart,
- zu kurze Garzeit der Würste bei ordnungsgemäßen Temperaturen,
- ordnungsgemäße Garzeit der Würste bei zu tiefen Temperaturen,
- Blutwürste wurden nicht in siedendes Wasser gelegt,
- zu hohe Rauchtemperaturen.

Nachbehandlung. In der Regel ist von diesem Fehler die gesamte Charge betroffen. Wird der Fehler nach der Kühlung festgestellt und sind keine Geruchs- und Geschmacksabweichungen erkennbar, so ist eine Nachbesserung durch nochmaliges Erhitzen nicht möglich. Eine solche Wurst kann aber zum Sofortverzehr gebraten werden. Diese Möglichkeit besteht allerdings nur, wenn der Fehler sofort nach dem vollständigen Durchkühlen erkannt wurde. Deshalb ist es wichtig, von jeder Charge sofort nach dem Durchkühlen eine Wurst als Stichprobe anzuschneiden. Es ist falsch und führt mit Sicherheit zu einem vollständigen Verderb der Ware, wenn Würste mit teilweise mangelhafter Bindung anschließend geräuchert werden. Kochwürste mit mangelhafter Bindung sind, auch wenn sie ordnungsgemäß durchgegart wurden, für einen bakteriell bedingten Verderb anfällig. Wird der Konsistenzfehler erst nach dem Räuchern festgestellt und ist eine Geruchs- oder Geschmacksabweichung noch nicht erkennbar, kommt nur ein sofortiger Verbrauch in Frage.
Liegt eine mangelhafte Bindung vor und sind Geruchs- und Geschmacksabweichungen bereits erkennbar, so ist die Wurst in jedem Fall genußuntauglich und zu vernichten.
Vermeidung des Fehlers. Die Schwarten müssen gut entfettet sein und dürfen nicht zu weich gekocht werden. Die Garzeiten sind nach dem Kaliber zu errechnen, eine Sicherheitsspanne von 15...30 min ist zuzugeben. Beim Garen sind die Würste öfter zu wenden. Nach dem Auskühlen ist eine Stichprobe vorzunehmen. Die Rauchtemperatur soll 15 °C nicht übersteigen.

Absetzen bei Leberwurst

Bei Leberwurst kommt es häufig zum Absetzen von Fett oder Gelee.
Ursache. Das Fettabsetzen beruht auf Fehlern bei der Emulsionsbildung zwischen Fett, Eiweiß und Wasser. Das kann durch ein ungenügendes Verhältnis von Fett : Leber oder von Fett : Magerfleisch bedingt sein. Zu Fehlern bei der Emulsionsbildung kommt es häufig, wenn die optimalen Temperaturen beim Mischen der Komponenten nicht beachtet werden.

Zum verstärkten Geleeabsatz (besonders beim Einkochen in Dosen zu beobachten) kommt es, wenn zu viel Kesselbrühe zugesetzt oder der Magerfleischanteil zu hoch gewählt wurde oder wenn Teile des Magerfleischanteils nicht genügend gar waren.
Vermeidung und Nachbesserung. Die Fehler lassen sich durch Einhalten der Rezeptur, insbesondere der Fett- und Leberanteile, vermeiden.
Eine Nachbesserung ist nicht möglich, aber auch nicht nötig. Die Genußtauglichkeit und Haltbarkeit wird durch diesen Fehler nicht beeinträchtigt. Es handelt sich um einen Schönheitsfehler.

Geruchs- und Geschmacksabweichungen

Die Ursache für einen bitteren Geschmack bei Leberwurst kann darin zu suchen sein, daß Leber mit nicht ordnungsgemäß entfernten Gallengängen verarbeitet wurde. Bei Verwendung von zugekaufter Leber wird ab und zu ein bitterer Geschmack beobachtet, der vermutlich die gleichen Ursachen aufweist. In Einzelfällen kommt es auch durch Verwendung von Wermut oder Wildmajoran statt Gewürzmajorans zu einem bitteren Geschmack.
Vermeidung und Nachbesserung. Die Lebern sind sofort von den großen Gallengängen zu befreien. Zugekaufte Leber ist zu wässern und auf das Vorhandensein von großen Gallengängen zu kontrollieren.
Durch längeres Lagern ist der Fehler nicht zu beseitigen. Allenfalls kann versucht werden, durch eine betonte Rauchnote den Geschmack zu überdecken.
Die Leberwürste sind genußtauglich.

Säuern von Kochwurst

Das Sauerwerden von Kochwurst, besonders von Leberwurst, ist ein häufig auftretender Fehler, der sehr oft in der wärmeren Jahreszeit vorkommt. Es entwickelt sich ein unangenehm säuerlicher, stechender Geruch. Oft geht er mit Gasbildung in der Wurstmasse einher. Die Säuerung kann sowohl in der ungegarten Wurstmasse als auch in der fertigen Wurst auftreten.
Ursache. Die Ursache liegt in einer schnellen Bakterienentwicklung. Es handelt sich vorwiegend um Bakterienarten, die aus den in der Wurstmasse vorhandenen Zuckern Milch- und Essigsäure bilden. Diese Bakterien werden zwar durch die Gartemperatur von über 70 °C abgetötet, vermehren sich aber sehr schnell, so daß es bereits vor dem Erreichen dieser Endtemperatur zu einer Säuerung kommen kann. Auch durch eine zögernde Temperaturführung beim Garen bleibt die Kerntemperatur bei großen Kalibern sehr lange in einem Bereich, in dem sich die Bakterien entwickeln können. Zu einer Säuerung nach dem Garen kommt es bei ungenügender Erwärmung des Kerns. Trotz ausreichender Garung kann eine Säuerung auch bei ungenügender Auskühlung oder zu warmem Rauch entstehen.
Vermeidung und Nachbesserung. Folgende Maßnahmen sind erforderlich: Zügiges Arbeiten bei der Herstellung und beim Füllen der Kochwürste, Einhaltung der Hygiene am Arbeitsplatz, Einhaltung von Garzeit und Gartemperatur, schnelles Abkühlen, kalte Räucherung, kalte Lagerung (< 10 °C).
Eine Nachbesserung ist nicht möglich. Saure Wurstmasse und saure Fertigware sind genußuntauglich.

Fäulnis bei Kochwurst

Bakteriell bedingte Fäulnis bei Kochwürsten oder Kochwurstkonserven macht sich durch einen unangenehm fauligen oder fäkalen Geruch bemerkbar.

Ursache. Die Ursachen dieser Fäulnis liegen meist in einem zu hohen Besatz des Ausgangsmaterials an sporenbildenden Bakterien verbunden mit unzureichenden Lagerbedingungen. Beim Erhitzen werden die Sporen nicht abgetötet. Bei Temperaturen >10°C können sie auskeimen und den Eiweißabbau bewirken. Haben Kochwürste einen hohen Ausgangskeimgehalt an Sporenbildnern (unhygienische Verarbeitung, zugekauftes Fleisch, alte Zwiebeln, Gewürze usw.), so kann es unter Umständen schon während des Räucherns zu einer Fäulnis kommen, weil dabei meist Temperaturen um 15°C entstehen.

Vermeidung und Nachbesserung. Durch Einhaltung der Verarbeitungshygiene, Verarbeitung von frischer und gut gekühlter Rohware (Blut!), zügiges Arbeiten, ausreichende Gartemperaturen und Einhaltung der Lagertemperatur von < 10 °C sowohl für Würste als auch für eingedoste Kochwurst läßt sich der Fehler vermeiden. Eine Nachbesserung ist nicht möglich. Kochwurst mit Fäulniserscheinungen ist genußuntauglich.

Ranzigkeit

Man kann einwandfrei hergestellte und ordnungsgemäß geräucherte Kochwurst unter Einhaltung der vorgeschriebenen Lagerbedingungen längere Zeit aufbewahren. Die Gefahr des bakteriellen Verderbs wird im Verlauf der Lagerzeit geringer, da sich durch Wasserverdunstung der a_w-Wert in der Wurst verringert. Auch Kochwurst kann auf diese Weise hart ausreifen.

Der hohe Fettanteil führt besonders bei der Lagerung von Blutwürsten zur Ranzigkeit. Blutwürste, die länger gelagert werden sollen, sind kühl und dunkel aufzubewahren und müssen ständig kontrolliert werden. Bei beginnender Ranzigkeit sind sie sofort zu verbrauchen.

Geruchsabweichungen

Bei Kochwürsten im Darm kann nach dem Garen ein Kotgeruch auftreten. Er wird meist durch eine ungenügende Reinigung der Därme, insbesondere der Dickdärme, verursacht oder ist in der Verarbeitung von zu lange gesalzenen, bereits in der Zersetzung befindlichen Därmen begründet.

Fehlproduktionen bei Kochwurst in Dosen

Bei Kochwurst in Dosen sind zwei Hauptfehler, die *saure Gärung* und die *Fäulnis mit Gasbildung*, zu beobachten.

Saure Gärung

Der hohe Kohlenhydratanteil, insbesondere bei Leberwurst, kann zu einer Säuerung (Bildung von Essigsäure und Milchsäure) durch das Wachstum bestimmter Bakterienarten führen. Zu einer sauren Gärung der Kochwurstmasse kann es schon vor dem Garen kommen, wenn die Masse längere Zeit steht. Die Gefahr erhöht sich, wenn die Kochwurstmasse in hoher Schicht in der Satte verbleibt, da sich dort die für das Bakterienwachstum günstigen Temperaturen länger halten.

Aber auch nach dem Garen kann es bei Kochwurst in Dosen zu einer sauren Gärung

kommen. Das ist meist dann der Fall, wenn die Garzeit zu kurz oder die Gartemperatur zu niedrig war. Im Kern der Dose sind dann noch vegetative Keime erhalten geblieben. Eine saure Gärung bemerkt man an einem stechend sauren unreinen Geruch. Die Wurst schmeckt säuerlich und hat einen prickelnd kratzenden Nachgeschmack.
Beurteilung. Eine Kochwurst mit saurer Gärung ist genußuntauglich,

Fäulnis mit Gasbildung

Diese *Fäulnis* bei Kochwurst in Dosen ist meist mit einer Gasbildung verbunden, die sich bei Blechdosen in einer Bombage und bei Glasdosen im «Aufgehen» des Deckels bemerkbar macht. Die Masse ist mit Gasblasen durchsetzt und der Geruch widerlich faulig. Am Verderb sind meist anaerobe Sporenbildner (Clostridien) beteiligt.
Vermeidung. Durch vollständiges Garen des Ausgangsmaterials, zügiges Verarbeiten und Füllen, Einhalten der Verarbeitungshygiene, einwandfreie Zusatzstoffe (Zwiebeln, Gewürze), sofortiges Durchkühlen nach dem Kochen und tiefe Lagertemperaturen ist der Fehler zu vermeiden.
Beurteilung. In Fäulnis übergegangene Wurst ist genußuntauglich.

9. BRÜHWURST

Brühwurst wird aus zerkleinertem rohem Rind-, Schweine- oder Kalbfleisch (auch mit Anteilen von Schaf- und Geflügelfleisch) sowie von Fett, Wasser und Zusatzstoffen hergestellt.
Brühwurst wird gegart; verschiedene Sorten können auch heißgeräuchert und gegart werden. Im Gegensatz zu Kochwurst verliert Brühwurst die einmal angenommene Beschaffenheit durch nochmaliges Erhitzen nicht.
Brühwurst hat sowohl bei der industriellen als auch bei der handwerklichen Herstellung einen hohen Anteil am Gesamtsortiment der Wurstwaren. Ihre Beliebtheit ist einmal auf die Sortenvielfalt und zum anderen auf die große Geschmackspalette zurückzuführen. Brühwürste können warm oder kalt verzehrt werden. Sie sind auf Grund ihrer Zusammensetzung leicht verdaulich.
Die Herstellung von Brühwurst, besonders von Sorten, die warm verzehrt werden, ist kompliziert. Bisher konnten die dabei ablaufenden Vorgänge noch nicht in allen Einzelheiten geklärt werden. Die Brühwurstherstellung erfordert neben einem großen Fachwissen auch viel Erfahrung und eine bestimmte technische Ausrüstung. Besonders aus dem letztgenannten Grund hat sich die Herstellung von Brühwurst bei Hausschlachtungen kaum durchgesetzt. Mit den heute in vielen Haushalten vorhandenen Küchengeräten ist es aber möglich, bestimmte Brühwurstsorten bei Hausschlachtungen oder für die Hobbyküche herzustellen. Es sind solche Sorten, die weder in Därme abgefüllt noch heißgeräuchert werden müssen. Im einzelnen sind das *Brühwurst (Jagdwurst, Mortadella) in der Dose, Bratwurst, Kochsalami* und *Pasteten.*

9.1. Innere Vorgänge bei der Herstellung

Brühwurst ist ähnlich wie Leberwurst ein Mehrkomponenten-System.
Fehlproduktionen sind deshalb nur vermeidbar, wenn alle Komponenten aufeinander abgestimmt sind. Brühwurst besteht aus

- festen, korpuskulären Bestandteilen (Muskelfasern, Bindegewebsstücken, Fettpartikeln) und
- flüssigen, gelösten Bestandteilen (Wasser, wasserlösliche Eiweiße, flüssiges Fett).

Bei der Brühwurstproduktion wird eine Fett-Wasser-Emulsion und eine wäßrige Eiweißlösung hergestellt. Beide Teile werden mit korpuskulären, festen, aber stark zerkleinerten Bestandteilen durchsetzt und so geschlagen, daß sich Luft in feiner Verteilung im Brät ansammelt, sich also ein Schaum bildet. Dieses gesamte sehr instabile System wird durch Erhitzung verfestigt. Das noch nicht erhitzte, aber fertig gemischte System bezeichnet man als *Brühwurstbrät* oder *Farce*.
Ausgangsmaterial ist im allgemeinen Schweinefleisch, Rindfleisch und Fett. Die Zusammensetzung soll etwa 1 Teil mageres Fleisch zu 1 Teil Fett oder 2 Teile mäßig durchwachsenes Fleisch zu 1 Teil Fettgewebe betragen.
Zunächst wird das magere Fleisch gewolft. Zu diesem Magerfleischanteil wird das gesamte Kochsalz oder Nitritpökelsalz gegeben, und auf 10 kg Fleisch und Fett gibt man 2 l Wasser zu. Wasser, Salz und Magerfleisch wird nun mit schnell umlaufenden Messern (Kutter, Schneidmischer oder Schneidsatz der Küchenmaschine) sehr fein zerkleinert, bis keine Muskelfasern mehr erkennbar sind.
Nach etwa 30...60 s hat sich eine pastöse Masse gebildet, und das Wasser ist völlig verschwunden. Diese Masse wird Magerbrät genannt. Durch die sehr starke Zerkleinerung wird sehr viel wasserlösliches Eiweiß aus den zerstörten Muskelfasern freigesetzt. Dieser Vorgang wird durch die Salz- und Wasserzugabe gefördert. Gleichzeitig lagern sich die Wassermoleküle an die Proteinmoleküle an; das Wasser wird gebunden. Je mehr Wasser gebunden wird, desto zarter und qualitativ besser wird die Brühwurst. Allerdings muß dieses Wasser fest gebunden sein. Es darf beim Erhitzen nicht mehr als «freies Wasser» vom Schnitt oder Biß ablaufen. Fleisch hat im gereiften Zustand (niedriger pH-Wert, wenige Muskelphosphate) ein schlechtes Wasserbindevermögen. Die bei Brühwurst übliche Wasserzugabe von 25...35 % Wasser kann deshalb nur von Warmfleisch gebunden werden. Aus diesem Grund wird bei der Herstellung von Brühwurst aus Kaltfleisch (gereiftem Fleisch) Quellsalz zugesetzt. Dabei handelt es sich um eine Mischung aus Phosphaten, die ähnlich wie das Adenosintriphosphat (ATP) im lebenden Muskel (s. unter 4.) wirken.
Nach der Herstellung des Magerbräts wird das im Wolf vorzerkleinerte Fettgewebe zugesetzt. Eine Brühwurst ohne Fettanteil schmeckt sehr trocken. Ähnlich wie bei Kochwurst ist auch hier ein bestimmter Anteil Fettgewebe zu verarbeiten.
Das vorzerkleinerte Fett wird danach in das Magerbrät eingearbeitet und ebenfalls mit schnell umlaufenden Messern stark zerkleinert, bis es sich einheitlich im Brät verteilt hat. Diese Einarbeitungszeit beträgt etwa 2...3 min.
Das eingearbeitete Fett besteht nach dem Kuttern größtenteils noch aus intakten Fettzellen. Nur ein Teil der Fettzellen wird zerstört. Dieses Fett befindet sich als flüssige Phase in der Eiweiß-Wasser-Lösung und bildet mit ihr eine Emulsion. Dabei ist es wichtig, daß sich das Fett in feinen Tröpfchen im Brät befindet und mit einem Eiweißfilm umgeben ist. Wenn das nicht der Fall ist, fließen die Fettröpfchen beim Erhitzen zu großen Fetttropfen zusammen und bilden einen Fettrand. Die beim Herstellen des Magerbräts

entstandene Menge an löslichem Eiweiß muß ausreichen, um das zugesetzte Fett zu umhüllen.
Die nunmehr vorliegende Masse wird *Grundbrät* genannt.
Das Grundbrät kann mit verschiedenen Anteilen von Grobbestandteilen vermischt werden. Diese lassen sich relativ gut einarbeiten, da sie sofort mit einer Eiweißhülle, die beim Erhitzen ein haltbares, festes Gerüst bildet, umgeben werden. Die Größe der Grobbestandteile kann stark variieren. Es können Stücke von einigen Millimetern Kantenlänge, aber auch größeren Fleischteile, wie Lende oder Kaninchenrücken, eingelegt werden. Das letztere Verfahren wird bei der Herstellung von Pasteten angewandt. Die Grobbestandteile können auch aus Fettgewebe bestehen. Selbst Gemüseanteile, Gewürze (Pistazien) oder Pilze (Morcheln, Trüffeln oder Champignons) werden fest gebunden.
Das fertige Brühwurstbrät wird in der Regel in Därme abgefüllt. Man kann es aber auch in Dosen füllen.
Glas- oder Blechdosen werden etwa zu $2/3$ gefüllt. Beim Füllen sind die Dosen mehrmals zu stauchen, um Lufteinschlüsse zu vermeiden.
Die Hitzebehandlung erfolgt bei Temperaturen von 90...95 °C. Gardauer sowie Lagertemperaturen und -fristen entsprechen denen bei Kochwurst.

Struktur von Brühwurstbrät

Das fertige Brät oder die Farce erscheint mit bloßem Auge als eine pastenartige diffuse Masse. Brühwurstbrät hat aber eine bestimmte Struktur, die nur mit starker Vergrößerung zu erkennen ist.
Das Gerüst besteht aus nicht zerstörten, feinzerkleinerten Muskelfasern, Bindegewebsteilen und Fettzellen. Diese festen, korpuskulären Bestandteile sind wie ein Fachwerk verbunden, das mit der Eiweiß-Fett-Emulsion, die die festen Bestandteile überzieht und die Kittsubstanz darstellt, ausgefüllt ist. In dieser Kittsubstanz befinden sich mit Luft gefüllte Hohlräume. Die Luft wird durch die schnelle Rotation der Messer eingeschlagen. Die Luftbläschen bleiben auch beim Erhitzen erhalten. Sie haben Bedeutung für die Beschaffenheit der fertigen Brühwurst.
Werden Würstchen oder Bockwurst erhitzt, so wird die Wurst prall und elastisch. Das hängt keineswegs damit zusammen, daß die Wurst durch das Erhitzen Wasser aufnimmt, sondern die im Brät eingeschlossenen Luftbläschen dehnen sich bei Erwärmung aus. Die Masse der Brühwurst nimmt beim Erwärmen nicht zu.

Vereinfachtes Herstellungsverfahren

Für Hausschlachtungen und für die Hobbyküche kann die Herstellung von Brühwurstbrät oder einer Farce für Pasteten vereinfacht werden. Allerdings muß dabei in Kauf genommen werden, daß die Wasserbindung geringer wird. Der Wasserzusatz kann höchstens 10...15 % betragen. Bei den für Hausschlachtungen empfohlenen Sorten reicht dieser Wasserzusatz aber völlig aus, um ein Brühwurstbrät herzustellen. Die Verfahrensschritte für das vereinfachte Verfahren sind das *Vorzerkleinern und Pökeln*, die *Herstellung des Grundbräts* sowie das *Füllen und Garen*.
Vorzerkleinern und Pökeln. Mit wenigen Ausnahmen (helle Farce bei Pasteten) wird Brühwurstbrät aus gepökeltem Fleisch hergestellt. Das Fleisch und die Fettbestandteile werden nach Rezeptur zusammengestellt und mittels feiner Scheibe gewolft. Danach wird Nitritpökelsalz in genauer Menge zugesetzt und zum Schluß 10% Wasser bezogen auf die Gesamtmasse des Bräts. Zusammen mit dem Pökelsalz können 0,2...0,3% eines

handelsüblichen Quellsalzes zugesetzt werden. Die Masse wird mit den Händen gut gemengt, bis das Salz gelöst und das Wasser völlig gebunden ist. Danach ist die Masse mindestens 30 min gut zu kühlen. Die Masse kann auch über Nacht pökeln. Allerdings ist dann Kühlung notwendig.

Herstellen des Grundbräts. Nach dem Vorzerkleinern und Pökeln erfolgt die Zugabe der Gewürze. Danach wird mit dem Schneidsatz der Küchenmaschine (RG 28, Multiboy usw.) etwa 2...3 min gerührt und zerkleinert. Ist diese Möglichkeit nicht gegeben, so muß die Masse nochmals durch die feinste Scheibe des Wolfs gelassen und anschließend mit der Hand einige Minuten stark geschlagen, geknetet und gerieben werden.

Zur Verfeinerung des Bräts kann noch etwas Milch zugesetzt werden. Bei bestimmten Sorten, wie Bratwurst oder Pastetenfarce, werden noch rohe Eier in das Brät eingearbeitet.

Das fertige Brät darf nicht dünnflüssig sein. Es muß eine zähflüssige und pastöse Konsistenz haben.

Abfüllen und Garen. Abgefüllt wird das fertige Brät bei Jagdwurst, Bierwurst und Mortadella in Dosen, bei Bratwurst in enge Schweinedärme oder Schleiß, bei Kochsalami in Natur- oder Kunstdärme mittleren Kalibers und bei Pasteten in spezielle Pastetenformen. Das Garen soll so schonend wie möglich erfolgen. Garzeiten, Garverfahren und Gartemperaturen werden bei den einzelnen Sorten beschrieben.

9.2. Brühwurst-Aufschnittsorten

Mortadella

Zusammensetzung in kg:
Schweinefleisch	4,0
Rindfleisch, grob entsehnt	3,5
Speck	1,0
Schweinebacken oder -bauch	1,0
Herzen	0,5
Trinkwasser	1,5

Gewürze in g:
Quellsalz	20...30
Nitritpökelsalz	230
Pfeffer, weiß, gemahlen	20
Paprika	10
Muskat	5
Mazis	5

500 g Speck und die Herzen werden roh in kleine Würfel geschnitten. Das Fleisch wird mit den Fettanteilen durch die feine Scheibe des Wolfs gelassen und mit Pökelsalz, Quellsalz und Wasser vermischt. Danach stellt man das Grundbrät her. Dem Grundbrät werden die gewürfelten Herzen und der Speck untergezogen. Die Masse füllt man in Dosen.

Bierschinken

Bierschinken gehört zu den hochwertigen Brühwurstsorten und wird aus magerem Schweinefleisch hergestellt. Ein Teil des Fleisches ist in Form von Grobbestandteilen enthalten.

Zusammensetzung in kg:

Schweinefleisch, mager	5,5
Schweinefleisch, durchwachsen	1,5
Rindfleisch, entsehnt	1,5
Schweinebacken	1,5
Trinkwasser	1,5

Gewürze in g:

Nitritpökelsalz	200
Zucker	20
Mazis	3
Pfeffer, weiß	2
Ingwer	3
Koriander	3
Knoblauch	¼ Zehe
Quellsalz	30

2,5 kg mageres Schweinefleisch werden in Stücke geschnitten und über Nacht in einer 10%igen Nitritpökelsalzlake gepökelt. Das restliche Fleisch und die Backen wolft man mit der feinen Scheibe. Der erhaltenen Masse werden Pökelsalz, Quellsalz, Wasser und die Gewürze zugegeben. Anschließend wird davon das Grundbrät hergestellt.

Das gepökelte Schweinefleisch wird in kleine Stücke von etwa 20...35 mm Kantenlänge geschnitten und unter das Grundbrät gut verteilt und nochmals bis zur Bindigkeit gemengt. Anschließend füllt man es in Dosen.

Brühwurst mit Hühnerfleisch

Zusammensetzung in kg:

Schweinefleisch, durchwachsen	3,0
Rindfleisch, grob entsehnt	2,0
Schweinebauch	2,0
Fettabschnitte oder Speck	1,0
Hühnerfleisch	1,5
Hühnerleber	0,5
Trinkwasser	1,0...1,5

Gewürze in g:

Nitritpökelsalz	220
Zucker	40
Pfeffer, weiß, gemahlen	25
Muskat	5
Paprika, scharf	5
Mazis	3
Ingwer	3
Chillies oder Pepperonis	0,2
Quellsalz	20

Geflügelfleisch und Leber werden klein gewürfelt. Vom Fleisch und den Fettanteilen wird unter Wasser- oder Milchzusatz ein Grundbrät hergestellt. Die gewürfelten Bestandteile zieht man zum Schluß unter und füllt die Masse in Dosen.

Gekochte Mettwurst nach Hamburger Art

Das Brät dieser Brühwurst wird nur mittelfein verarbeitet, d. h., die Bestandteile werden nur zweimal gewolft.

Zusammensetzung in kg:
Schweinefleisch, durchwachsen	4,0
Rindfleisch, grob entsehnt	2,5
Schweinebauch und Fettabschnitte	3,5
Trinkwasser	1,5

Gewürze in g:
Nitritpökelsalz	230
Quellsalz	20...30
Pfeffer, schwarz, gemahlen	30
Paprika	10
Muskat	5

1,0 kg Schweinefleisch und 1,0 kg Schweinebauch werden gewürfelt und der restliche Anteil Fleisch und Fett mit Pökelsalz, Wasser und Quellsalz versetzt und zweimal gewolft. Nach der Zugabe der Gewürze mengt man bis zur Bindung. Danach werden alle Bestandteile untergezogen und nochmals durch die 3-mm-Scheibe gewolft. Gefüllt wird in Dosen.

Jagdwurst

Zusammensetzung in kg:
Schweinefleisch, mäßig durchwachsen	4,0
Rindfleisch, grob entsehnt	2,0
Schweinebauch	2,0
Fettabschnitte	2,0
Trinkwasser	1,0

Gewürze in g:
Nitritpökelsalz	230
Pfeffer, weiß, gemahlen	20
Paprika, scharf	10
Mazis	3
Zucker	20
Ingwer	3
Koriander	3
Knoblauch	1/4 Zehe
Glutamat	2

2,0 kg Schweinefleisch und 2,0 kg Schweinebauch werden gewürfelt (Kantenlänge 10...15 mm). Vom restlichen Fleisch und den Fettbestandteilen wird unter Zugabe von Pökelsalz, Quellsalz und Wasser ein feines Grundbrät hergestellt. Zum Schluß zieht man die gewürfelten Bestandteile und die Gewürze unter und füllt die Masse in Dosen.

9.3. Kochsalami

Obwohl Kochsalami ohne Grundbrät hergestellt wird, gehört sie zu den Brühwurstsorten, da einige Verfahrensschritte bei der Herstellung, wie Wasserzusatz, Zugabe von Quellsalz und Garen des bindigen Bräts, den Brühwurstverfahren zugerechnet werden.
Kochsalami wird bei Hausschlachtungen kaum hergestellt. Dafür gibt es eigentlich keine sachliche Begründung.
Wer bei Hausschlachtungen oder bei der Herstellung im Haushalt Wert auf eine ausgereifte Dauerwurst legt, sollte auf jeden Fall Kochsalami herstellen.
Während sich eine frisch hergestellte Kochsalami hinsichtlich Konsistenz, Geruch und Geschmack noch deutlich von einer gleichaltrigen Rohwurst unterscheidet, gleichen sie sich mit zunehmendem Alter immer mehr an.
In Haushalten, in denen auf Grund unzureichender räumlicher Bedingungen eine normale Rohwurstreifung schwierig und risikoreich ist, sollte Dauerwurst als Kochsalami hergestellt werden. Kochsalami läßt sich mit den bei Hausschlachtungen üblichen Verfahren und Geräten herstellen, mit weniger Risiko zu einer Dauerware weiterbehandeln, und sie nähert sich mit zunehmendem Reifegrad sensorisch immer mehr einer Rohwurst-Dauerware.
Kochsalami ist vor allem in Süd- und Südosteuropa weit verbreitet und wird besonders bei Hausschlachtungen der Rohwurst vorgezogen. Durch Variieren der Einsatzmengen, der Gewürze, der Körnung und der Temperaturführung beim Räuchern und Garen lassen sich unterschiedliche Sorten herstellen.

Herstellungsverfahren

Für die Herstellung von Kochsalami gibt es folgende drei Grundverfahren:

- Füllen – Heißrauch – Garen
- Füllen – Garen – Kaltrauch
- Füllen – Reifen (*p*H-Wert-Absenkung) – Garen – Kaltrauch

Herstellung des Kochsalamibräts

Nach Zusammenstellung der Rezeptur wird zunächst das Rindfleisch mit der 3-mm-Scheibe gewolft. Das in kleine Stücke vorgeschnittene Schweinefleisch und der Schweinebauch oder Speck werden mit Nitritpökelsalz, Quellsalz, dem vorgewolften Rindfleisch und den Gewürzen versetzt und durch die 6-mm-Scheibe des Wolfs gelassen. Anschließend mengt man bis zur Bindung, wobei einzelne Hersteller einen Wasserzusatz bis 10 % empfehlen.
Gefüllt wird bevorzugt in Naturdärme oder rohwursttaugliche Kunstdärme mit mittlerem Kaliber, aber auch in enge Schweinedärme oder Mitteldärme.

Garen

Gegart wird im Kessel bei relativ niedrigen Temperaturen, die nicht unter 65 °C und nicht über 75 °C liegen sollen. Je niedriger die Gartemperatur, um so länger ist zu garen und desto schonender ist die Garung.
Die Garzeit beträgt 30 min bei engen Därmen und 70 min bei Därmen mit mittlerem Kaliber.

Räuchern

Wird die Heißrauchbehandlung gewählt, dann muß das Räuchern vor dem Garen erfolgen. Bei Hausschlachtungen sind aber in der Regel keine Heißräucheranlagen vorhanden, so daß für diese Zwecke ein an das Garen anschließendes Kalträuchern vorgesehen ist. Die Würste kommen nach dem Garen im trockenen Zustand in einen mäßig temperierten Kaltrauch und verbleiben dort bis zur Farbgebung.

Ausreifen

Die Bedingungen für das Ausreifen der Kochsalami sind einfach zu erfüllen. Es genügt ein trockener, gleichmäßig temperierter Raum mit Temperaturen möglichst nicht über 15 °C. Da durch den Garprozeß die Fettgewebestücke relativ weich geworden sind, kommt es bei Temperaturen über 20 °C zum Fettausschwitzen.
Die Kochsalami trocknet schnell aus, eine harte Dauerware ist nach etwa 6 Wochen zu erwarten. Ausgereifte Kochsalami kann bei den angegebenen Temperaturen auch gut bis 4 Monate reifen, wird dann allerdings sehr hart. Kochsalami kann auch mit einer weißen Tauchmasse überzogen werden. Das hat nicht nur dekorative Wirkung, sondern verzögert auch die Wasserabgabe.
Die *Tauchmasse* wird nach der folgenden Rezeptur hergestellt.

Zusammensetzung in g:
- Kreide (Calciumcarbonat) 800
- Wasser 400
- Glycerol 10
- Speiseöl 30
- Gelatine 120

Die Gelatine ist in kaltem Wasser 30 min quellen zu lassen und anschließend unter Rühren auf 80...90 °C zu erwärmen. Nach vollständigem Lösen der Gelatine sind die übrigen Zutaten beizugeben, und unter erneutem Rühren läßt man die Masse erkalten. Vor dem Erstarren (bei etwa 20 °C) werden die Würste in die Masse getaucht.
In einigen Ländern werden kochsalamiähnliche Wurstsorten vor dem Garen *vorgereift*. Man läßt demnach die erste Phase der Rohwurstreifung (Umrötung, pH-Wert-Senkung und Gelbildung) ablaufen und gart erst danach. Dieses Verfahren führt zu einem besonderen Aroma, da in der ersten Phase bereits bestimmte Bakterienenzyme gebildet werden und der pH-Wert von etwa 5,8 auf unter 5,3 absinkt. Diese vorgereiften Würste werden zum Teil auch nur bei Temperaturen von 55...58 °C gegart. Es ist anzunehmen, daß dabei bestimmte wärmeunempfindliche Bakterienarten überleben. Im Stadium des Ausreifens entwickelt sich wieder eine sortentypische Bakterienflora, die vielseitiger zusammengesetzt ist als die von Kochsalami, die bei Temperaturen um 70 °C gegart wurde. In diesem Fall überleben nur Sporenbildner.
Bei der Hausschlachtung ist die Vorreifung von Kochsalami nicht zu empfehlen.

Kochsalami

Die Grundrezeptur ist der von Rohwurst ähnlich, und zwar beträgt sie
1/3 Schweinefleisch, mager oder mäßig durchwachsen,
1/3 Rindfleisch, grob entsehnt, und
1/3 Speck, Fettabschnitte oder fetter Bauch.
Sie kann wie bei Rohwurst abgewandelt werden, und somit sind fast alle Rohwurstrezepturen auch für Kochsalami anwendbar. Wichtig ist, daß die Körnung nicht fein sein

darf. Wegen der hohen Gartemperatur sollte das Fettgewebe nicht zu klein gewolft werden (4-...8-mm-Scheibe).

Zusammensetzung in kg:
Schweinefleisch, mager	3,5
Rindfleisch, grob entsehnt	3,5
Speck oder Bauch	3,0
Trinkwasser	1,0

Gewürze in g:
Nitritpökelsalz	230
Pfeffer, schwarz, gemahlen	30
Zucker	20
Quellsalz	20
Kümmel, gebrochen	5
Paprika, scharf	5

Das Rindfleisch ist mit der 3-mm-Scheibe vorzuwolfen. In Stücke geschnittenes Schweinefleisch und Fettabschnitte werden mit Salz, Quellsalz, Gewürzen und Wasser sowie dem vorgewolften Rindfleisch durch die 6-mm-Scheibe gelassen und gut gemengt (bis zur Bindigkeit).

Kabanosy

Kabanosy ist eine Kochsalami, die in enge Schweinedärme gefüllt wird. Sie stammt aus der ČSSR und wird auch in Ungarn hergestellt. Sie unterscheidet sich in der Würzung von der Kochsalami und kann kalt oder auch nach Erwärmung, u. a. als Beilage für Suppen, verzehrt werden. Die Kabasony wird auch ausgereift hergestellt. Bereits nach etwa 4 Wochen ist sie eine harte Dauerware.

Zusammensetzung in kg:
Schweinefleisch, mager	3,5
Rindfleisch, entsehnt	3,5
Speck oder Bauch	3,0
Trinkwasser	0,5...1,0

Gewürze in g:
Nitritpökelsalz	210
Pfeffer, schwarz, gemahlen	30
Paprika, scharf	5
Muskat	5
Kümmel, gebrochen	5
Knoblauch, gerieben	1/4 Zehe
Majoran, gerebelt	3
Quellsalz	20

Das Rindfleisch wird mit der 3-mm-Scheibe vorgewolft. Schweinefleisch und Speck werden vorgeschnitten, mit Pökelsalz, Quellsalz und Gewürzen vermischt und dann mit dem vorgewolften Rindfleisch durch die 8-mm-Wolfscheibe gelassen. Anschließend können 0,5...1,0 l Wasser zugegeben werden. Die Masse wird mit der Hand bis zur völligen Bindung ausgiebig gemengt. Nach dem Abfüllen in enge Schweinedärme wird die Wurst gegart und kaltgeräuchert.

9.4. Bratwürste

Als Bratwürste werden Würste im engen Schweinedarm bezeichnet, die wegen ihres Herstellungsverfahrens sowohl den *Rohwürsten* als auch den *Brühwürsten* zugerechnet werden müssen.
Bratwürste kommen in der Regel im rohen Zustand zum Verbraucher; es gibt aber auch Bratwürste, die vorgegart und darmlos sind. Daraus ist ersichtlich, daß Bratwürste keiner einheitlichen Wurstart zuzuordnen sind.
Bratwürste werden in der Pfanne oder auf dem Rost kurzgebraten oder gegrillt, woraus sich besondere Anforderungen an das Ausgangsmaterial ergeben. Sie werden aus entsehntem Schweinefleisch auch unter Zusatz von Kalbfleisch oder zartem Rindfleisch und Fett hergestellt. Die Masse wird fein zerkleinert, je nach territorialem Ursprung sind auch Grobbestandteile enthalten.

Bratwürste bei Hausschlachtungen

Die bei Hausschlachtungen vorwiegend hergestellten Bratwürste sind den Rohwürsten zuzuordnen. Sie werden meist als «hausschlachtene Bratwürste» bezeichnet und unterschiedlich hergestellt. Sie können aus

- ungeräuchertem und ungereiftem Rohwurstbrät im Schweinedarm,
- aus geräuchert gereifter und umgeröteter Rohwurstmasse oder
- aus geräuchert gereifter und nicht umgeröteter Masse (Kochsalz)

hergestellt werden. Die beiden letztgenannten Varianten werden sowohl als Rohwurst als auch als Bratwurst verbraucht.
Bratwürste der genannten Herstellungsverfahren schmecken im gebratenen Zustand kräftig und rauchig, aber etwas trocken. Da bei diesen Herstellungsverfahren das Fett nicht emulgiert ist, tritt es beim Erhitzen durch den Darm, der meist auch platzt. Der verbleibende magere Anteil erhält beim Erhitzen einen trockenen strohigen Charakter.
Hausschlachtene Bratwürste werden auch gern bei bestimmten Speisen, wie Suppen, oder mit Kohlarten mitgekocht. Sie geben den Speisen einen kräftigen Fleisch- und Rauchgeschmack. Die Würste selbst sind nach dem Erhitzen nicht so trocken wie beim Braten, sie haben eine Kochsalaminote.

Hausschlachtene Bratwurst

Zusammensetzung in kg:	I	II	III
Schweinefleisch, mager	4,0	5,0	3,5
Rindfleisch	1,0	1,0	1,5
Schweinebauch	5,0	4,0	5,0

Gewürze in g:	
Kochsalz oder Nitritpökelsalz	180
Pfeffer, gemahlen	30
Zucker	20

Wenn hausschlachtene Bratwurst ausschließlich zum Braten verwendet werden soll, ist Kochsalz einzusetzen. Soll sie dagegen als Rohwurst weitergereift werden, ist Nitritpökelsalz zu verwenden. Gefüllt wird in enge Schweinedärme; die Körnung liegt bei 3...5 mm. Die Würste werden paarweise abgedreht, frisch gebraten oder wie Rohwurst weiterbehandelt.

Bratwurst nach Brühwurstart

Die meisten handelsüblichen Bratwürste sind ihrer Natur nach Brühwürste. Brühwurstbrät wird in enge Schweinedärme oder Schleiß gefüllt und meist roh (aber auch vorgegart) zum Sofortverbrauch verkauft.

Der Vorteil dieser Bratwürste liegt in einer besseren Konsistenz beim Braten. Beim Erhitzen wird kaum Fett abgegeben. Der Geschmack ist wesentlich feiner, und die Konsistenz der gebratenen Würste ist insgesamt saftiger. Nachteilig ist ihre geringe Haltbarkeit. Auch bei Kühllagerung sind sie nur wenige Tage haltbar. In der warmen Jahreszeit genügen oft wenige Stunden ohne Kühlung, um den Fleischverderb einzuleiten.

Derartige Bratwürste wurden bisher bei Hausschlachtungen nur selten hergestellt. Gegenwärtig ist bei Hausschlachtungen eine Tendenz zur Herstellung von größeren Mengen Bratwurst nach Brühwurstart zu erkennen (200 bis 500 Stück sind keine Seltenheit). Diese Bratwürste werden in Schleiß abgefüllt und anschließend gefroren. Da die Schlachtungen vorwiegend im Winter stattfinden, der Verbrauch dieser Bratwürste aber für die Sommermonate (Grillen auf dem Rost) vorgesehen ist, ergibt sich eine Lagerungszeit von 5 bis 6 Monaten. Während dieser Zeit verderben die eingefrorenen Bratwürste zwar nicht (nicht unterbrochene Gefrierlagerung vorausgesetzt), sie verlieren aber an Qualität, trocknen aus und bekommen einen deutlichen Geschmack nach altem Fleisch. Rohe Bratwürste eignen sich zwar zur Gefrierlagerung, doch sollte die Lagerdauer 4 bis 6 Wochen nicht überschreiten. Der Hausschlächter sollte deshalb bei der Herstellung auf die Besonderheiten dieser Wurstart hinweisen.

Zusammensetzung in kg:	I	II
Schweinefleisch, mager	5,0	3,5
Rindfleisch oder Kalbfleisch	–	1,5
Schweinebauch	5,0	5,0

Gewürze in g:	
Kochsalz	180...200
Pfeffer, weiß	30
Muskat	5
Eier, roh	3 bis 4 Stück
Trinkvollmilch	500...800

Das Rindfleisch wird mit der kleinen Scheibe vorgewolft. Schweinefleisch und Schweinebauch läßt man durch die 3-...5-mm-Scheibe. Es wird mit den anderen Zutaten vermengt und bis zur völligen Bindung gut gerieben. Man füllt das Brät lose in enge Schweinedärme oder Schleiß.

9.5. Pasteten

Vom Herstellungsverfahren ausgehend, gehören Pasteten zur Brühwurst. Sie werden wie die Brühwurst aus mehr oder weniger stark zerkleinertem rohem Fleisch und Fett unter Zugabe von Wasser, Milch oder Sahne und Gewürzen hergestellt. Pasteten gehören zu den ältesten Erzeugnissen der Fleischverarbeitung. Die römische Küche kannte bereits vor unserer Zeitrechnung eine Reihe von Pastetenrezepten. Lange Zeit blieb die Herstellung von Pasteten auf Italien beschränkt. Erst während der französisch-italienischen Kriege im 14. bis 16. Jahrhundert kam die Kunst der Pastetenherstellung mit vielem anderem Kulturgut nach Frankreich. Besonders verdient um die Einführung von in Italien entwickelten Fleisch- und Milch-Verarbeitungsverfahren hat sich Maria de Medici, die Gattin Heinrichs des IV., gemacht, die ihre florentinischen Köche mit nach Frankreich brachte. Seit dieser Zeit gehört die Pastete in Frankreich zu den geläufigen Produkten der Fleischverarbeitung.

Im deutschsprachigen Raum, in dem sehr viele Wurstarten und Fleischerzeugnisse entwickelt wurden, konnte sich die Pastete allerdings nie voll durchsetzen. Lediglich an den Fürstenhöfen wurde im 18. Jahrhundert die Kunst der Pastetenherstellung als französische Lebensart gepflegt.

Im Gegensatz zu solchen Ländern, wie Italien und Frankreich, in denen Pasteten auch bei Hausschlachtungen hergestellt wurden, ist das bei Hausschlachtungen im deutschsprachigen Raum meist nicht der Fall. Eine Ausnahme bildet lediglich Leberkäse, dessen Herstellung sich besonders in Süddeutschland durchgesetzt hat. Die Pastetenherstellung war ursprünglich eine Konservierungsmöglichkeit. Zerkleinertes Fleisch wurde durch Garen und Umhüllung mit einem Teigmantel über einige Wochen haltbar gemacht. Eine solche, in der Zusammensetzung einfache Landpastete (pâté de campagne) wird auch heute noch in Frankreich zur kurzfristigen Konservierung von Fleisch bei Hausschlachtungen hergestellt.

Die ursprüngliche Form der Pastete war die Pastete mit Teigumhüllung, die Krustenpastete (pâté en croûte). Die Teigumhüllung, die in der Regel mitverzehrt wird, hat zwei Aufgaben zu erfüllen, einmal konserviert sie das Fleisch in der Teighülle und zum anderen verbessert sie dessen Konsistenz. Durch das Garen in der Teighülle bleibt der Inhalt saftig.

Eine andere Art der Pasteten sind die Terrinen. Statt in einer Teighülle wird hier die Pastete in einer wiederverwendbaren Form, meist aus Porzellan oder Steingut, gebacken.

Eine besondere Form dieser Terrine oder pâté de ménagère ist die Kastenpastete. Die Kästen werden heute in der Fleischindustrie für die Herstellung gebrühter Pasteten verwendet.

Eine andere Form der Terrine ist die Timbale, eine kleine Pastetenform, die nach der Timbale, der Kesselpauke, benannt ist. Die Blätterteigpastete (bouchée) ist eine Unterart der Krustenpastete. Die Blätterteigtaschen werden meist vorgefertigt. Anschließend füllt man die Pastetenfarce ein und überbäckt nochmals kurz.

Die Galantine ist die dritte Möglichkeit der Pastetenherstellung. Dabei wird in der Regel die Haut von Geflügel vollständig abgezogen und mit der Pastetenfarce gefüllt. Die Pastete wird dann in der Haut gebacken.

Bei der Ballotine handelt es sich um eine Unterart der Galantine. Es wird dabei nur ein Teil der Haut des Tieres gefüllt, z. B. ein Schulterstück oder der Kopf eines Schweines.

Die Pastetenarten

```
                              Pasteten
        ┌──────────────────┬──────────────┬──────────────┐
Pastete in der Teighülle   Pie      Schüsselpastete    Galantine
   Krustenpastete                      Terrine
  (pâté en croûte)                (Pâté de ménagère)
        │                         ┌───────┴───────┐          │
  Blätterteigpastete          Kastenpastete    Timbale    Ballotine
      (bouchée)
```

153

Die Pie ist eine englische Pastetenvariante. Sie steht zwischen Krustenpastete und Terrine. Gebacken wird sie in einer flachen Form aus Porzellan oder Steingut, die mit einem Teigdeckel verschlossen wird.
Die Pastete hat mehrere Funktionen. Sie

- dient zur Konservierung von Fleisch,
- bewirkt eine besondere Konsistenz durch das spezifische Garverfahren,
- stellt eine besondere Form der dekorativen Fleischzubereitung dar,
- kann mehrere unterschiedliche Zutaten, wie Fleisch, Fisch, Gemüse in der Pastetenfarce binden, wodurch Produkte mit völlig neuen Geschmackseigenschaften entstehen.

Hinzu kommt, daß bei der Herstellung der Pastetenfarce Einsatzmaterial Verwendung findet, das zu anderen hausschlachtenen Produkten nicht oder wenig verwendet wird. Aus diesen Gründen sollte der Pastetenherstellung sowohl bei Hausschlachtungen als auch in der Hobbyküche mehr Beachtung geschenkt werden.

Herstellungsverfahren

Die Pastete besteht aus *Pastetenfarce, geformten Einlagen* und der *Pastetenhülle* (Teighülle).
Die *Pastetenfarce* wird aus Rind- und Schweinefleisch sowie Speck hergestellt. Der Fettanteil soll etwa 40...50 % betragen. Wird durchwachsenes Schweinefleisch verwendet, kann der Speck entfallen. Fleisch und Speck werden zweimal durch die feine Scheibe des Wolfs gelassen. Je feiner die Masse ist, um so fester wird die Bindung. Die Masse kann auch noch zusätzlich mit der Küchenmaschine fein zerkleinert werden. Um die Bindung fester und die Pastete saftiger herzustellen, wird wie bei der Brühwurst etwas Flüssigkeit hinzugefügt. Bei der Pastete ist das in der Regel Milch oder Sahne bzw. eingedickte Marinade, die zum Marinieren (Beizen) der festen Einlagen verwendet wurde. Wichtig ist, daß die zugefügte Flüssigkeit nicht zu sauer ist, da sonst die Bindung der Farce leidet.
Nach Zufügen von Salz und Gewürzen wird die Masse so lange kräftig gerührt und geschlagen, bis eine gute Bindung zu bemerken ist. Die Farce kann dunkel oder hell hergestellt werden. Sie soll zu den jeweiligen Einlagen einen farblichen Kontrast aufweisen. Eine Galantinenfarce ist in der Regel hell. Sie wird vorwiegend aus Schweinefleisch hergestellt. Eine dunkle Farce wird mit einem Anteil Rindfleisch versehen, oder durch Zusatz von Nitritpökelsalz kann eine rötliche Färbung erzielt werden. Ein Zusatz von roher Leber (5...10%) ist bei der Herstellung von Farce beliebt, da die Leber der Farce einen besonders kräftigen Geschmack verleiht.
Zur Verbesserung der Bindung kann auch etwas Quellsalz zugegeben werden (2...3 g auf 1 kg Masse). Zu viel Quellsalz führt zu einem stumpfen Geschmack.
Die Würzung der Farce kann individuell gestaltet werden. Wegen des Fett- und Flüssigkeitsanteils der Farce kann kräftig gewürzt werden, ohne daß aber bestimmte Gewürze einseitig hervorschmecken. Gewürzt werden kann mit *Trockengewürzen* oder *Würzkräutern, reduzierten Marinaden oder Beizen* sowie *Obst* und *Gemüsen*, besonders *Pilzen*.
Die *Einlagen* werden fast immer durch Marinieren oder Beizen vorbereitet. Da die Garzeit in der Farce relativ kurz ist, müssen die Fleischstücke durch Marinieren zart gemacht werden. Grundsätzlich sollen als Einlagen nur zarte, schnell garende Fleischteile, wie Filet, Lende, Leber, Nieren oder Hirn, Verwendung finden. Trockene Fleischstücke werden bardiert (mit Speck umhüllt).

Marinaden bestehen meist aus einem alkoholhaltigen Getränk als Grundsubstanz, z. B. Rotwein, Weißwein, Weinbrand oder Bier. Die Grundsubstanz wird mit Küchenkräutern, Zwiebeln und Möhren kurz aufgekocht. Nach dem Erkalten legt man das Fleisch ein. Die Marinade kann, nachdem das Fleisch herausgenommen wurde, auf kleinem Feuer reduziert werden. Ein Teil kann als Zusatz zur Farce verwendet werden.
Bei mit Essig hergestellten Wildbeizen sollten nur die in der Beize liegenden Gemüseeinlagen nach Passieren der Farce zugesetzt werden.
Pastetenteige können Mürbe-, Blätter- oder Hefeteig sein. Für Krustenpasteten werden Mürbeteige bevorzugt. Zum Unterschied von den bekannten Mürbeteigrezepturen wird bei Pastetenteigen ein Teil der Butter durch Schmalz ersetzt. Die Würzung des Teiges sollte mit der Würzung der Farce übereinstimmen.

Schmalz-Butter-Pastetenteig

Zusammensetzung in g:

Mehl, gesiebt	500
Butter	150
Schmalz	150
Kochsalz	12
Ei	1 Stück
Wasser	10 Eßlöffel

Das gesiebte Mehl wird mit Salz vermischt. Das Fett setzt man in Stücken auf das Mehl und zerdrückt es mit der Gabel. Danach werden das Ei und nach und nach das Wasser zugemischt. Nun wird der Teig geknetet, aber nicht zu stark. Nach der Bereitung soll der Teig mindestens 2 h kühl ruhen. Danach wird er ausgerollt und in die mit Fett ausgestrichene Pastetenform eingelegt. Der Teig muß aber so weit überstehen, daß die Farce verschlossen werden kann. Auf den Teigboden legt man dünne Speckscheiben, damit sich der Boden nicht mit der Flüssigkeit der Farce vollsaugt. Die Wände der Pastetenform sollten auch einige dünne Speckscheiben als Auskleidung erhalten. Nach dem Einfüllen der Farce in die Form wird der Teig oben zusammengefaltet und evtl. noch mit einer Teigdecke versehen. In die Teigdecke werden zwei bis drei Öffnungen eingeschnitten, die mit Pergamentpapier zu verschließen sind. Sie wirken als «Schornsteine» und lassen den beim Garen entstehenden Wasserdampf abziehen, sonst würde der Teig reißen.
Die Oberfläche kann noch mit Eigelb bestrichen werden.
Die Krustenpastete wird bei mittlerer Hitze (150...175 °C) etwa 90 min gebacken.
Nach dem Ausbacken sind die «Schornsteine» zu entfernen, und die Pastete kann nach einigen Minuten Ruhezeit verzehrt werden. Soll sie kalt aufgeschnitten werden, so kann man nach dem Erkalten der Pastete etwas Rotweinaspik in die «Schornsteine» gießen, damit die beim Backen und Erkalten entstandenen Hohlräume ausgekleidet werden.
Die *Terrinen* müssen vor dem Füllen der Farce unbedingt mit feinen Speckscheiben ausgelegt werden, und die Oberfläche ist mit einer Speckscheibe zu verschließen. Dann werden die Terrinen mit dem Deckel verschlossen und in einem Wasserbad gebacken. Die Terrinen stellt man dazu in ein Gefäß mit Wasser (etwa bis zur Hälfte der Terrine) und bäckt im Backofen bei etwa 180 °C. Da das Wasser nur eine Temperatur von 90 °C erreicht, wird die Pastete sehr schonend gegart; es kommt kaum zu Masseverlusten. Die Garzeit beträgt dabei 90...120 min je 1 kg Masse.
Die folgenden Rezepturen gelten für Krustenpasteten, Pie-Pasteten oder auch Terrinen-Pasteten.

Pastetengewürze

Folgende Gewürzmischungen eignen sich zum Würzen von Pasteten (Angaben in g):

Gewürzmischung für Pasteten 1:

Nelken	10
Ingwer	10
Pfeffer, weiß	16
Paprika	5
Lorbeerblatt, gemahlen	10
Muskatnuß	10
Mazis	10
Basilikum	10
Thymian	10
Majoran	4

Gewürzmischung für Pasteten 2:

Nelken	30
Muskatnuß	30
Pfeffer, weiß	15
Lorbeerblatt, gemahlen	5
Thymian	15
Basilikum	15

Gewürzmischung für Pasteten 3:

Pfefferkörner, weiß	20 Stück
Pimentkörner	15 Stück
Ingwer	10
Thymian	15
Lorbeerblatt, gemahlen	5

Die Gewürzmischungen werden frisch hergestellt bzw. im Mörser oder in der Gewürzmühle fein zerstoßen und unter Luftabschluß aufbewahrt.

Gebackene Leberkäsepastete

Zusammensetzung in g:

Rindfleisch, entsehnt, oder Schweinefleisch, mager	350
Schweinebauch	350
Schweinebacken	100
Schweineleber	200
Trinkwasser	100

Gewürze in g:

Nitritpökelsalz	22
Pfeffer, schwarz, gemahlen	3
Muskat	1
Kardamom	1
Quellsalz	3

Rindfleisch (oder Schweinefleisch) und Schweinebacken werden ungegart mit der feinsten Lochscheibe zerkleinert, während rohe Leber und Schweinebauch mit einer gröberen Scheibe zu wolfen sind. Das fein zerkleinerte Rind- oder Schweinefleisch und die -backen werden unter Zusatz von Pökelsalz, Quellsalz und Wasser mit der Hand gut angemengt, bis eine Wasserbindung sichtbar wird. Danach werden die zerkleinerte Leber, der Bauch und die Gewürze untergezogen und etwa 20...30 min weitergemengt. Dazu kann das Rühr- und Knetwerk einer Haushaltküchenmaschine verwendet werden. Das Brät wird in gefettete Formen gefüllt und bei etwa 100...120 °C gebacken (2...3 h), bis das Produkt auf der Oberfläche eine Kruste bildet. Sowohl Warm- als auch Kaltverzehr sind möglich.

Der Lebereinsatz sollte 20 % nicht übersteigen, eine Erhöhung führt allenfalls zu einer Aromaverschlechterung.

Einfache Kaninchenpastete

Zusammensetzung in g:

Kaninchenleber	200
Kaninchenfleisch (Kaninchenklein)	500
Speck, roh	200
Zwiebel	1 Stück
Ei	1 Stück
Semmeln	2
Semmelmehl	30
Kochsalz	20
Pastetengewürz	30

100 g kleingewürfelter Speck wird mit der Zwiebel leicht angebraten. Danach wird darin das in Scheiben geschnittene Kaninchenklein möglichst im eigenen Saft gebraten. Das gegarte Fleisch ist mit der feinen Scheibe zu wolfen und mit Bratenfond, Speck und Zwiebel sowie der eingeweichten Semmel und dem Ei gut zu durchmengen. Die andere Hälfte des Specks wird in kleine Würfel geschnitten und mit der ebenfalls in Würfel geschnittenen rohen Leber untergemengt. Ist die Masse sehr dünnflüssig, wird Semmelmehl zugesetzt. Zum Backen verwendet man eine kleine längliche Kuchenform, die eingefettet und mit dem restlichen Semmelmehl bestreut wird. Die Masse legt man ein und deckt sie mit Pergamentpapier ab. Die Form kommt in eine größere Pfanne mit heißem Wasser, das aber nur bis zur Hälfte der Form reichen darf. Gegart wird in der Röhre bei 100...120 °C etwa 1...1,5 h.

Statt in einer Kuchenform kann die Masse auch in einer Glasdose gegart werden. Die Aufbewahrung erfolgt bei Kühltemperaturen, wobei die Lagerdauer vier Wochen nicht überschreiten sollte.

Wildpastete

Zusammensetzung in g:

Wildfleischragout (Hirsch o. ä.)	400
Speck, roh	400
Wildschweinfilet, Schweinelende oder Hirsch- bzw. Rehfleisch	300

Rinderleber	150
Pfefferkörner, schwarz	2
Lorbeerblatt	2 Stück
Wacholderbeeren	10 Stück
Zwiebeln	3 Stück
Möhren	3 Stück
Sellerie	1 Knolle
Speisepilze, frisch	150
Eier	2 Stück
Rotwein	400
Speiseessig	10

Aus Rotwein, Essig, Wacholderbeeren, Lorbeerblättern, Pfeffer und Suppengemüse wird eine Beize hergestellt, in der man das Wildfleisch, den Speck und die Leber ein bis zwei Tage beizt. 2 bis 3 dünne Scheiben Speck werden zurückbehalten.
Das Wildfleischragout wird zweimal fein gewolft, während Leber und Speck einmal mittels feiner Lochscheibe zu wolfen sind. Zwiebeln und Gemüse aus der Beize werden mit gewolft. Die Pilze werden in Butter angebraten und mit Petersilie abgeschmeckt.
Die Fleischmasse, der gewolfte Speck und die zerkleinerte Leber werden mit den Pilzen gemischt und bis zur Bindung gut gerührt. Etwas reduzierte Beize (nur wenige Milliliter) kann der Farce zugegeben werden. Das Lenden- oder Keulenstück legt man etwa in der Hälfte der Füllung ein. Wird Wildpastete in der Terrine hergestellt, ist im Wasserbad 150 min zu garen.

Mastlammpastete

Zusammensetzung:

Mastlammfleisch	500 g
Schafsnieren	3 Stück
oder Rindsniere	½
Zwiebeln	1 Stück
Salbei	0,1 g
Basilikum	0,2 g
Kochsalz	10 g
Pfeffer, weiß, gemahlen	15 g
Rotwein, trocken	1 Flasche
Lorbeerblätter	1 Stück
Eier	1 Stück
Piment	0,2 g
Fleischbrühe	100 ml

Aus Rotwein, Lorbeerblatt und Piment stellt man eine Beize her, in der das Lammfleisch etwa einen Tag gebeizt wird. Die in Scheiben geschnittenen und mit Wasser abgespülten Nieren können mit gebeizt werden. Danach wird etwa ein Drittel des Fleisches in kleine Würfel geschnitten. Den Rest wolft man zweimal. Die in feine Scheiben geschnittenen Nieren werden zusammen mit der Fleischmasse und den Kräutern unter Zusatz von Brühe und Ei in die Form gegeben, die mit Pastetenteig zu schließen ist. Ein Abzug (Schornstein) muß mit eingearbeitet werden. Gegart wird im Wasserbad.

Sardellen-Leberpastete

In den skandinavischen Ländern, in denen verhältnismäßig viel gebackener Leberkäse verzehrt wird, stellt man Leberkäse oder Leberpastete unter Zusatz von Sardellen oder Salzheringen her.

Zusammensetzung in g:

Schweinefleisch oder Rindfleisch, mager	400
Schweinebauch, fett oder Speck	400
Schweineleber oder Rinderleber	200
Sardellen, gewürzt oder Salzhering, entgrätet, gewässert, filetiert	1 bis 2 Filets
Nitritpökelsalz	20
Zwiebeln	10...20
Pfeffer, weiß	2
Muskat	0,5
Thymian	0,3
Kardamom	3
Zimt	0,1
Vanillinzucker	0,1
Trinkwasser	80
Schlagsahne	30
Eier	1 Stück

Aus gewolftem Magerfleisch und Fettanteil wird unter Zusatz des Pökelsalzes und des Wassers ein Brät gekuttert (Küchenmaschine verwenden oder mit der Hand ausschlagen). Die rohe Leber wird mit den Sardellen oder Heringen fein gewolft unter das Brät gezogen und mit den Gewürzen, der Schlagsahne und dem Ei gut gemengt. Die Masse ist in eine gefettete Form zu füllen und in der Röhre im Wasserbad bei geringer Hitze zu backen.

Geflügel-Sahne-Pastete

Zusammensetzung in g:

Hühnerbrust ohne Knochen	750
Geflügelleber	500
Speck, roh	250
Schlagsahne	250
Zwiebeln	175
Weißwein	125
Butter	125
Lorbeerblätter	2 Stück
Pfeffer, weiß, ganz	5
Thymian	3
Pistazien	25
Speckscheiben zum Auslegen	3 bis 4

Die Hühnerbrüste werden gewürfelt und mit den Pfefferkörnern, den Lorbeerblättern und dem Weißwein mariniert. Etwa 200 g Geflügelleber werden in Würfel mit einer Kantenlänge von 1 cm geschnitten und in 50 g Butter kurz angebraten, ohne daß die Leber Farbe annimmt. Die Zwiebelscheiben sind in der Butter glasig zu dünsten. Die restliche Leber, das Fleisch mit Marinade, die gedünsteten Zwiebeln, die restliche Butter und den Speck wolft man durch die feine Scheibe. Die Masse wird mit Thymian, weißem Pfeffer und Kochsalz abgeschmeckt. Zum Schluß zieht man die flüssige Sahne unter. Die Pastetenform wird mit den Speckscheiben ausgelegt und anschließend schichtweise mit der Masse sowie der gewürfelten Leber und den Pistazien gefüllt. Abgedeckt wird die Form mit einer Aluminiumfolie. Die Garzeit beträgt bei geringer Hitze im Backofen etwa 1 h. Ein gleichmäßigeres Garen erreicht man, wenn die Pastetenform in ein Wasserbad gestellt wird.

Wildschweinpastete

Zusammensetzung in g:

Wildschweinkeule ohne Knochen	750
Schweineleber	250
Speck, roh	150
Zwiebeln	3 Stück
Wacholderbeeren	4 Stück
Gin	30
Brötchen	2 Stück
Pfeffer, weiß	4
Majoran	4
Lorbeerblatt	1 Stück
Milch	100
Kochsalz	22
Speckscheiben zum Auslegen	4 bis 5

Fleisch und Leber sind in Würfel zu schneiden und mit den zerdrückten Wacholderbeeren und Gin gemischt 3 h ziehen zu lassen. Die Brötchen weicht man in Milch ein. Zwiebeln, Fleisch und Leber sowie Speck werden mit der kleinen Scheibe gewolft und mit den Brötchen gemischt. Anschließend werden Majoran, Pfeffer und Salz zugegeben. Die Masse ist mit Cumberlandsoße abzuschmecken und in einer mit den Speckscheiben ausgelegten Pastetenform im Backofen bei geringer Hitze zu garen.

Blätterteigpastete

Zusammensetzung in g:

Schweinefleisch, mager	400
Rindfleisch	300
Speck, roh	300
Kochsalz	20
Saure Sahne	20
Zwiebeln oder Schalotten	20
Zucker	5
Pfeffer, weiß, gemahlen	3
Muskat	0,5
Kardamom	0,5
Basilikum	0,3

Thymian	0,2
Ingwer	0,3
Anis	0,1
Pistazien, gebrüht, gehackt	15

Das Schweine- und Rindfleisch wird zusammen mit dem Speck durch die feine Wolfscheibe gelassen und anschließend mit der sauren Sahne bis zur vollständigen Bindung gut gemengt (Küchenmaschine), wobei man die Gewürze zumischt. Die Masse wird in vorbereiteten Blätterteig gefüllt und bei geringer Hitze gebacken.

Geflügelleberpastete

Zusammensetzung in g:

Schweinebauch, durchwachsen	700
Geflügelleber	300
Nitritpökelsalz	19
Dessertwein	20
Sojamehl oder Stärke	10
Quellsalz	2...3
Zucker	2
Milch oder Trinkwasser	30
Muskat	0,5
Majoran	1,0
Koriander	0,5
Kardamom	0,2
Glutamat	1,0
Zwiebeln, roh, gemahlen	5,0

Schweinebauch und Leber werden durch die feine Scheibe des Wolfes gelassen. Statt Schweinebauch kann auch Speck und mageres Schweinefleisch im Verhältnis 1:1 zugesetzt werden.
Fleisch und Leber werden mit allen Zutaten gemischt und in der Küchenmaschine feinzerkleinert. Gegart wird bei 75...80 °C.

Pfefferpastete

Zusammensetzung in g:

Schweinefleisch, mager	350
Speck oder fetter Bauch	350
Schweineleber	300
Nitritpökelsalz	20
Pfeffer, schwarz, gemahlen	15
Sahne	10
Trinkwasser	30
Quellsalz	2...3
Stärke	10
Zucker	2
oder Trockenobst	10
Muskat	0,5
Kardamom	0,2
Speisewürze	2

Schweinefleisch, Speck und Leber werden gewolft. Bei Verwendung von Trockenobst wird dieses mit dem Fleisch gewolft. Nach Zugabe aller anderen Zutaten und gründlichem Durchmischen wird die Masse mit Küchenmaschine oder Multiboy feinstzerkleinert. Nach dem Abfüllen in Dosen wird bei 75...80 °C gegart.

Französische Landpastete

Zusammensetzung in g:

Schweinefleisch, durchwachsen (Fett : Magerfleisch etwa 1 : 1)	750
Schweineleber	250
Maisan (Maisstärke)	10
Nitritpökelsalz	20
Quellsalz	2...3
Trockenpflaumen oder getrocknete Birnen in Rotwein	50
Milch oder Trinkwasser	30
Muskat	0,5
Koriander, gemahlen	1,0
Zwiebeln, roh, zerkleinert	5,0
Majoran	1,0

Das Trockenobst läßt man etwa 24 h in Rotwein weichen. Danach wird es zusammen mit dem Schweinefleisch und der Leber gewolft. Nach Zugabe aller anderen Zutaten ist gut zu mengen und anschließend in geeigneten Küchenmaschinen feinst zu zerkleinern. Abgefüllt wird in eine Backform oder kleine Glasdosen und bei 75...80 °C gegart.

Kaninchenpastete

Zusammensetzung in g:

Kaninchenfleisch, ohne Knochen	600
Speck, geräuchert	500
Schlagsahne	100
Eier	2 Stück
Kaninchenleber	100
Kaninchenrücken, bardiert	300
Weinbrand	40
Pistazien oder marinierter Gemüsepaprika	50
Kochsalz	20
Zucker	2
Pfeffer, weiß	2
Majoran, gemahlen	1
Muskat	0,5
Kardamom	0,5
Ingwer	0,3
Thymian	0,2
Anis	0,1
Zwiebeln oder Schalotten, zerkleinert	10

Kaninchenfleisch, Speck, Eier, Sahne und Weinbrand werden zur Farce verarbeitet. Zunächst läßt man das Fleisch und den Speck durch die feine Wolfscheibe. Danach zieht man Gewürze, Eier, Sahne und Weinbrand mit der Küchenmaschine unter und verarbeitet die Masse bis zur guten Bindung.

Der Kaninchenrücken wird bardiert, d. h. mit einer dünnen Scheibe Räucherspeck umhüllt. Die Pastetenform ist entweder mit dünnen Speckscheiben auszulegen oder mit einem Pastetenteig auszukleiden. Im letzteren Fall wird die Form vorher mit Öl ausgestrichen und mit Semmelmehl bestreut. Darauf kommen der ausgerollte Pastetenteig und anschließend die Speckplatten. Die so vorbereitete Form wird mit Farce gefüllt, in die die Kaninchenleber und der bardierte Kaninchenrücken eingelegt werden. Die Form wird mit einer Speckplatte verschlossen und bei schwacher Hitze in der Röhre gebacken.

Leberkäse, gebacken

Der ursprünglich vorwiegend in der süddeutschen Gegend hergestellte Leberkäse ist seit Jahrzehnten auch im Thüringer Raum zu einer Spezialität geworden. Leberkäse wird in der Fleischindustrie, bei Hausschlachtungen und in der Hobbyküche hergestellt. Warm verzehrt ist er eine besondere Delikatesse.

Leberkäse gehört nicht zu den Kochwürsten, sondern zu den Pasteten, da seine Ausgangsbestandteile roh verarbeitet werden.

Zusammensetzung in g:

Rindfleisch, entsehnt, oder	
Schweinefleisch, mager	400
Schweinebauch	400
Schweineleber	200
Nitritpökelsalz	24
Pfeffer, gemahlen	3
Muskat	0,3
Mazis	0,2
Paprika, süß	0,3
Koriander	0,3
Quellsalz	3
Trinkwasser	100

Rind- oder Schweinefleisch und Schweinebauch werden fein gewolft, zusammen mit dem Quellsalz wird unter Zusatz des Wassers ein feines Brät ausgekuttert, dem wegen der besseren Wasserbindung auch das Pökelsalz zuzugeben ist. Die Leber ist mit der feinen Scheibe zu wolfen und zusammen mit den Gewürzen gut unterzuziehen. Das fertige Brät wird sofort nach dem Herstellen in eine gefettete Pfanne oder auch eine Kuchenform gefüllt und in der Röhre bei niedrigen Temperaturen gebacken. Hohe Temperaturen führen zu Luftblasen im Brät. Der Leberkäse muß durchgegart sein und eine deutliche Kruste an der Oberfläche aufweisen. Er kann sowohl warm als auch kalt verzehrt werden.

10. DAUERPÖKELWAREN

Dauerpökelwaren sind aus Fleisch-Rohlingen durch Pökeln, Trocknen, Räuchern und Reifen hergestellte, für längere Zeit haltbar gemachte Fleischwaren.

10.1. Innere Vorgänge bei der Herstellung

Betrachtet man das für die Herstellung von Schinken ausgewählte Fleischstück, den sog. Fleisch-Rohling, kurz nach der Zerlegung und nach der Fertigstellung, so fallen einige Veränderungen auf. Die Farbe hat sich von einem verwaschenen hellen Rot in ein leuchtendes tiefes Rot verändert, und die Konsistenz beim Schneiden und beim Kauen zeigt ebenfalls einen deutlichen Unterschied. Sie ist beim Rohling weich, so daß man beim Schneiden nur mit Mühe ein fingerdickes Stück abtrennen kann, während sich fertiger Schinken ohne weiteres in hauchdünne Scheiben schneiden läßt. Beim Verzehr des rohen Fleisches muß lange und kräftig gekaut werden, dagegen «zergeht der fertige Schinken auf der Zunge». Nicht zuletzt ist eine deutliche Veränderung des Aromas (Geruch und Geschmack) erkennbar.

Die komplexen Vorgänge, die diese Veränderungen bewirken, lassen sich in Pökelvorgänge und Reifungsvorgänge unterteilen. Zwar überschneiden sich beide in ihrer Wirkungsweise, doch gibt es deutliche Unterschiede.

Das Pökeln ist durch das Zusammenwirken von Kochsalz und Nitrat oder Nitrit gekennzeichnet. In den vergangenen Jahren wurde dazu meist ein Gemisch aus Kochsalz und Salpeter (Kaliumnitrat, KNO_3) und für große Rohlinge (Landschinken, Rollschinken) sogar ein Nitrat-Nitrit-Gemisch verwendet. Wegen des möglichen Restnitrits in der Fertigware wird aber heute nur noch das handelsübliche Pökelsalz verwendet. Es handelt sich dabei um ein Gemisch aus Kochsalz und Nitrit. Pökelsalz ist in den Einkaufs- und Liefergenossenschaften des Fleischerhandwerks erhältlich.

Nitrit hat beim Pökeln folgende Aufgaben:

- Es ist verantwortlich für das Überführen des Muskelfarbstoffs Myoglobin in Nitrosomyoglobin, das Pökelrot (Umrötungseffekt).
- Nitrit ist in der Lage, auch in geringen Konzentrationen das Wachstum bestimmter anaerob wachsender Sporenbildner zu hemmen. Das ist um so wichtiger, als diese Sporenbildner auch noch bei relativ niedrigen a_w-Werten (bis 0,95) wachsen können.
- Nitrit ist an der Bildung eines spezifischen, typischen Aromas im Fleisch, dem Pökelaroma, beteiligt.

Die Pökelvorgänge können in verschiedener Weise auf das Fleisch einwirken, so daß aus ein und derselben Fleischqualität sowohl zarte, saftige Schinken als auch trockene, feste Schinken hergestellt werden können.

Verfahren zur Herstellung von Pökelwaren

Beim Pökeln diffundieren Kochsalz und Nitrit in das Fleischinnere.
Für die Salzdiffusion gilt: Je höher die angewandte Salzkonzentration ist, um so schneller verläuft die Salzung. Dabei ist zu beachten, daß im Fleisch ein Konzentrationsgefälle entsteht, d.h., die Außenpartien haben zunächst höhere Salzkonzentrationen als der Kern.

Für die Geschwindigkeit des Ablaufs der Pökelvorgänge gilt:
Je höher die Temperatur ist, um so schneller wird das Pökeln abgeschlossen.
Neben diesen beiden Möglichkeiten der Beeinflussung des Pökelvorgangs gibt es noch die Steuerungsmöglichkeiten *Trockenpökelung, Lakepökelung* und *Spritzpökelung*.
Bei der *Trockenpökelung* wird Pökelsalz sowohl in das Fleisch eingerieben als auch über den Rohling gestreut. Es ist darauf zu achten, daß immer ein Teil Salz ungelöst vorhanden ist. Da Kochsalz hygroskopisch (wasseranziehend) ist, nimmt es Wasserdampf aus der Luft auf und bildet teilweise eine gesättigte Lake. Gleichzeitig tritt locker gebundenes Wasser aus dem Fleisch aus und löst das Salz. In diesem Wasser sind wasserlösliches Eiweiß und Muskelfarbstoff enthalten; auf dem Boden des Pökelgefäßes bildet sich mit der Zeit eine rotbraune Lake.
Durch den Wasserverlust tritt eine bestimmte Menge wasserlösliches Eiweiß mit aus und geht somit für die Ernährung verloren. Die Masse verringert sich dadurch je nach Fleischqualität bis zu 20%. Durch den Wasseraustritt wird die Wasseraktivität verringert. Die Trockenpökelung ergibt einen Schinken mit einem mittleren bis hohen Salzgehalt und einer geringen Ausbeute, also einem hohen Masseverlust. Dieser Schinken ist trocken, dunkelrot und fest.
Bei der *Lakepökelung* wird im allgemeinen nicht mit einer gesättigten Lake gearbeitet, sondern mit einer Lakekonzentration von 12...15% Kochsalz. Bei der Lakepökelung werden zwei Ziele angestrebt: Ein im Salzgehalt «milderer» Schinken (das Konzentrationsgefälle ist geringer, somit in gleicher Zeiteinheit weniger Salz) und eine Erhöhung der Ausbeute, also ein geringerer Wasserverlust. Man macht sich dabei die Beobachtung zunutze, daß der Wasseraustritt und damit der Austritt von wasserlöslichem Eiweiß bei Lakekonzentrationen von 12...15% sehr gering ist. Dieses Verfahren soll nur mit Schinkenrohlingen durchgeführt werden, die eine geringe Masse (etwa 800...1500 g) haben. Bei größeren Schinken kommt es bei diesen Lakestärken durch das geringe Konzentrationsgefälle von außen nach innen im Kern kaum zu einer nennenswerten Salzung. Es kann zu einer «Kernfäulnis» kommen, einem Fehler, der immer wieder auftritt.
Bei der Lakepökelung mit einer Lakekonzentration von 12...15% sind die Ausbeute höher, der Wasser- und Eiweißverlust geringer, die Salzung milder, und der Schinken ist insgesamt durchgepökelt, saftig und zart.
Die Lakepökelung ist für Rohlinge bis zu einer Masse von etwa 1500 g geeignet.
Die *Spritzpökelung* spielt in der Hausschlachtung nur eine untergeordnete Rolle. Während diese Pökelverfahren unter den Bedingungen der industriellen Produktion noch mit Verfahren unterschiedlicher Temperaturführung in der Lake und beim Räuchern kombiniert werden, sind bei der Hausschlachtung aus Gründen der Herstellungssicherheit während des gesamten Pökelprozesses tiefe Temperaturen einzuhalten. Die Temperaturführung beim Pökeln soll zwischen 5 °C und 8 °C liegen und die Temperatur im Rauch bei 18...25 °C.
Neben dem Pökeln bestimmt die Reifung Qualität und Aroma des Schinkens. Nur gepökeltes und geräuchertes Fleisch ist noch kein Schinken, es muß erst reifen.
Die Einzelprozesse der Reifung sind allerdings nicht so einfach zu definieren und zu beschreiben wie die der Pökelung. Reifungsprozesse sind komplexe Prozesse, die sowohl die Konsistenz als auch das Aroma verändern.
Reifungsprozesse sind in jedem Fall Abbauprozesse, es lösen sich Strukturen auf (Bindegewebe, Muskelzelle), und höhermolekulare Verbindungen werden in niedermolekulare umgewandelt. Diese Vorgänge werden von Enzymen ausgelöst. Anfangs sind es fleischeigene Enzyme, und später treten bakterielle Enzyme hinzu. Das Ausmaß ist allerdings niedriger als bei der Rohwurstreifung. Die Reifung des Schinkens dauert länger als das Pökeln. Daher sollen die Schinkenrohlinge nach abgeschlossenem Pökeln noch

einige Tage abhängen, bevor sie in den Rauch kommen. Dabei gleicht sich die Salzkonzentration noch aus. Das Abhängen wird auch Durchbrennen genannt. Die Temperatur beim Durchbrennen soll etwas höher als die Pökeltemperatur liegen.

Anforderungen an das Rohmaterial

Für die Schinkenherstellung sind hochwertige Fleischteile mit wenig Bindegewebe zu verwenden. Geeignet sind die Keule in natürlichem Zustand oder zerlegt in Ober- und Unterschale und Nuß sowie Kotelett und Kamm. Das Fleisch muß normale Qualität haben; PSE- und DFD-Fleisch eignen sich nicht! Der Einsatz von Gefrierfleisch bei der Herstellung von Dauerpökelwaren ist im Handwerk und in der Industrie möglich, erfordert aber viel Erfahrung. Für die Hausschlachtung wird die Verwendung von Gefrierfleisch nicht empfohlen.
Fleisch für die Dauerpökelwaren-Herstellung soll mindestens 24 h alt und gut gekühlt sein. Soll Schinken aus Handelsfleisch hergestellt werden, so ist darauf zu achten, daß es nicht zu alt und nicht beschlagen (klebrige Oberfläche) ist. Der Geruch soll frisch und nicht abweichend sein.
Dauerpökelwaren können auch aus Rind- und Schaffleisch hergestellt werden. Beide Fleischarten haben naturgemäß einen anderen Charakter als Schweinefleisch. Rindfleisch- und Schaffleischschinken (auch bekannt als Bärenschinken) sind sehr dunkel und trocken, aber zart und mager. Vom Rind verwendet man für die Schinkenherstellung Lende, Roastbeef ohne Bindegewebe und gut entsehnte Teile der Keule. Das Fleisch soll von jüngeren Tieren stammen und benötigt im Gegensatz zum Schweinefleisch unbedingt eine Vorreifung; nur dann ist mit einem Qualitätsschinken zu rechnen. Die Vorreifung beim Rindfleisch dauert bei Kühlschranktemperaturen etwa 8 bis 10 Tage. Das Fleisch kann so lange lagern, bis es beim Drücken mit 2 Fingern etwas klebrig wirkt. Es dürfen aber noch keine Geruchsabweichungen bemerkbar sein. Die anschließende Pökelbehandlung unterscheidet sich nicht von der Schweinefleischpökelung.

Schinkensorten für die Hausschlachtung

Die Wahl der Schinkensorten richtet sich nach der beabsichtigten Palette der sonstigen Fleisch- und Wurstwaren. Soll viel Rohwurst hergestellt werden, kann man weniger Schinken produzieren.
Besteht die Familie nur aus zwei oder drei Mitgliedern, ist es unsinnig, große Schinken herzustellen. Es sollten dann besser mehrere kleine Schinken von 500...700 g hergestellt werden, da ein einmal angeschnittener Schinken alsbald verzehrt werden muß. Soll fettarm gegessen werden, ist auf die Herstellung von Land- oder Rollschinken zu verzichten.
Die Wahl der Schinkensorte hängt auch davon ab, wann der Schinken verzehrt werden soll. Kleine Schinken (Lachsschinken usw.) können nicht wochenlang aufbewahrt werden. Sie bekommen ihre volle Genußreife schon etwa eine Woche nach dem Räuchern und sollten dann verzehrt werden. Ein zu lange aufbewahrter kleinerer Schinken verdirbt zwar nicht, doch erhält er eine strohige Konsistenz und verliert an Aroma. Dagegen muß ein Land- oder Rollschinken nachreifen. Sind die Räume dafür ungeeignet, so kommt es bei zu warmen Räumen zu Ranzigkeit oder bei zu feuchten Kellerräumen zum Verschimmeln.
Aus der großen Gruppe der Dauerpökelwaren sind für Hausschlachtung zu empfehlen:

- *Großvolumige Schinken:* Landschinken, Rollschinken,
- *Schinken mittlerer Größe:* Kammschinken und Schinkenspeck,
- *Kleinvolumige Schinken:* Kotelettschinken (Lachsschinken).

Für die Herstellung im Haushalt kommen in Frage:

- Kammschinken, Schinkenspeck, Lachsschinken, Rindfleischschinken (Lende, Roastbeef).

Die Herstellung von Nußschinken ist nicht ratsam. Seit einiger Zeit sind bei dieser Schinkensorte Qualitätsmängel zu beobachten, die sich in Leimigkeit, Wäßrigkeit und schlechtem Durchreifen äußern und deren Ursache vermutlich genetischer Natur ist. Die «Nuß» sollte daher für andere hochwertige Erzeugnisse, wie Saftschinken oder Rohwurst, verwendet werden.

10.2. Ansetzen der Pökellake

Bei der Verarbeitung von Fleisch insbesondere beim Zusatz von Gewürzen und Salz, ist es unbedingt notwendig, sowohl die zu verarbeitende Rohware als auch alle Zusatzstoffe genau auszuwägen. Ein Ansetzen der Pökellake «nach Gefühl und Geschmack» führt mit Sicherheit zu Fehlproduktionen. Zunächst ist die Masse des Schinkenrohlings genau mit der Waage zu bestimmen, um einen Überblick über die benötigte Pökeldauer und die anzusetzende Lakemenge zu erhalten. Danach ist je nach benötigter oder gewünschter Lakekonzentration die erforderliche Menge Pökelsalz abzuwiegen und das zum Ansetzen der Lake notwendige Wasser mit einem Meßbecher abzumessen.

Die Lakekonzentration wird in der Fachliteratur meist in Baumégraden (°Be) angegeben. Es werden aber auch die Begriffe Masseprozent und Volumenprozent verwendet. Zur Schnellbestimmung der Lakekonzentration und zur Kontrolle während der Verwendung der Lake wird in der Industrie und im Handwerk die Lakespindel benutzt. Das Prinzip der Lakespindel beruht auf der Dichtemessung. Mit der Konzentration der Lösung verändern sich Dichte und Auftrieb eines Körpers in der Lösung. Über diesen Auftrieb wird die Dichte und über die Dichte die Konzentration bestimmt. Die Skaleneinteilung moderner Lakespindeln oder Aerometer erfolgt in Baumégrad und in Masseprozent. Die Anschaffung einer Lakespindel ist zu empfehlen. Die Spindeln sind im Fachhandel oder über die Einkaufs- und Liefergenossenschaften des Fleischerhandwerks erhältlich.

Da für das Ansetzen der Lake bei der Hausschlachtung selten eine Spindel, aber fast immer eine Waage zur Verfügung steht, beziehen sich die nachstehenden Angaben immer auf Masseprozent Pökelsalz. Zur schnellen Orientierung dient Tabelle 5. Auf der linken Seite sind die gewünschten Lakekonzentrationen (in Masseprozent Pökelsalz) aufgeführt, rechts daneben stehen die Pökelsalzmengen, die, in einem Liter Wasser aufgelöst, die entsprechende Lakekonzentration ergeben.

Löst sich das Salz nicht vollständig, so ist die Wasser-Pökelsalz-Mischung unter Rühren zu erwärmen. Sie ist aber erst nach Abkühlen auf den Rohling zu gießen.

Wichtig ist, daß die Lake den Fleisch-Rohling vollständig bedeckt. Schwimmt er auf, so ist er gegebenenfalls mit einem Rost zu beschweren. Außerdem ist der Rohling in der Lake regelmäßig zu wenden.

Folgendes Beispiel soll die Herstellung der Pökellake verdeutlichen: Für das Pökeln eines Landschinkens wird eine 22%ige Pökelsalzlake vorgeschrieben. Die Masse des Rohlings beträgt 8 kg. Da das Verhältnis Lakemenge zu Rohlingsmasse immer mindestens 1 : 1 betragen muß, werden 10 l Lake angesetzt. Nach Tabelle sind zur Herstellung einer 22%igen Lake 282 g Pökelsalz in 1 l Wasser zu lösen. Zur Herstellung von 10 l Lake sind demnach 2,820 kg Pökelsalz abzuwiegen und in 10 l Wasser zu lösen.

Tabelle 5. Beziehungen zwischen Lakekonzentration und Pökelsalzmenge

Lakekonzentration (Masseprozent Pökelsalz)	Pökelsalzmenge je Liter Wasser in kg
10	0,111
12	0,136
15	0,177
16	0,191
17	0,205
18	0,220
20	0,250
22	0,282
24	0,316
25	0,333

10.3. Herstellungsverfahren ausgewählter Dauerpökelwaren

Landschinken und Rollschinken

Zerlegen. Der *Landschinken* besteht aus der ganzen Keule mit Hüftstück, allerdings ohne Bein und Schwanz; Schloßknochen und Schwanzwirbel sind entfernt. Das Hüftstück wird rund beschnitten.

Der «*Westfälische Schinken*» ist eine Unterart des Landschinkens. Hier bleiben Bein und Schloßknochen am Rohling.

Beim *Rollschinken* werden alle Knochen entfernt. Zusätzlich entfernt werden Hüftstück und Nuß. Die Schwarte wird bei beiden Schinkensorten nicht entfernt.

Pökeln. Die Rohlinge werden von allen Seiten kräftig mit Pökelsalz eingerieben. Eine Mischung mit Zucker ist bei Verwendung von Pökelsalz nicht notwendig. Wegen seines oft starken Sporenanteils ist das Einreiben mit Pfeffer nicht zu empfehlen.

Die Rohlinge sind dann in passende Gefäße (möglichst Steinguttöpfe) einzulegen. Die Trockensalzung wiederholt man drei Tage lang. Für die weitere Behandlung der Rohlinge gibt es folgende Möglichkeiten:

- Die Pökelung wird als Trockenpökelung über den gesamten Zeitraum fortgeführt. Dabei ist zu beachten, daß immer nicht gelöstes Pökelsalz auf dem Rohling und im Gefäß vorhanden ist. Die sich absetzende Lake ist in regelmäßigen Abständen über den Rohling zu gießen, und dabei ist der Rohling zu wenden. Der Landschinken eines Schlachtschweines mit einer durchschnittlichen Lebendmasse von 120 kg sollte etwa 3 Wochen gepökelt werden; schwere Landschinken mit größerer Fettauflage benötigen 4 Wochen.
- Nach der 3tägigen Trockenpökelung ist auch eine Lakepökelung möglich, allerdings mit einer relativ hochprozentigen Lake. Es wird eine 20- bis 22%ige Lake hergestellt, die man der besseren Löslichkeit wegen erwärmt und nach dem Abkühlen (nicht warm verwenden!) so auf den oder die Rohlinge gießt, daß das Fleisch bedeckt ist. Das Verhältnis Fleisch : Lake soll dabei 1 : 1 bis 1 : 1,5 betragen. Auch hier sind die Rohlinge öfter zu wenden. Die Lake ist auf Geruchsabweichung oder Blasenbildung zu kontrollieren.

Landschinken verbleiben 3 bis 4 Wochen in der Lake, Rollschinken etwa drei Wochen.

Die Temperatur im Pökelraum sollte 4...8 °C betragen.

Durchbrennen. Nach der errechneten Pökelzeit werden die Schinken aus der Lake genommen, auf Roste gelegt und öfter gewendet. Die Temperatur kann etwas erhöht werden (auf 9...10 °C). Größere Landschinken benötigen 1 bis 2 Wochen Nachbrennzeit, kleinere Rollschinken einige Tage.
Räuchern. Nach dem Nachbrennen werden die Rohlinge mit warmem Wasser abgewaschen und danach in kaltem Wasser gewässert. Rollschinken werden vor dem Wässern gewickelt. Das Wässern hat die Aufgabe, überschüssiges Salz aus den oberflächlichen Schichten zu entfernen, um einen *Salzausschlag* beim Räuchern zu vermeiden. Der Rauch darf nicht zu warm werden, deshalb sind die Schinken an die höchste Stelle in der Räucherkammer zu bringen. Je nach Größe der Schinken und nach Rauchdichte beträgt die Räucherzeit 15 bis 40 Tage.
Nachreifen. Obwohl der Land- oder Rollschinken nach dem Räuchern nicht mehr als Rohling, sondern als fertiger Schinken anzusprechen ist, empfiehlt es sich bei diesen Schinkensorten, eine bestimmte Zeit zum Nachreifen einzuhalten.
Dabei werden die Konsistenz des Schinkens verbessert und das Aroma verstärkt.
Der Schinken ist dabei kühl, dunkel und trocken aufzubewahren (nicht im Kühlschrank), um Ranzigkeit oder Verschimmeln zu vermeiden. Eine Nachreifezeit von zwei bis drei Wochen ist zu empfehlen; längere Lagerfristen sind bei diesen Schinkensorten möglich, falls gute Raumbedingungen vorliegen.

Schinkenspeck

Zur Herstellung von Schinkenspeck werden die Hüftstücke verwendet. Wie der Name sagt, gehört zu diesem Schinken ein bestimmter Fettanteil. Es gibt viele, die Schinkenspeck wegen seiner besonderen geschmacklichen Note einem Lachsschinken vorziehen. Schinkenspeck sollte immer mit dem Fettanteil zusammen verzehrt werden. Erst in dieser Kombination zeigt er den typischen Geschmack.
Gepökelt wird in 16- bis 18%iger Pökelsalzlake. Für kleinere Rohlinge sind 8 bis 10 Tage und für mittlere bis größere Stücke 10 bis 14 Tage Pökeldauer ausreichend. Nach dem Pökeln wird einige Stunden gewässert und anschließend mäßig warm (bis 20 °C) geräuchert. Geräuchert wird so lange, bis die Schwarte eine goldgelbe Färbung annimmt. Schinkenspeck sollte bald nach dem Räuchern verzehrt werden.

Kammschinken

Verwendet wird das Kammstück ohne Knochen. Kauft man das Kammstück im Handel, so läßt man sich den Knochen entfernen oder entfernt ihn selbst. Zusammen mit Sauerkraut gekocht, ergibt der Kammknochen ein pikantes Gericht.
Beim Kammstück ist ausschließlich die Trockenpökelung zu empfehlen. Die Rohlinge sind täglich zu wenden und dabei etwas nachzusalzen. Die Temperatur im Pökelraum soll 4...8 °C betragen.
Die Nachbrenndauer beträgt 1 bis 2 Tage bei Temperaturen bis 15 °C. Nach dem Pökeln und Nachbrennen (8 bis 10 Tage) werden die Kammstücke warm abgewaschen und anschließend einige Stunden kalt gewässert. In einigen Gegenden wird das Kammstück vor dem Räuchern gewickelt.
Die Räucherzeit beträgt 3 bis 5 Tage bei einer Rauchtemperatur von 15...20 °C.
Die Aufbewahrung erfolgt – das gilt für alle Schinkensorten – in einem luftigen (keine Zugluft!), dunklen und mäßig temperierten Raum. Kammschinken kann bis zu einem Monat ohne Qualitätseinbuße aufbewahrt werden; danach beginnt er vom Rand her trocken zu werden.

Zigeunerschinken, schwarzgeräuchert

Die ursprüngliche «Schwarzräucherung», eine territoriale Spezialität, entstand durch eine lange Kalträucherung von Dauerpökelwaren, wobei den Holzspänen Torf zugesetzt wurde.
Aus gesundheitlichen Gründen wird heute auf eine möglichst kurze Räucherzeit orientiert. Um den Effekt einer Schwarzräucherung zu erzielen, kann auch mit Blut gearbeitet werden.
Für Zigeunerschinken, schwarzgeräuchert, eignet sich Schinkenspeck sehr gut. Der Rohling wird wie üblich zubereitet und gepökelt. Nach dem Pökeln ist er zu wässern. Anschließend muß er etwas abhängen und trocknen. Inzwischen wird Schweineblut mit Phosphatzusatz gesalzen. Dazu verwendet man 100 g Kochsalz je Liter Blut. Danach versetzt man das gesalzene Blut mit etwas Essig (etwa 5 Eßlöffel Speiseessig je 1 l Blut) und erwärmt es leicht. Bei Temperaturen von etwas über 40 °C wird das Blut dickflüssig, stockt aber nicht. Dieser Temperaturbereich sollte nicht wesentlich überschritten werden, da es bereits bei 60 °C zur Bildung eines Blutkuchens kommt.
Der gepökelte Rohling wird nun ein- bis zweimal in das dicke Blut getaucht und anschließend in einem kühlen Raum so lange aufgehängt, bis kein Blut mehr abtropft. Danach wird der Rohling wie üblich geräuchert.
Das Blut wird beim Räuchern tiefschwarz und bildet eine feste Kruste. Wird mit ungesalzenem und ungesäuertem Blut gearbeitet, muß öfter getaucht werden. Es dauert wesentlich länger, bis sich eine farbdeckende Schicht auf dem Rohling ausgebildet hat.

Pfefferschinken vom Kamm

Wer den würzig-scharfen Geschmack des Pfeffers in Verbindung mit dem Schinkenaroma liebt, kann den Kammschinken in dieser Hinsicht verbessern.
Nach dem Räuchern wird das Kammstück geteilt, so daß zwei kleinere Stücke entstehen. Man stellt dann aus Speisegelatine eine Lösung her (es empfiehlt sich, die doppelte Menge Gelatine wie auf der Packung angegeben zu nehmen), die mit einem Pinsel auf die Schinkenstücke aufgetragen wird. Vor dem Erstarren streut man grob gemahlenen schwarzen Pfeffer (Steakpfeffer) auf.

Lachsschinken

Ausgangsmaterial für den Lachsschinken ist das Kotelett. Der Kotelettstrang wird in jedem Fall vom Knochen gelöst. Es ist darauf zu achten, daß das Kotelett von einwandfreier Fleischqualität ist.
Für Lachsschinken ist die Lakepökelung zu empfehlen. Entsprechend dem gewünschten milden Endprodukt wird auch nur eine Lake mittlerer Konzentration (12...15%) zum Pökeln verwendet. Die Pökeldauer beträgt je nach Größe der Rohlinge 4 bis 5 Tage. Danach wird einige Stunden gewässert. Ein Nachbrennen ist nicht erforderlich.
Um eine stärkere Austrocknung zu vermeiden, soll so kurz wie möglich mit Rauchtemperaturen um 15 °C geräuchert werden.
Lachsschinken hat seine volle Genußreife kurz nach dem Räuchern und sollte nicht lange aufbewahrt werden.

Kasseler Rippenspeer

Kasseler Rippenspeer ist eine Variante des Lachsschinkens. Das Produkt wird ebenfalls aus dem Kotelettstück – aber mit Knochen – hergestellt. Kasseler Rippenspeer wird etwas schärfer gesalzen. Die Lakekonzentration beträgt 15...18% und die Pökeldauer etwa 10 Tage. Nach dem Pökeln werden die Rohlinge etwa 2 h gewässert und im warmen Rauch geräuchert. Es wird eine gelb-bräunliche Farbe angestrebt.

Rinderschinken

Ein gut vorgereiftes Rinderfilet wird entsehnt und in einer 12%igen Pökelsalzlake 5 bis 6 Tage gepökelt.
Nach leichtem Wässern wird ohne Nachbrennen mäßig warm geräuchert. Die Räucherzeit beträgt etwa 2 bis 3 Tage. Die Fertigware ist dunkel und trocken und länger lagerfähig als Lachsschinken.

Lachsschinken mit Speckhülle

Eine Verbesserung des Aussehens und des Geschmacks erhält Lachsschinken durch eine Speckumhüllung.
Man nimmt auch hierzu das nach der Keule zu gelegene Kotelettstück, entfernt den Knochen und schneidet den Rohling rechteckig zu. Das Pökeln erfolgt wie bei Lachsschinken. Danach werden die Rohlinge abgewaschen und so lange vorgetrocknet, bis die Oberfläche trocken ist.
Von einer gesalzenen Speckseite schneidet man mit einer Brot- und Aufschnittmaschine dünne Speckscheiben ab, mit denen der Rohling umhüllt wird. Anschließend wird er mit dünnem Wurstbindegarn, einem sog. Lachsfaden, gewickelt. Die Wicklung soll gleichmäßig erfolgen, da sie das Aussehen mitbestimmt.
Geräuchert wird mit mäßig warmem Rauch bis zu einem goldgelben Farbton.

Italienischer Kammschinken (Bendajola oder Coppa d'Estate)

Dieser Schinken ist durch eine besondere Lakewürzung und die spezielle Zubereitung für das Räuchern gekennzeichnet.
Ein Kammstück ohne Knochen wird mit einer Pökelsalz-Gewürz-Mischung folgender Zusammensetzung kräftig eingerieben (Angaben in g):

Nitritpökelsalz	400
Pfeffer, schwarz, gemahlen	100
Wacholder, gestoßen	100
Muskatnuß, gerieben	1 Stück
Zimt, gemahlen	20
Zucker	50

Nach dem Einreiben werden die Kammstücke so gelagert, daß die sich bildende Lake ablaufen kann und der Kamm nicht in der Lake liegt. Nach zwei Tagen werden die Rohlinge nochmals mit der Salz-Gewürz-Mischung kräftig eingerieben und wieder zwei Tage eingelegt. Ein drittes Einreiben schließt sich an. Danach bleiben die Kammstücke je nach Größe 4 bis 6 Tage liegen und werden anschließend warm abgewaschen und mit kaltem Wasser abgespült. Nach dem Abtrocknen wird der Kamm in eine Schaf- oder Rinderbutte gesteckt, die man zubindet und fest wickelt. Die so hergerichteten Stücke können 1 bis 2 Tage vorgetrocknet werden und kommen dann in einen mäßig warmen Rauch bis zur Goldbraunfärbung.

Tiroler Rauchfleisch

Fetter und mäßig durchwachsener Schweinebauch läßt sich zu einer delikaten Dauerpökelware verarbeiten. Eine besonders gute Qualität wird bei der Verarbeitung von Bauch schwerer Schweine mit festem Fett erzielt.

Aus den Bauchlappen werden die Rippen herausgezogen und die knorpeligen Teile des Brustbeins entfernt. Der so behandelte Schweinebauch wird in einer 15-...18%igen Nitritpökelsalzlake unter Zugabe von Lorbeerblatt, Piment und Pfefferkörnern etwa 3 bis 4 Wochen gepökelt. Nach dem Pökeln wird das Fleisch in lauwarmem Wasser gewaschen und danach ein bis zwei Wochen im Kaltrauch geräuchert.

Tiroler Rauchfleisch kann roh als Dauerpökelware verzehrt werden, doch läßt es sich auch kochen.

Fränkische Bündle

Das fränkische Bündle ist eine aus Schweinebauch hergestellte Dauerpökelware. Es wird in ähnlicher Weise wie Tiroler Rauchfleisch vorbereitet, nur wird beim fränkischen Bündle gut durchwachsener Bauch von nicht zu schweren Schlachtschweinen verwendet.

Nach Entfernen der Rippen wird das Fleisch in 15%iger Nitritpökelsalzlake 2 bis 3 Wochen gepökelt. Nach dem Pökeln ist es gut abzuwaschen und im Kaltrauch goldgelb zu räuchern.

Geräucherte Gänse- und Putenbrüste sowie Gänse- und Putenkeulen

Eine Delikatesse besonderer Art sind geräucherte Geflügelteile. Zum Räuchern eignen sich vor allem die fleischigen Brustmuskeln und die Keulen. Diese Produkte, die leider sehr selten im Handel erhältlich sind, lassen sich relativ einfach im Haushalt herstellen, zumal zerlegte Gänse und Puten zumindest in der Weihnachtszeit im Angebot sind.

Die Brust wird sorgfältig vom Brustbein gelöst und von überflüssigem Fett befreit, wobei die Haut am Fleisch verbleibt. Die Fleischstücke werden mit Nitritpökelsalz eingerieben und in einem Behälter entsprechender Größe mit einer 18%igen Pökellake überschichtet. Auch hier ist das Mindestverhältnis von Fleisch : Lake zu beachten. Die Fleischteile werden öfter gewendet, und die Pökeldauer beträgt bei Temperaturen um 4...6 °C sechs Tage. Anschließend wäscht man die Fleischstücke ab und trocknet sie mit einem Tuch. Je zwei Brustmuskelhälften näht man nun mit der Haut nach außen mit dünnem Nähgarn zusammen. Danach wird an der Luft kurz getrocknet und im warmen Rauch 2 bis 3 Tage geräuchert.

Keulen sind ebenfalls sechs Tage zu pökeln und 2 bis 3 Tage zu räuchern. Diese Erzeugnisse sind zum alsbaldigen Verzehr bestimmt, um Austrocknungen zu vermeiden.

10.4. Herstellungsfehler

Als Fehlproduktionen gelten nicht nur Fehler im Herstellungsverfahren, die zu einer völligen Genußuntauglichkeit führen, sondern auch solche Erzeugnisse, die den Erwartungen an ihren Genuß nicht entsprechen. Das können Fehler in der Farbgebung, in der Konsistenz, im Geruch oder im Geschmack sein.

Es ist aber auch als Fehler zu werten, wenn Schinken in Unkenntnis des Zeitpunktes ihrer vollen Genußreife zur falschen Zeit verzehrt werden, also wenn beispielsweise Landschinken sofort nach dem Räuchern ohne Nachreifung angeschnitten werden oder wenn man den Lachsschinken als «Dauerware» wochenlang abhängen läßt.

Fäulnis

Es handelt sich um einen Fehler, der meist zur Genußuntauglichkeit des Schinkens führt. Dieser bakteriell bedingte Fehler ist nicht selten und führt in der Regel zum vollständigen Verlust. Fäulnis tritt vorwiegend bei Land- und Rollschinken auf, weil bei diesen Schinkensorten die Bedingungen für eine Vermehrung der Bakterien günstig sind. Für die Entstehung der Fäulnis bei Schinken gibt es folgende Ursachen:

- Land- und Rollschinken werden nicht oder nur wenig zerlegt. Fleischfehler, wie Muskelrisse, Blutungen usw., die beispielsweise durch Abwehrbewegungen vor dem Schlachten (Aufregung der Tiere) entstehen, können nicht erkannt werden. Sie wirken sich günstig auf das Wachstum von Bakterien aus.
- Bei starker Aufregung oder Erschöpfung der Tiere vor dem Schlachten bzw. bei Erkrankungen kann es zu einem Eindringen von Bakterien in das Fleisch kommen. Bei Schinken mit Knochen ist eine vom Knochen ausgehende Besiedlung des Fleisches ebenfalls nicht ausgeschlossen.
Da es auch bei hohen Pökelsalzkonzentrationen relativ lange dauert, bis sich im Kern des Schinkens eine Salzkonzentration einstellt, die ein bakterielles Wachstum verhindert, sind niedrige Pökeltemperaturen (4...8 °C) unbedingt einzuhalten.
- Eine Fäulnis kann auch durch zu geringe Lakekonzentrationen ausgelöst werden. Unzureichende Lakekonzentrationen entstehen durch
Herstellen der Lake ohne exaktes Wägen,
unzureichendes Verhältnis von Lakevolumen zu Fleischmasse oder
Verwendung von Altlake, die keine ausreichende Konzentration hat.

In Fäulnis übergegangener Schinken hat eine graue bis graugrüne Verfärbung, von der besonders die bindegewebigen Teile betroffen sind. Der Geruch ist faulig bis fäkal. Beim Anschneiden sind häufig Zusammenhangstrennungen in der Muskulatur anzutreffen, die durch gasbildende Bakterien verursacht werden.
Der Fehler kann vermieden werden durch

- sorgfältige Auswahl des Ausgangsmaterials,
- genaue Einstellung der Lakekonzentration,
- Einhaltung der Pökeldauer und
- Einhaltung der Pökeltemperatur von 4...8 °C.

In Fäulnis übergegangener Schinken ist in jedem Fall genußuntauglich.

Stickigkeit

Eine Stickigkeit des Schinkens ist am fad-säuerlichen Geruch des Fleisches zu erkennen. Die Geruchsabweichung ist unmittelbar nach dem Anschneiden besonders intensiv. Bei geringer Ausprägung des Fehlers verliert sich der abweichende Geruch manchmal nach einiger Zeit. Das Fleisch ist verwaschen himbeerrot und von weicher Konsistenz. Es ist die gleiche Entstehungsursache wie bei der stickigen Reifung des Fleisches (s. unter 4.) anzunehmen, bei der es sich um einen überstürzten enzymatischen Abbau des Fleisches handelt.

Um die Stickigkeit zu vermeiden, ist darauf zu achten, daß nur einwandfrei und schnell durchgekühltes Fleisch als Ausgangsware für die Schinkenherstellung Verwendung findet.

Ranzigkeit

Die Ranzigkeit hat ihre Ursache im Abbau der Fette, die Luftsauerstoff aufnehmen, d. h., sie oxidieren. Dadurch entstehen die ranzig riechenden und schmeckenden Stoffwechselprodukte.

Ranzigkeit wird daher vorwiegend bei den Erzeugnissen beobachtet, die einen bestimmten Fettanteil haben, also bei Land- und Rollschinken, Schinkenspeck und Kammschinken.

Ranzigkeit ist kein Herstellungs-, sondern ein Lagerfehler. Obwohl jedes Fett nach einer gewissen Lagerdauer ranzig wird, können ungeeignete Lagerungsverhältnisse diesen Prozeß wesentlich beschleunigen.

Begünstigend wirken in jedem Fall hohe Lagerungstemperaturen und Lichteinfluß. «Kühl und dunkel lagern» ist die unbedingte Forderung beim Nachreifen von Schinken.

Beginnende Ranzigkeit ist leicht zu erkennen. Der Fettanteil verfärbt sich gelblich, und der Geschmack wird leicht ranzig mit unangenehmem Nachgeschmack. Im Zweifelsfall und zur Abklärung, ob eine beginnende Ranzigkeit vorliegt, kann die «Schmelzprobe» Aufschluß geben. Dazu werden etwa 50 g Fettanteil des betreffenden Schinkens gewürfelt und in einem kleinen Topf bei geschlossenem Deckel vorsichtig erwärmt, so daß das Fett gerade schmilzt, aber nicht verbrennt. Durch diesen Schmelzprozeß verstärkt sich die Geruchsabweichung und wird deutlich wahrnehmbar.

Schinken mit beginnender Ranzigkeit sind sofort zu verbrauchen. Eine beginnende Ranzigkeit ist nicht aufzuhalten, die Geschwindigkeit des Fettverderbs wächst von Tag zu Tag.

Es gibt noch eine Reihe weiterer Fehler, die nicht unbedingt zur Genußuntauglichkeit führen, aber den Genußwert erheblich beeinträchtigen können.

Abweichungen in der Pökelfarbe

Ungenügendes oder nicht vollständiges Umröten kann bei Verwendung von PSE-Fleisch vorkommen. Ist die Pökelfarbe außen dunkel und innen hell, so kann der Rauch zu warm und trocken gewesen sein oder die Nachbrennzeit bei größeren Schinken zu kurz. Eine mehr braune Farbe auf der Oberfläche haben Schinken, die sehr naß in den Rauch gelangten. Bei zu hoher Luftfeuchte in der Rauchkammer entsteht der gleiche Fehler.

Leimigkeit

Die Leimigkeit (das Fleisch klebt beim Berühren) kommt sehr häufig als Rohstoffehler vor. Das Fleisch wird leimig, wenn die Fleischsäuerung aus irgendwelchen Gründen unzureichend war. Auch bei zu langsamem Durchpökeln oder bei zu schwacher Salzung kann es zu diesem Fehler kommen.

Alter oder muffiger Geschmack und Geruch

Dieser Fehler kann durch Verwendung alter Pökellake entstehen. Eine Lake kann auch schnell altern oder gar «Umschlagen», wenn das Lake : Fleisch-Verhältnis zu eng ist und dadurch die Salzkonzentration der Lake schnell aufgebraucht wird. Aus dem Fleisch tritt Eiweiß in die Lake, und Fäulnisbakterien finden somit einen guten Nährboden zur Vermehrung. Eine verbrauchte Pökellake erkennt man am Geruch, oft bilden sich auf der Oberfläche Blasen.

Verschimmeln

Das Verschimmeln der Schinkenoberfläche ist ein Fehler, der seine Ursache in einer unzureichenden Beschaffenheit des Lagerraumes, d. h. in einer zu hohen Luftfeuchte verbunden mit unzureichender Luftumwälzung hat. Wird bei der Lagerungskontrolle beginnender Schimmelpilzbefall auf Dauerpökelwaren festgestellt, so ist das Produkt alsbald zu verbrauchen. Ist die gesamte Oberfläche des Schinkens mit Schimmelpilzen bewachsen, so sollte der Schinken aus gesundheitlichen Gründen nicht mehr genossen werden. Das oft empfohlene Abwaschen mit Essigwasser und anschließendes Nachräuchern bringen keine Verbesserung.

11. GARFLEISCHWAREN

Garfleischwaren sind gepökelte und anschließend gegarte Fleischwaren. Dazu gehören solche Produkte, wie Kochschinken, Kernsaftschinken, Kaßler, Schweinekammbraten, Pökelzunge und gepökelte Rinderkeule.
Während diese Produkte in der Fleischindustrie und im Fleischerhandwerk einen beträchtlichen Anteil des Standardsortiments umfassen, werden sie bei Hausschlachtungen selten hergestellt. Das hat einmal seinen Grund darin, daß Garfleischwaren aus hochwertigen Fleischteilen hergestellt werden. Diese Fleischteile verarbeitet man bei Hausschlachtungen vorwiegend zu Rohwurst. Zum anderen sind für eine ordnungsgemäße Herstellung von Garfleischwaren bestimmte Ausrüstungen erforderlich, z. B. Pastetenkästen oder Schinkenpreßformen, die der Hausschlächter meist nicht zur Verfügung hat.
Zur Herstellung von Garfleischwaren, z. B. eines Kochschinkens, gehört neben der Ausrüstung auch sehr viel Erfahrung; bei nichtsachgemäßer Garung ist mit einem hohen Kochverlust von über 30 % zu rechnen. Das Produkt selbst entspricht dann in der Regel nicht mehr den Erwartungen, es ist trocken und zäh. In den letzten Jahren sind eine Reihe von Verbesserungen in der Verfahrensführung bekannt geworden, in deren Ergebnis die Ausbeute wesentlich gesteigert werden konnte und die Konsistenz der Erzeugnisse sich verbesserte.
Durch mechanisches Einwirken auf das Fleisch (sog. Tumbeln) ist es gelungen, ein Produkt von außerordentlicher Zartheit und Saftigkeit bei einer Ausbeute von rund 100 %, d. h. praktisch ohne Kochverlust, herzustellen. Da dieses Verfahren sehr einfach ist, kann es auch bei Hausschlachtungen angewandt werden. Insbesondere ist es für die Hobbyküche empfehlenswert.
Die Verfahrensschritte bei der traditionellen Herstellung von Garfleischwaren sind *Pökeln, Durchbrennen, Garen* und ggf. *Räuchern*.
Bei der Herstellung von Koch- und Saftschinken sowie anderen Garfleischwaren mittels Tumblerverfahrens sind es *Pökeln, Tumbeln, Garen* und ggf. *Räuchern*, die im folgenden näher beschrieben werden.

Pökeln. Da auf einen Fremdwasserzusatz möglichst verzichtet werden sollte, wird das Trockenpökeln angewandt. Eine Trockenpökelung bewirkt wie das Pökeln in gesättigter (25%iger) Lake ein dichteres Zusammenrücken der Muskelfasern und der Eiweißbestandteile dieser Fasern. Die Trockenpökelung führt zu einer «Entquellung» des Fleisches. Trockengepökeltes Fleisch erscheint fest und starr; der Fachmann bezeichnet diesen Zustand als «Stand» des Fleisches. In diesem Zustand ist das Fleisch zur Herstellung von Dauerpökelwaren gut geeignet. Kochpökelwaren sollte man aber nicht herstellen. Beim Garen würden Verluste von über 30% auftreten, da ein Teil des gebundenen Wassers in freies Wasser umgewandelt wird, also bei der Erwärmung nach außen in das Kochwasser übergeht. Das Fleisch muß also einer Weiterbehandlung unterzogen werden mit dem Ziel, diesen Zustand der Entquellung wieder aufzuheben und in eine Quellung der Fleischfasern umzuwandeln. Das wird nun in verhältnismäßig einfacher Weise durch das «Tumbeln» des Fleisches erreicht.

Tumbeln. Das Tumbeln des Fleisches (engl. tumble: stürzen, fallen) ist in den letzten Jahren als Behandlungsverfahren in der Fleischindustrie eingeführt worden. Es sind dafür Spezialmaschinen entwickelt worden; geeignet ist aber auch die in fast allen Betrieben vorhandene Mengmaschine. Wichtig ist, daß auf das Fleisch kräftige mechanische Kräfte einwirken, die aber nie so groß zu bemessen sind, daß der Gesamtzusammenhang des Fleisches zerstört wird. Die mechanische Behandlung erfolgt durch Schlag oder Fall. Diese kontinuierliche Einwirkung auf das Fleisch bewirkt Veränderungen im feingeweblichen Aufbau. Zunächst wird die Muskelfaser, die durch das Pökeln schon gewisse Destrukturierungen erhalten hat, teilweise zerstört. Dadurch kann Zellsaft, bestehend aus Wasser und gelöstem Eiweiß, aus der Muskelzelle heraustreten. Er sammelt sich zwischen den Muskelfasern und tritt auch an die Oberfläche. Das ist daran zu erkennen, daß die Oberfläche des Fleisches langsam feucht und klebrig wird. Durch diese Strukturauflockerung und durch das freiwerdende Muskeleiweiß wird das Wasserbindevermögen erhöht, und das Fleisch beginnt wieder zu quellen. Diese Vorgänge werden durch den Kochsalzanteil im Pökelsalz verstärkt, da, wie schon mehrfach beschrieben, Salz die Ladungsstärke des Eiweißes erhöht und das lösliche Eiweiß um den Teil vermehrt, der salzlöslich ist. Durch die mechanische Beanspruchung des Fleisches entsteht abwechselnd eine Saug- und Druckwirkung im Fleisch; dadurch erhöht sich die Geschwindigkeit des Eindringens von Pökelsalz. Die Pökelgeschwindigkeit wird insgesamt verbessert.

Mit der zunehmenden Zerstörung der Muskelfaserhülle und der Salzwirkung tritt immer mehr wasserlösliches Eiweiß aus dem Fleisch heraus, in dieser Eiweißlösung ist natürlich auch Kochsalz gelöst. Dadurch verringert sich der prozentuale Kochsalzgehalt im Fleisch, und es gibt dann einen Punkt, bei dem die Entquellung des Fleisches durch hohe Kochsalzkonzentration in eine Quellung umschlägt. (Pökeln mit geringen Lakekonzentrationen erzeugt Quellung, Pökeln mit hohen Lakekonzentrationen Entquellung; der Umschlagpunkt liegt etwa bei einer Kochsalzkonzentration von 12% in der wäßrigen Phase.) Mit dem Erreichen des Quellungszustandes, der beim Tumbeln etwa nach 45 ... 60 min zu erwarten ist, verliert das Fleisch den «Stand»; es wird weich und lappig. Während ein entquollenes Fleischstück auf der flachen Hand zu halten ist, gelingt das mit einem gequollenen kaum, da es in sich zusammenfällt. In diesem Zustand ist das Fleisch zur Herstellung von Garfleischwaren gut geeignet.

Garen. Tumbeln und richtige Temperaturführung beim Garen sind wesentliche Voraussetzungen für gute Qualität und hohe Ausbeute bei der Herstellung von Garfleischwaren. Eine falsche Temperaturführung beim Garen kann die Ergebnisse des Tumbelns zunichte machen.

Aus der Erkenntnis heraus, den Garprozeß so schonend wie möglich durchzuführen, geht die fleischverarbeitende Industrie immer mehr dazu über, die Gartemperaturen so weit wie möglich herabzusetzen. Die Limitierung der Temperatur nach unten wird durch die Notwendigkeit bestimmt, alle vegetativen Keime abzutöten und das Eiweiß des Fleisches zu denaturieren. Beide Ziele sind nicht mit gleichen Temperaturen zu erreichen. Eine Denaturierung des Eiweißes wird schon bei genügend lange einwirkenden Temperaturen von 65 °C erreicht, während eine sichere Abtötung der vegetativen Bakterien bei länger einwirkenden Temperaturen von etwa 70 °C zu erreichen ist.

Es hat sich gezeigt, daß Gartemperaturen zwischen 70 °C und 75 °C, die eine bestimmte Zeit einwirken, um im Kern sicher 70 °C zu erreichen, geeignet sind, alle vegetativen Keime zu vernichten und eine Hitzedenaturierung des Eiweißes zu bewirken. Darüber hinaus gab es aber zwei weitere Ergebnisse:

Die Zartheit der Garfleischprodukte wird um so größer, je tiefer die Gartemperatur gewählt wurde; der optimale Zartheitspunkt liegt bei einer Temperatur von 65 °C.

Der Garverlust ist um so geringer, je tiefer die Gartemperatur gewählt wird. Die Optimaltemperatur liegt beim Garen bei etwa 65 °C.

Es gibt die Auffassung, daß zähes Fleisch durch langes Kochen zarter wird. Diese Meinung ist nach heutigen Erkenntnissen nicht mehr zu halten. Wird ein und dasselbe Fleisch erwärmt und bei verschiedenen Gartemperaturen verkostet, so ergibt sich, daß ab 50 °C der Scherwert deutlich abnimmt bis zu einem Minimum bei 65 °C. Danach steigt der Scherwert wieder an, zunächst langsamer und ab 85 °C deutlich beschleunigt.

Die Zartheit des Fleisches ist abhängig vom Anteil des kollagenen (leimgebenden) Bindegewebes. Es besteht die theoretische Vorstellung, daß die Strukturen des Bindegewebes bei 65 °C eine Art «Schmelzpunkt» haben. Dabei ist die Zartheit am größten und der Biß- und Kauwiderstand am geringsten. Mit Erhöhung der Temperatur verdichten und verkürzen sich die Fasern des Bindegewebes. Erhitztes Fleisch mit Bindegewebe zeigt deutliche Krümmungen, die von der Verkürzung der Bindegewebsfasern stammen. Bei Gartemperaturen von 65...75 °C hat Bindegewebe noch nicht die Tendenz zur Faserverkürzung. Erst ab 75...80 °C ist diese Erscheinung deutlich zu erkennen.

Der Wasserverlust beim Garen steigt bis 65 °C ebenfalls kaum an. Der bis dahin zu beobachtende Garverlust beträgt weniger als 1 % und beruht nur auf dem Verlust an verdampftem Wasser. Bei Gartemperaturen über 75 °C bricht die Struktur des Eiweißes zusammen. Es bilden sich neue Strukturen, bei denen viel Wasser (und mit diesem Eiweiß) freigesetzt wird, das vorher gebunden war. Das ist das Stadium, in dem sich Kochbrühe bildet. Je langsamer nun dieser Punkt der neuen Strukturbildung erreicht und je weniger er überschritten wird, desto mehr Wasser und Eiweiß kann in den neuen Verband aufgenommen werden und um so geringer sind die Wasser- und Eiweißverluste. Allerdings gilt diese Möglichkeit auch nur bis zu Gartemperaturen von etwa 75 °C. Bereits geringfügige Überschreitungen von 75 °C führen sofort zu wesentlich höheren Garverlusten. Wichtig ist es deshalb, die Temperatur genau und konstant im Bereich von 72...75 °C zu halten.

Die *Garzeiten* sind bei Gartemperaturen von 72...75 °C wie folgt zu bemessen:

Dosen (Glas- oder Blechdosen), 0,5 l	3 h
Dosen, 1 l	4 h
Pastetenkästen, 2...2,5 kg	6 h

11.1. Herstellung von Garfleischwaren

Geformter Kernsaftschinken

Ein sowohl für die Hausschlachtung als auch für die Hobbyküche sehr zu empfehlendes Produkt ist der geformte Kernsaftschinken. Das Produkt wird aus Schweinefleisch unter Verwendung des Tumblerverfahrens hergestellt. Durch den geringen technischen und zeitlichen Aufwand kann damit auch bei einer Kleinproduktion ein hervorragendes, zartes Kochschinkenprodukt erzeugt werden. Die bisher bekannten Kochschinken aus ganzen Rohlingen, in der Regel Ober- und Unterschale ohne Nuß und ohne Knochen, werden aus verschiedenen Gründen kaum noch hergestellt. Auch in anderen Ländern geht der Trend mehr zum geformten Kochschinken, nicht zuletzt deshalb, weil sein Herstellungsverfahren einfacher ist und das Produkt wesentlich besser beurteilt wird als der herkömmliche Kochschinken.

Geformte Schinken, auch als geformter Kernsaftschinken bezeichnet, werden nicht aus einem ganzen Rohling, sondern aus mehr oder weniger großen Stücken der Keule (manchmal auch dem Vorderviertel) hergestellt. Um die einzelnen etwa faustgroßen Stücke zu einem Stück zu vereinen, muß zwangsläufig getumbelt werden, da nur mit diesem Verfahren die für die Bindung erforderliche Eiweißlösung erzeugt werden kann. Geeignet für die Herstellung von geformten Saftschinken sind alle normal gereiften mageren Fleischteile, besonders Teile aus der Ober- und Unterschale. DFD-Fleisch sollte nicht verwendet werden, PSE-Fleisch kann verwendet werden, allerdings wird dadurch das Schnittbild blaßrot.

Die Keule oder der Vorderschinken wird gut entsehnt und von Fettanteilen befreit. Für das Entsehnen ist ohnehin eine weitgehende Zerlegung der Keule notwendig. Die Stücke sollen aber nicht kleiner als faustgroß werden, da sonst das Schnittbild des Endproduktes unruhig wirkt. Der Anteil an kleinen Stücken (bis Nußgröße) kann aber ohne weiteres 10...15 % von der Gesamtmasse betragen.

Die gut entsehnten faustgroßen Schweinefleischstücke werden gewogen. Bezogen auf die Ausgangsmasse werden 2,3...2,4 % Nitritpökelsalz zugegeben und mit den Fleischteilen innig vermischt. Da hierbei alles Salz einschließlich des Tropfwassers mitverwendet wird, ist eine genaue Wägung von Fleisch und Salz unbedingt notwendig.

Für die weitere Behandlung gibt es zwei Möglichkeiten.

Das mit Nitritpökelsalz vermischte Fleisch bleibt entweder über Nacht stehen und wird am nächsten Tag weiterbehandelt oder das Fleisch wird sofort im Anschluß an das Salzen getumbelt, muß aber dann in der Preßform über Nacht stehen bleiben. Für die Konsistenz und das Aroma ist das Stehenlassen über Nacht nicht notwendig, aber für eine einheitliche Farbe. Es kann vorkommen, daß bei sofortigem Garen im Kern der Fleischstücke nicht umgerötete Zonen verbleiben.

Da bei Hausschlachtungen oder in der Hobbyküche keine Mengmaschine zur Verfügung steht, muß mit der Hand getumbelt werden. Kochschinken und Kernsaftschinken sind nicht lange lagerfähig und müssen innerhalb einer Woche verzehrt werden. Somit empfiehlt es sich, die Herstellungsmenge unter diesem Gesichtspunkt zu begrenzen. In der Regel werden nicht mehr als 1...2 kg hergestellt. Zum Tumbeln werden die gepökelten oder gerade angepökelten Stücke mit allen Salzresten und dem Tropfsaft in eine genügend große Schüssel (Plaste ist gut geeignet) gebracht. Die Schüssel soll so bemessen sein, daß mit dem Fleisch gerade der Boden bedeckt ist. Die Fleischstücke sollen dicht aneinander und höchstens in zwei Schichten übereinander liegen. Danach werden je 1 kg Einsatzmenge 3 g Quellsalz, die man in 30 ml kaltem Wasser unter sofortigem Umrühren löst, dem Fleisch zugegeben. Nun beginnt das eigentliche Tumbeln. Die Fleischstücke werden zunächst mit der Hand oder mit einem Holzlöffel solange gerührt, bis das zugesetzte Wasser fast verschwunden ist. Von der Fleischoberfläche wird es zuerst locker gebunden. Danach kann man das Tumbeln etwa 10 min unterbrechen. Anschließend werden die Fleischstücke kräftig bewegt und ab und zu mit der Hand geknetet oder angehoben und fallengelassen. Es kommt darauf an, möglichst große mechanische Kräfte auf die Fleischstücke einwirken zu lassen. Dieses Tumbeln wird in Intervallen (jeweils 5 min Pause) so lange fortgeführt, bis sich die Konsistenz der Fleischstücke geändert hat. Die vorher roten und festen Stücke werden blaß bis graurot und erscheinen äußerlich etwas zerfasert, weich, lappig und klebrig. Es muß sich eine deutlich bemerkbare klebrige Schicht auf der Oberfläche ausbilden, die vorwiegend aus wasserlöslichen Eiweißanteilen besteht. Wird ein Fleischstück in die Hand genommen und gepreßt, muß es beim Öffnen der Faust etwas hängenbleiben. Die Fleischstücke müssen so weich sein, daß sie sich beim Einfüllen in den Garbehälter aneinander schmiegen, daß keine Lufteinschlüsse entstehen. Es dauert etwa 45...60 min, bis dieser Zustand erreicht ist. Eine hervorragende Konsistenz und Zartheit des Produkts ist der Lohn für diesen Aufwand.

Nach dem Tumbeln wird das Fleisch in die vorgesehenen Behältnisse geschichtet. Das können sowohl einfache Rillengläser als auch Pastetenkästen sein. Der Vorteil des Garens bei Temperaturen von 70...75 °C liegt darin, daß kein Gegendruck mehr ausgeübt zu werden braucht, so daß auf die sonst üblichen Preßformen verzichtet werden kann. Bei einer Herstellung von etwa 2 kg sind einfache Pastetenkästen mit Deckel angebracht. Diese Kästen sind über die Einkaufs- und Liefergenossenschaften des Fleischerhandwerks zu beziehen. Die Kästen werden mit einfacher Folie ausgelegt. Das getumbelte Fleisch legt man sorgfältig unter Vermeidung von Lufteinschlüssen ein und verschließt die Kästen. Es eignen sich aber auch Rillengläser oder Blechdosen. Glas- oder Blechdosen füllt man fast voll, verschließt sie und erhitzt sie stehend im Wasserbad oder im Einkochtopf. Es ist günstig, wenn das Wasser die Dosen vollständig bedeckt.

Gegart wird bei Temperaturen von 73 °C; eine Schwankung von ± 2 K ist zulässig. Größere Schwankungen sind zu vermeiden. Die Garzeit liegt bei Rillengläsern und 1-l-Dosen bei 4 h. Danach werden die Dosen herausgenommen und in den Kühlschrank gestellt.

Verschlossene Dosen (Rillengläser sind beim Garen mit einer Klammer zu versehen, damit sich ein Vakuum bildet) sind im Kühlschrank etwa 4 Wochen lagerfähig. Nach dem Öffnen ist der Inhalt innerhalb einer Woche zu verbrauchen. Der Inhalt der nicht durch Vakuum verschlossenen Pastetenkästen ist nach dem Erkalten aus der Form zu stürzen und kann als Aufschnittware innerhalb einer Woche unter Kühlschranklagerung verbraucht werden.

Die Qualität der in der Dose hergestellten Ware entspricht der von handelsüblichen Dosenschinken.

Rindersaftkeule

Wird zur Herstellung des Formschinkens statt Schweinefleisch Rindfleisch verwendet, kann Rindersaftkeule produziert werden. Auch dieses Produkt eignet sich für die Hobbyküche. Das Fleisch soll von der Keule sein und darf nur wenig Sehnen haben. Wird ein größeres Stück gekauft, ist es vor dem Pökeln wieder in faustgroße Stücke zu zerlegen und dabei von sichtbaren Sehnen zu befreien. Rindersaftkeule ist etwas kräftiger in der Farbe und im Aroma, aber fast ebenso zart wie Schweineformschinken. Rindfleisch, das beim Kochen immer etwas zäh wird, reagiert besonders vorteilhaft auf Gartemperaturen von 70...75 °C.

Kernsaftschinken (Formschinken, Formschinken in der Dose)

Zusammensetzung in g:
Schweinefleisch aus der Keule oder aus dem Bug, entsehnt, fettfrei	1000
Nitritpökelsalz	24
Quellsalz (Naquellat, Stagesal u. ä.)	3
Trinkwasser	30

Das Schweinefleisch wird in faustgroße Stücke geschnitten, gut entsehnt und von anhaftendem Fett befreit. Kleinere Stücke können anteilig bis 10% mitverwendet werden. Das Fleisch wird mit dem Pökelsalz versehen und 18 h kühl gestellt. Anschließend tumbelt man das Fleisch, dem zuvor das in Trinkwasser gelöste Quellsalz zugesetzt wird. Es kann auch sofort getumbelt werden. In diesem Fall muß das Fleisch aber nach dem Tumbeln und Einfüllen in die Behältnisse 18 h gut kühl gelagert werden. Die Gartemperatur beträgt 73 °C ± 2 K.

Rindersaftkeule (Saftschinken vom Rind, Rinderformschinken in der Dose)

Zusammensetzung in g:
Rindfleisch von der Keule, gut entsehnt	1000
Nitritpökelsalz	22
Quellsalz	3
Trinkwasser	30

Die Herstellung erfolgt wie bei Kernsaftschinken.

Gerollter Bauch

Gerollter Bauch ist eine aus Frankreich stammende Garfleischware. Dieses kochschinkenartige Produkt kann sowohl bei Hausschlachtungen als auch im Haushalt aus durchwachsenem Schweinebauch hergestellt werden.

Der von Rippen und knorpeligen Teilen des Brustbeins befreite gut durchwachsene Schweinebauch wird mit Nitritpökelsalz gut eingerieben. Die Innenseite (Fleischseite) wird mit Paprika und Steakpfeffer bestreut, zusammengerollt und mit Wurstfaden verschnürt. Der gerollte Bauch verbleibt anschließend 2 bis 3 Tage in einem kühlen Raum zum «Durchbrennen». Danach wird er vollständig in ein Tuch eingerollt und im Kessel oder einem großen Topf bei Temperaturen um 75 °C einige Stunden gegart. Für das Erreichen einer guten Qualität ist es wichtig, daß die Gartemperaturen nicht mehr als 2...3K nach oben oder unten abweichen dürfen. Nach dem Garen ist sofort durchzukühlen.

11.2. Herstellungsfehler und Verderbniserscheinungen

Farbfehler

Beim Anschneiden sind meist im Kern graue, nicht umgerötete Herde erkennbar. Als Ursache ist eine ungenügende Pökeldauer anzusehen.

Vermeidung und Nachbesserung. Bei ordnungsgemäß eingehaltener Rezeptur und ausreichender Pökeldauer von 18 h bei faustgroßen Stücken sind Pökelfehler sicher zu vermeiden. Eine Nachbesserung ist nicht möglich und nicht nötig. Es handelt sich um einen Schönheitsfehler.

Farb- und Konsistenzfehler

Gehen die beschriebenen Farbfehler (zentral oder dezentral gelegen) mit einem Konsistenzfehler einher (die hellen grauen Stellen sind weich, auf Druck wasserlässig), handelt es sich um einen Garfehler. Ursachen sind zu kurze Garzeiten oder zu niedrige Gartemperaturen.
Vermeidung und Nachbesserung. Die angegebenen Garzeiten sind genau einzuhalten. Die Gartemperatur ist unbedingt mit dem Thermometer zu kontrollieren. Eine Nachbesserung ist nicht möglich. Der Kochschinken ist sofort zu verbrauchen.

Wasser- und Geleeabsatz

Bildet sich zwischen Füllgut und Behälterwand Wasser oder Gelee, so ist mit Sicherheit auf eine Überschreitung der Temperatur zu schließen. Bei Gartemperaturen von über 75 °C beginnt das Absetzen des Wassers.
Vermeidung und Nachbesserung. Die Temperaturen sind genau einzuhalten. Eine Nachbesserung ist nicht möglich; der Schinken ist genußtauglich und voll lagerfähig.

Zusammenhangstrennungen

Halten die einzelnen Fleischstücke nach dem Kühlen nicht zusammen, so ist ungenügend getumbelt worden. Das auf die Oberfläche austretende Fleischeiweiß reicht nicht aus, um als Kittsubstanz zu dienen, oder die Fleischteile waren noch ungenügend gequollen.
Vermeidung und Nachbesserung. Das Fleisch ist bis zur deutlichen Klebrigkeit und bis zum vollständigen Erschlaffen zu tumbeln. Eine Nachbesserung ist nicht möglich.

Verderbniserscheinungen

Bei der Herstellung von Formschinken in Pastetenformkästen sind Verderbniserscheinungen nicht zu erwarten. Auf diese Weise hergestellte Erzeugnisse sind nach dem Auskühlen ohnehin innerhalb einer Woche zu verbrauchen und in dieser Zeit kühl zu lagern. Wird der Formschinken in dieser Zeit allerdings warm gelagert, kann es wie bei jeder Fleisch- und Wurstware zu Abweichungen und Verderbniserscheinungen kommen.
Bei länger gelagerten verschlossenen Dosen kann es zu bakteriellem Verderb kommen. Dafür gibt es zwei Ursachen. Ist der Inhalt nicht vollständig durchgegart, so sind in gleicher Weise wie bei den Kochwursthalbkonserven noch lebende vegetative Keime vorhanden, die auch bei Kühllagerung zu einem Verderben der Ware führen können. Beim Öffnen der Dose bemerkt man einen abweichenden Geruch und im Kern der Dose meist Konsistenzveränderungen.
Auch bei ordnungsgemäß durchgegartem Inhalt kann es zu gleichen Erscheinungen kommen, wenn die Lagertemperatur über 10 °C ansteigt und die im Inhalt befindlichen Sporen auskeimen und wachsen können.
Rillengläser sind daher während der Lagerung auf Vakuumverschluß zu kontrollieren. Der Inhalt von aufgegangenen Gläsern ist nicht mehr zu verwenden. Die Gläser dürfen

auf keinen Fall nochmals eingekocht werden. Sind die Gläser allerdings sofort nach dem Garen offen, handelt es sich um einen Verschlußfehler. Der Inhalt dieser Dose kann verbraucht werden.

Blechdosen zeigen Bakterienwachstum meist durch Bildung von «Bombagen» an. Der Deckel wölbt sich nach außen; beim Öffnen entweicht hörbar Gas. Der Inhalt solcher Dosen ist in jedem Fall genußuntauglich.

12. Salate, Aspikwaren, Sülzen, Feinkost

12.1. Fleischsalate

Fleischsalate erfreuen sich wegen ihres pikanten Geschmacks besonderer Beliebtheit. Es gibt eine Vielzahl von Rezepturen, die im wesentlichen auf folgenden drei Komponenten beruhen:

- Fleischbrät oder Fleisch oder Wurst,
- Mayonnaise oder Salatkrem,
- Gemüse, Obst und Gewürze.

Nach wie vor wird Fleischbrät als Fleischgrundlage für Salate bevorzugt. Dabei handelt es sich um ein brühwurstartiges Erzeugnis aus Rindfleisch (Rinderbrät) oder Schweinefleisch (Schweinebrät). Der Vorteil des Einsatzes von Fleischbrät bei der Salatherstellung liegt darin, daß es Mayonnaise oder Salatcreme gut annimmt und nicht einseitig hervorschmeckt, sondern den spezifischen Gemüse- und Gewürzanteil gut zur Geltung bringt. Bei Verwendung von Fleisch oder Wurst kommt es oft zum Vorschmecken dieser Komponenten.

Herstellung von Fleischbrät
Einfaches Fleischbrät

Zusammensetzung in g:
Rindfleisch	3500
Schweinefleisch, durchwachsen	3500
Fettabschnitte oder Bauch	2500
Schwarten	500
Nitritpökelsalz	200
Quellsalz	30
Trinkwasser	1000

Das Fleisch wird mit den Schwarten fein gewolft und anschließend mit dem Quellsalz und dem Wasser in der Küchenmaschine gemengt oder gekuttert, bis das Schüttwasser völlig gebunden ist. Das Brät wird in einem entsprechenden Behälter (Pastetenform o. ä.) bei 80...90 °C im Wasserbad bis zur völligen Bindung gegart (Garzeiten s. u. 8.1.).

Rindfleischbrät

Zusammensetzung in g:
Rindfleisch, entsehnt	7000
Schweinebauch oder Fettabschnitte vom Schwein	3000
Nitritpökelsalz	200
Quellsalz	30
Trinkwasser	1000

Die Herstellung erfolgt in gleicher Weise wie bei einfachem Fleischbrät. Das fertig gegarte Brät wird nach dem Erkalten in Streifen geschnitten.

Fleischsalat mit Mayonnaise

Zusammensetzung in g:
Fleischbrät, geschnitten	450
Mayonnaise, 24- oder 65%ig	550
Pfeffer, schwarz, gemahlen	3
Zucker	2
Kümmel, gemahlen	0,2
Kochsalz	

Fleischbrät, Mayonnaise und Gewürze werden gemengt und eventuell mit Kochsalz abgeschmeckt.

Rindfleischsalat ohne Mayonnaise

Zusammensetzung in g:
Rindfleischbrät	550
Tomatenmark	80
Letscho	80
Zwiebeln, roh, geschnitten	80
Gurken bzw. Gewürzgurken	110
Speiseöl	80
Speiseessig	20
Paprika, scharf	3
Zucker	10
Kochsalz	

Das Rindfleischbrät ist in Streifen zu schneiden und mit allen Zutaten gut zu mengen. Zum Schluß wird mit Kochsalz abgeschmeckt.

Italienischer Salat

Zusammensetzung in g:
Fleischbrät	450
Mayonnaise	400
Gewürzgurken	125
Zwiebeln, mariniert	20

Gemüsepaprika, roh oder mariniert	10
Kochsalz	4
Speiseessig, 10- bis 12%ig	8
Worcestersoße	2
Zitronensaft	3
Speisesenf	4
Pfeffer, weiß	2
Salzhering, filetiert, oder Sardellenfilet	10
Mazis	0,3
Chillipulver oder Paprika, scharf	0,05

Das Brät ist in Streifen zu schneiden und Gewürzgurken, Zwiebeln sowie Salzhering sind fein zu würfeln und mit Gewürz und Mayonnaise zu mengen. Vor dem Verzehr läßt man den Salat ziehen.

Budapester Rindfleischsalat

Zusammensetzung in g:

Rindfleischbrät	370
Tomatenmark	80
Gemüsepaprika, roh oder mariniert, bzw. Letscho	90
Zwiebeln, gebraten	70
Gurken, Gewürzgurken oder saure Gurken	110
Pfeffer, gemahlen	10
Essig, 10%ig	20
Speiseöl	100
Kartoffeln, gekocht, geschnitten	150
Paprika, scharf	2
Zucker	2

Das Rindfleischbrät schneidet man in Streifen, würfelt den Paprika und schneidet die Kartoffeln in Scheiben. Alle Zutaten sind gut zu mengen. Danach läßt man den Salat durchziehen.

Wiener Salat

Zusammensetzung in g:

Fleischbrät, einfach	650
Speiseöl	50
Tomatenmark	200
Zwiebeln, gebraten	50
Speisesenf	20
Zucker	10
Essig, 10%ig	15
Pfeffer, gemahlen	1
Paprika, scharf	2

Das Fleischbrät wird in Streifen geschnitten und mit allen Zutaten gut gemengt. Den Salat läßt man ziehen und schmeckt ihn zum Schluß mit Kochsalz ab.

Salate ohne Fleischbrät, aber mit Wurst- oder Fleischgrundlage

Appetitsalat

Dieser Salat wird nicht mit Fleischbrät, sondern mit Jagdwurst, Bierwurst, Bierschinken oder Mortadella hergestellt.

Zusammensetzung in g:

Jagdwurst o. ä. Wurst	400
Salzgurken	100
Junge Erbsen (Dosenware)	100
Mayonnaise	350
Zwiebeln, roh, feingehackt	30
Tafelsenf	30
Paprika, edelsüß	5
Worcestersoße	5

Bunter Salat

Dieser geschmacklich gute und attraktiv aussehende Salat wird auf der Grundlage von Rohwurst, schnittfest, und von Schweinebraten hergestellt. Bratenreste können sehr gut Verwendung finden.

Zusammensetzung in g:

Rohwurst, schnittfest (Salami, Cervelat)	200
Schweinebraten	200
Mayonnaise	150
Gewürzgurken	100
Gemüsearten, süßsauer (Gemüsepaprika, marinierte Mixed Pickles)	100
Speisequark, mager	80
Speisesenf	20
Petersilie, frisch oder gefroren	10
Zucker	20
Paprika, scharf	5

Rohwurst, schnittfest, und Schweinebraten in Streifen schneiden und mit allen anderen Zutaten vermengen. Gegebenenfalls ist mit Kochsalz oder Speisewürze abzuschmecken.

Pußtasalat

Als Fleischbasis dient Rohwurst, schnittfest. Der Salat ist herzhaft und scharf.

Zusammensetzung in g:

Rohwurst, schnittfest	500
Gemüsepaprika, roh oder mariniert	150

Tomatenketchup	200
Mayonnaise	100
Senfkörner	30
Worcestersoße	5
Zitronensaft	15
Zucker	25
Kochsalz	5
Paprika, scharf	3

Die Rohwurst wird in Streifen geschnitten und mit den anderen Zutaten vermischt.

Herrensalat

Es handelt sich um einen delikaten Salat, der aus hochwertigem Ausgangsmaterial hergestellt wird.

Zusammensetzung in g:

Roastbeef, gegart	400
Champignons (Dosenware, in Scheiben)	100
Gemüsearten, süßsauer (Gemüsepaprika, Blumenkohl, Tomate, grün usw.)	150
Gewürzgurken	200
Tomatenketchup	100
Worcestersoße	5
Paprika, scharf	3
Zitronensaft	7
Senf	10

Das Roastbeef wird gegart in Streifen geschnitten und mit allen anderen Zutaten vermischt. Vor dem Verbrauch ist der Salat etwas durchziehen zu lassen.

Rumänischer Fleisch-Eier-Salat

Gekochte und geschnittene Eier passen sowohl geschmacklich als auch hinsichtlich der Konsistenz gut zum Fleischanteil des Salats. Bratenreste können auf diese Weise zu einem hochwertigen Salat veredelt werden.

Zusammensetzung in g:

Schweinebraten	250
Eier, hartgekocht	350 (etwa 7 Stück)
Gemüse, süßsauer (Gemüsepaprika, Gurke usw.)	200
Mayonnaise 83%	200
Petersilie, frisch oder gefroren	5
Zitronensaft	15
Zucker	20
Kochsalz	3
Schnittbohnen (Dosenware)	200

Den Schweinebraten schneidet man in Streifen und die Eier in Scheiben. Beides ist mit allen anderen Zutaten vorsichtig zu mengen.

Fleisch-Käse-Salat

Eine pikante Note besonderer Art erhält Fleischsalat durch Zugabe eines bestimmten Anteils von Schnittkäse. Allerdings müssen alle anderen Zutaten darauf abgestimmt sein. Für diesen Salat können Reste von Schweinebraten und Rohwurst, schnittfest, verwendet werden.

Zusammensetzung in g:

Rohwurst, schnittfest	120
Schweinebraten	120
Schnittkäse (Tollenser, Edamer, Emmentaler usw.)	250
Gewürzgurken	200
Junge Erbsen (Dosenware)	150
Speiseöl	100
Zucker	5
Paprika, scharf	5
Zitronensaft	15
Pfeffer, weiß	5

Rohwurst, Schweinebraten und Schnittkäse werden in Streifen geschnitten und mit allen Zutaten vermengt. Anschließend ist mit Kochsalz abzuschmecken.

Ochsenmaulsalat

Ochsenmaulsalat ist ein herzhaft und pikant schmeckender Salat, dessen Herstellung im Haushalt zu empfehlen ist.
Ochsenmaul kann über Fleischspezialverkaufsstellen oder das Fleischerhandwerk bezogen werden.
Ochsenmaul wird einen Tag trocken gepökelt, danach gut abgewaschen und leicht angekocht. Nach dem Ankochen wird das Ochsenmaul in fließend kaltem Wasser gekühlt und nochmals gut geputzt.
Nach nochmaligem Waschen wird es mit kaltem Wasser angesetzt und nunmehr weichgekocht. Dem Wasser wird Suppengemüse zugesetzt.
Der sich beim Kochen bildende Schaum wird mit einem Löffel oder Sieb abgenommen, damit die Brühe klar bleibt. Das Ochsenmaul wird danach durch ein Tuch gefiltert und mit Essig und Öl versetzt. Das Mengenverhältnis beträgt 6 Teile Brühe, 3 Teile Speiseessig und 1 Teil Speiseöl.
Diese Mischung dient als Aufguß, der noch gewürzt wird. Je 1 l Aufguß verwendet man folgende Gewürze (in g):

Pfeffer, weiß, gemahlen	3
Zucker	2
Senfkörner	1
Zwiebeln, gehackt	15
Nelken	0,2
Piment	0,3
Lorbeerblatt	1 Stück
Weißwein	10
Kochsalz	8
Speisewürze	wenige Tropfen zum Abschmecken.

Garnierung: Kapern und Zwiebelringe

12.2. Sülzen und Aspikwaren

Herstellen und Klären von Aspik

Zur Herstellung von Sülzen und Aspikwaren, z. B. Eisbein oder Rippchen in Aspik, ist eine gelierende Aufgußmasse herzustellen, die sowohl einen gut abgestimmten Eigengeschmack als auch eine möglichst helle und klare Beschaffenheit aufweisen soll.
Bei Hausschlachtungen ist zur Herstellung von Aspik die Verwendung der anfallenden Schwarten und der gelierenden Schlachtkörperteile, wie Eisbein, Ohren usw., zu empfehlen.
Die bei der Schlachtung anfallenden Schwarten werden vom anhaftenden Fett befreit und gut gewässert. Danach sind sie mit kaltem Wasser anzusetzen und zu kochen. Der sich bildende Schaum wird mit dem Löffel entfernt. Eine ganze Zwiebel, einige Pfeffer- und Pimentkörner sowie einige Nelken und ein Lorbeerblatt werden in ein sauberes Tuch gebunden und hinzugegeben. Porree, Sellerie, Petersilie und Möhren werden zusammengebunden und so lange mitgekocht, bis die Möhren, die zur Garnierung dienen, weich sind. Wichtig ist ferner, daß die Masse mit etwas Zitrone oder Speiseessig bis zur angenehmen Säure (etwa pH 4,0 bis 4,3) abgeschmeckt wird. Geschieht das nicht, so läßt sich der Aspik nicht klären. Zur Abrundung des Geschmacks kann man etwas Weißwein verwenden.
Nachdem die zugesetzten Gemüse gar sind, wird alles durch ein Sieb oder einen Durchschlag geschüttet. Danach läßt man den Aspik erstarren. Die sich auf dem Aspik beim Erstarren bildende Fettschicht wird vollständig abgehoben. Anschließend erhitzt man den Aspik nochmals und klärt ihn. Dazu kann Blutserum, Blutplasma oder auch Eiklar verwendet werden. Für einen Liter Aspik wird das Eiklar von ein oder zwei Eiern benötigt. Dazu trennt man das Eiklar vom Eigelb und schlägt es mit der Gabel oder dem Schneebesen, wobei aber kein Eischnee entstehen darf. Danach verteilt man das Eiklar bzw. Blutplasma oder -serum gut in dem abgekühlten, aber noch nicht wieder erstarrten Aspik. Anschließend wird wieder bis zum ersten Aufwallen erhitzt. Der Aspik soll dann noch einige Minuten stehen, bevor man ihn durch ein Tuch seiht. Der Ablauf ist völlig klar. Sollte der zuerst ablaufende Aspik noch leicht trüb sein, seiht man ihn nochmals. Zum Klären eignet sich auch ein Kaffeefilter mit Papierfiltertüte, wobei ein besonders klarer Aspik entsteht.

Herstellung von Aspik unter Verwendung von Speisegelatine

Kleinere Mengen Aspik können auch unter Verwendung handelsüblicher Speisegelatine hergestellt werden. Dazu ist folgende Grundrezeptur zu verwenden, die noch individuell gewürzt werden kann:

Zusammensetzung in g:

Speisegelatine	80
Zucker	75
Piment	3
Speiseessig	150
Lorbeerblatt	1 Stück
Wasser	600
Weißwein	50

Alle Zutaten werden zusammen zum Kochen gebracht und anschließend durch ein feines Sieb gelasssen. Sollte der Aspik trüb sein, kann man ihn mit Eiklar klären.

Schweinekopfsülze (Schüsselsülze)

Schweinekopfsülze ist ein einfaches, schmackhaftes und preiswertes Erzeugnis, das ohne weiteres im Haushalt hergestellt werden kann und besonders an Feiertagen einen guten Kontrast zu hochwertigen fettreichen Speisen bildet.

Zusammensetzung in g:

Schweinekopffleisch	700
Schwarten, entfettet	150
Kochbrühe	150
Kochsalz	20
Pfeffer, gemahlen	3
Pfeffer, ganz	1
Piment, gemahlen	0,2
Zucker	10
Speiseessig	30

Die Schweineköpfe werden vorgegart. Im Kochwasser kann man einen Leinenbeutel, der eine Gewürzmischung enthält, mitkochen. Außerdem wird in der Brühe etwas Sellerie, eine Möhre sowie eine Zwiebel mit erhitzt.
Das Kopffleisch schneidet man in Würfel mit einer Kantenlänge von etwa 10...15 mm, und die gegarten Schwarten werden mit der kleinen Scheibe des Wolfes zerkleinert. Brühe, Schwartenbrei, Schweinekopffleisch und Gewürze sind zu mischen und in Schüsseln abzufüllen. Die mitgegarten Möhren können in Scheiben geschnitten werden und als Garnierung dienen.

Schüsselsülze mit Aspik

Schüsselsülze kann auch ohne Schwarten unter Verwendung von Gelatine hergestellt werden. Statt Schweinekopffleisch wird aber Schweinebug verwendet, der vorher 2 bis 3 Tage in eine 15%ige Pökellake eingelegt wurde.

Zusammensetzung in g:

Schweinebug (Bug mit dickem Stück, gepökelt)	400
Aspik	400
Gurken, süßsauer, oder Gewürzgurken	80
Möhren, gegart	120

Der gepökelte und gegarte Schweinebug, die gegarten Möhren und die Gurken werden gewürfelt und danach mit dem noch warmen (nicht zu heißen) Aspik in einer Schüssel vermengt.

Sülztorte, einfach

Durch verschiedene Aspikfärbungen, wechselndes Dekor und geschickte Garnierung lassen sich sehr geschmackvolle Sülztorten gestalten.

Zusammensetzung in g:

Schweinebugfleisch, gepökelt	400
Aspik	400
Gekochte Eier	2 Stück

Gurken, eingelegt, oder
Gewürzgurken   70
Möhren, gegart   100

Die gepökelten und gegarten Schweinebugstücke werden in Würfel mit einer Kantenlänge von 10...15 mm geschnitten, während man Möhren, Eier und Gurken in Scheiben schneidet. Als Form kann eine Backspringform verwendet werden. Zunächst begießt man den Boden der Form mit einer dünnen Aspikschicht (etwa 3...5 mm) und läßt sie im Kühlschrank erkalten. Danach wird mit Eiern, Möhren und Gurken individuell dekoriert, indem die Scheiben auf den erkalteten Aspik gelegt werden. Nun wird der verbleibende Raum der Springform mit den Fleischwürfeln und dem restlichen Gemüse ausgelegt und anschließend mit Aspik vergossen. Fleisch- oder Gemüseteile sollten nicht aus dem Aspik herausragen. Die Springform wird nun längere Zeit durchgekühlt. Nach dem vollständigen Erstarren wird sie geöffnet und vorsichtig gestürzt.

Schweinekopfsülze

Zusammensetzung in kg:
Schweinekopffleisch, leicht
gepökelt   7,0
Schweinebacken   1,0
Schwarten   1,0
Brühe   1,0

Gewürze in g:
Nitritpökelsalz und Essig nach Geschmack
Pfeffer   20
Kümmel   15
Zwiebeln   200

Kopf und Backe werden in Würfel mit einer Kantenlänge von 10...20 mm geschnitten und Schwarten und Zwiebeln durch die 3-mm-Scheibe gewolft. Anschließend werden Würfel, Schwarten und Brühe miteinander vermengt, gewürzt und abgeschmeckt. Die Sülze läßt man in Schüsseln erkalten.

Eisbeinsülze

Zusammensetzung in kg:
Eisbeinfleisch, leicht gepökelt   8,0
Schwarten   1,0
Brühe   1,0

Gewürzt und zubereitet wird Eisbeinsülze wie Schweinekopfsülze.

Gänseweißsauer

Zum Gänseweißsauer verwendet man Gänseklein, dem evtl. Enten- oder Geflügelklein zugesetzt werden kann. Aus Fleischknochen und einigen Schwarten wird eine Brühe gekocht, die man nach dem Erkalten durch Abnehmen des Fettrandes entfettet. In dieser Brühe werden nun alle Teile des Gänse- und Geflügelkleins zusammen mit Suppenkräutern, Salz, Zwiebeln, Thymian, Estragon u. a. gekocht. Das Fleisch löst man nach dem Garen von den Knochen und schneidet es in kleine Teile.

Die Brühe wird mit Essig und Zucker abgeschmeckt und mit dem Fleisch vermengt. Mitgekochte Möhren können zur farblichen Auflockerung verwendet werden.
Die Brühe kann man vor dem Aufgießen klären (s. 12.2.).

Gänseschwarzsauer

Aus Fleischknochen und einigen Schwarten wird eine Brühe gekocht und anschließend entfettet. In der Brühe wird Gänse- und Geflügelklein unter Zusatz von Backpflaumen oder anderem Backobst sowie einem Stück Zimt und einer Nelke gar gekocht. Das geschnittene Fleisch des Gänsekleins wird nun unter Zugabe des Backobstes sowie von etwa 100 g Geflügel- oder Schweineblut mit der Brühe vermischt. Abgeschmeckt wird mit Salz, Essig und etwas Zucker.

Sülzkotelett

Dieses beliebte Erzeugnis kann man auch im Haushalt herstellen.

Zusammensetzung in g:
Schweinekotelett, ohne Knochen	500
Aspik	500
Eier	250
Möhren	50

Da das Schweinefleisch gepökelt werden muß, ist eine Mindestmenge von 500 g Kotelett zu empfehlen. Das Kotelett wird als Stück gekauft, vom Knochen befreit und in einer 15%igen Pökelsalzlake 2 bis 3 Tage gepökelt und danach leicht ziehend gegart. Aspik wird nach Rezeptur hergestellt. In eine entsprechend große Form (Glasschale o. ä.) wird ein dünner Aspikspiegel gegossen, auf den man nach Erstarren die in Stücke geschnittenen Koteletts legt und mit einem Zwischenguß überdeckt. Nach dem Erstarren des Zwischengusses wird das Dekor aus geschnittenem gekochtem Ei und Möhrenscheiben aufgelegt und ein Abschlußspiegel gegossen. Vor dem Verbrauch stürzt man das Sülzkotelett aus der Form. Dazu ist die Form kurz in heißes Wasser einzutauchen.

Wurst- und Schinkenhappen in Aspik

Diese Produkte werden in gleicher Weise wie Sülzkotelett hergestellt. Statt des gepökelten, gegarten Fleisches werden Brühwurstscheiben (Bierwurst, Jagdwurst u. ä.) oder Kochschinken eingelegt, vergossen und mit Dekor versehen.

12.3. Fleischfeinkost

Füll- und Garnierungskrems für Fleischfeinkost

Die Konsistenz der Krems soll gerade so fest sein, daß sie sich noch mittels einer Spritze garnieren lassen. Krems müssen im Geschmack mit den Fleischstücken harmonieren. In Verbindung mit einem Nappieren (Tauchen) und einem Chaudfroidieren lassen sich viele Fleischfeinkostvariationen für eine festliche Platte anfertigen.

Eierkrem

Zusammensetzung in g:
Eigelb von gekochten Eiern	450
Mayonnaise, 83- oder 65%ig	450
Senf	50
Worcestersoße	30
Pfeffer, weiß, gemahlen	3
Kochsalz	15

Das Eigelb von hartgekochten Eiern wird herausgelöst und glattgerührt. Alle anderen Zutaten werden hinzugefügt und zu einer Krem verrührt. Die Krem läßt sich mit dem Garnierungsbeutel spritzen.

Leberkrem

Zusammensetzung in g:
Schweineleber	400
Schweinebauch	300
Butter	200
Sahne, süß	30
Zwiebeln, frisch	30
Pfeffer, weiß, gemahlen	5
Kochsalz	5
Weinbrand	10

Leber, Bauch und Zwiebeln werden durchgebraten und zweimal mit der feinen Wolfscheibe zerkleinert. Die Masse wird mit Butter, Sahne und Weinbrand zu einer Krem geschlagen.

Sahnemeerrettich

Zusammensetzung in g:
Meerrettich, gerieben	60
Sahne, süß	250
Zitronensaft	50
Apfelmus	50
Zucker	30
Kochsalz	5

Meerrettich, Zitronensaft und Apfelmus werden unter die geschlagene Sahne gezogen. Zum Schluß setzt man Zucker und Salz zu.

Buntes Schweinesteak

Schweinekamm wird in dünne Scheiben geschnitten, die nochmals geteilt werden und eine Länge von etwa 8...10 cm haben sollen. Die Steaks werden beidseitig in Öl kurz gebraten und dann mit Chaudfroidsoße, naturell, rot und grün nappiert und mit Paprikastücken, Gurken, Petersilie und Perlzwiebeln garniert.

Tournedo mit Leberkrem

Zusammensetzung:
Rinderfilet oder
Rinderoberschale, gut abgehangen
Leberkrem
Delikateßgurken
Paprika
Petersilie
Pfeffer, weiß, gemahlen
Chaudfroidsoße

Das Rinderfilet wird geschnitten, oder aus der Oberschale werden etwa 8...10 cm lange und 5...8 cm breite Stücke («Tournedos») herausgeschnitten. Das Fleisch wird beidseitig mit Pfeffer gewürzt und in Öl kurzgebraten; der Kern soll noch nicht durchgebraten sein.
Die gebratenen Tournedos werden mit Chaudfroidsoße, naturell nappiert und mit Leberkrem garniert. Gurken, Paprika und Petersilie dienen zur Garnierung.

Roastbeefröllchen mit Sahnemeerrettich

Zusammensetzung:
Roastbeef, im Kern nicht durchgebraten
Sahnemeerrettich
Eierkrem
Paprika
Petersilie
Chaudfroidsoße, naturell

Das Roastbeef wird in dünne Scheiben geschnitten, mit Sahnemeerrettich gefüllt und gerollt. Die Röllchen werden mit Chaudfroidsoße nappiert und nach dem Erkalten mit Eierkrem garniert.

Chaudfroidsoße

Die klassische Garnierung für Galantinen, aber auch für Fleischfeinkost, wie Tournedos oder Steaks, wird mit der Chaudfroidsoße vorgenommen. Galantinen oder Fleischstücke werden mit dieser Soße nappiert (überzogen, wenn die Soße noch nicht erstarrt ist). Die dekorative Wirkung wird durch Einfärben der Chaudfroid erhöht.

Zusammensetzung in g:
Fleischbrühe	1000
Zitronensaft	von einer Zitrone
Maisstärke	20
Speisegelatine	80
Sahne, süß	300
Muskat	5
Kochsalz	15

Die Brühe wird auf etwa die Hälfte eingekocht. Die Sahne wird mit dem Zitronensaft, Muskat und Salz aufgekocht und etwas ziehen gelassen. Noch im heißen Zustand werden Maisstärke und Gelatine zugegeben und gut verrührt, damit sich die Gelatine auflöst. Anschließend wird die Brühe im warmen Zustand zugegeben. Kurz vor dem Erstarren (bei etwa 20 °C) wird die Chaudfroidsoße zum Nappieren verwendet.

Rote Chaudfroid. Eine rote Bete wird zerschnitten, in wenig Wasser gekocht, passiert und einschließlich der Kochflüssigkeit durch ein Tuch gefiltert. Das Filtrat wird zur Chaudfroidsoße bis zur kräftigen Rotfärbung zugegeben. Wird rote Bete im Glas verwendet, so kann der Saft zum Einfärben genommen werden. Allerdings muß darauf geachtet werden, daß die Konserve gewürzt ist.

Grüne Chaudfroid. Zur Färbung wird Spinatsaft verwendet.

12.4. Herstellungsfehler und Verderbniserscheinungen

Aspikwaren und Fleischsalate sind durch eine saure Geschmacksnote und einen pH-Wert zwischen 4,5 und 3,0 gekennzeichnet. Dieser pH-Wert resultiert aus dem Zusatz von Essig, Zitronensaft, süßsaurem Gemüse und Mayonnaise. Beide Produktarten verfügen dadurch über einen Schutz gegenüber eiweißabbauenden Bakterien, die vorwiegend höhere pH-Werte bevorzugen. Dieser stabilisierende und konservierende Effekt wird durch Einarbeitung verschiedener Zutaten gemindert, die entweder einen größeren Keimbesatz enthalten oder, wie Erbsen und Bohnen, infolge des hohen Eiweißanteils leicht verderben. Hefen und Milchsäurebakterien werden z. B. bei Verwendung von Salzgurken eingebracht. Hefen und Milchsäurebakterien kommen aber auch über andere Produkte, z. B. Rohwurst, in den Salat. Hefen sind überall zu finden, da sie vorzugsweise bei tiefen pH-Werten wachsen. Sie sind auch die Hauptgefahr für den bakteriellen Verderb bei Aspikwaren und Salaten.
Die Aufbewahrung von Aspikwaren und Salaten muß grundsätzlich im Kühlschrank erfolgen. Es sollte deshalb nur soviel Salat hergestellt werden, wie innerhalb eines bestimmten Zeitraums verzehrt wird. Länger als 8 Tage sollte Salat nicht aufbewahrt werden.

Verflüssigen des Aspiks

Wird Aspik auch bei Kühllagerung weich und zum Teil flüssig, obwohl bei der Herstellung der Aspik einwandfrei erstarrt war, handelt es sich immer um einen bakteriellen Verderb, meist durch aerobe Sporenbildner oder durch Mikrokokken. Da zu dieser Bakteriengruppe auch Lebensmittelvergiftungserreger gehören, ist bei Kühllagerung erweichtes oder flüssiges Aspik sofort zu vernichten.

Blind- oder Grauwerden des Apiks

Bei Kühllagerung kommt es oft zu einem Vergrauen des Aspiks. Ein zuvor klarer und durchsichtiger Aspikspiegel wird undurchsichtig, «blind» und weißlichgrau. Darunter liegende Gemüsestücke haben meist ebenfalls einen grauweißen Belag. Der Aspik riecht nach abgestandenem Bier, d. h. hefig.
Es handelt sich hier um ein starkes Wachstum von Hefen, die sich auch bei Kühlraumtemperaturen und niedrigen pH-Werten vermehren können. Dieser Fehler wird oft dort beobachtet, wo Gemüse (meist Faßware) verarbeitet wird. Aber auch bei Überlagerung der Aspikware kann es zu diesem Fehler kommen. Es sollte deshalb nur sterilisiertes Gemüse aus Dosen verwendet werden.
Aspikware mit Hefebelag ist genußuntauglich.

Saure Gärung bei Salaten

Die häufigste Verderbnisursache bei Salaten ist die saure Gärung. Der Salat, obwohl von Natur aus sauer, schmeckt nunmehr leicht stechend und unangenehm säuerlich. Beim Abschlucken ist ein «prickelnder» Nachgeschmack zu bemerken.
Es handelt sich hier um einen bakteriell bedingten Verderb, der von Laktobakterien, darmbewohnenden Kokken und aeroben Sporenbildnern in Verbindung mit Hefen verursacht wird. Diese Mikroorganismen können bei tiefen pH-Werten wachsen und außerdem noch Kohlensäure bilden, wodurch die saure Note besonders sauer erscheint. Eine saure Gärung bemerkt man auch an der Konsistenz des Salates. Bei genauem Betrachten und leichtem Rühren im Salat sind Gasbläschen zu bemerken.
Bei Salaten, die einige Tage lagern sollen, ist grundsätzlich nur Gemüse aus Dosen einzusetzen. Bei unzureichender Kühlung oder Überlagerung kann es ebenfalls zu einer sauren Gärung kommen.
Ein solcher Salat ist genußuntauglich.

Faulige Gärung

Eine faulige Gärung ist in erster Linie am faulig-fäkalen Geruch zu bemerken. Auch hier können Gasbläschen auf eine Gasbildung durch Bakterien hinweisen. Dieser Fehler kommt in der Regel nur dann vor, wenn nicht genügend Säure (Essig, Zitronensaft) verwendet wurde. Er kann aber auch bei Verarbeitung nicht mehr einwandfreien Ausgangsmaterials vorkommen. Die faulige Gärung tritt vorwiegend in der warmen Jahreszeit auf. Der Salat ist genußuntauglich.

13. HALTBARMACHUNG VON FLEISCH UND FLEISCHWARENHERSTELLUNG

Über Jahrtausende bestand die Fleischkonservierung im wesentlichen im Trocknen, Salzen und Räuchern. Erst gegen Ende des letzten Jahrhunderts kam es mit der Erfindung des Kältekompressors durch *Linde* und mit dem Nachweis *Pasteurs*, daß erhitzte und unter Vakuum gehaltene Lebensmittel eine Zeitlang lagerfähig sind, zu einer sprunghaften Weiterentwicklung der Konservierungsverfahren.
Alle Verfahren, die sich für die Verzögerung des bakteriell bedingten Fleischverderbs eignen, sind Fleischkonservierungsverfahren.
Die Konservierungsverfahren werden in *chemische* und *physikalische* Konservierungsverfahren eingeteilt.
Zu den chemischen Konservierungsverfahren gehören

- Salzen,
- Säuern,
- Pökeln und
- Zusatz von Konservierungsmitteln.

Zu den physikalischen Konservierungsverfahren zählen

- Hitzeanwendung (Kochen und Autoklavieren),
- Kühlen,

- Gefrieren und
- Strahlenbehandlung (γ-Strahlen).

Ziel aller Haltbarmachungsverfahren bei Fleisch ist es, die Beschaffenheit des Fleisches möglichst wenig zu beeinflussen, jedoch das bakteriell bedingte Fleischverderben weitgehend zu verzögern.

Dabei ist aber zu berücksichtigen, daß die Effektivität aller Konservierungsverfahren um so höher ist, je niedriger die Ausgangskeimzahl ist. Die Einhaltung der Hygieneprinzipien ist deshalb oberstes Gebot.

Jedes Konservierungsverfahren beeinflußt mehr oder weniger stark die Qualität des Rohstoffes Fleisch.

- Es gibt kein Konservierungsverfahren, das die Fleischreifung unbeeinflußt läßt und nur den bakteriellen Verderb hemmt.
- Es gibt kein Konservierungsverfahren, das eine unbegrenzte Haltbarkeit garantiert. Selbst gefriergelagertes oder völlig keimfreies, autoklaviertes Fleisch verdirbt durch Abbau der Eiweißbestandteile. Mit jedem Konservierungsverfahren wird eine andere Lagerdauer erreicht, die beachtet werden muß.

Bei der Hausschlachtung werden vorwiegend das *Salzen, Pökeln, Säuern, Kochen* (Hitzeanwendung), *Kühlen* und *Gefrieren* angewendet.

13.1. Die einzelnen Konservierungsverfahren

Salzen

Beim Salzen werden die Fleischstücke entweder trocken behandelt oder in eine Lake mit mehr als 20% Salz eingebracht. Das Fleisch entquillt dabei sehr stark und verliert etwa 5...8% Masse. Vor der Verwendung muß gesalzenes Fleisch längere Zeit gewässert werden, damit sich der Salzgehalt verringert. Mit Salz konserviertes Fleisch hat eine graue Farbe (Metmyoglobinbildung) und eine strohige Konsistenz.

Der Konservierungseffekt beruht beim Salzen auf der Senkung des a_w-Wertes (s. unter 7.1.) und nicht auf einer Abtötung der Bakterien durch die Salzkonzentration. Das Salzen wird bei Hausschlachtungen fast ausschließlich nur noch zur Herstellung von gesalzenem und geräuchertem Speck angewandt.

Pökeln

Bis vor etwa 100 Jahren war das Pökeln von Fleisch die hauptsächliche Art der Fleischkonservierung. Obwohl auch hier die a_w-Wert-Senkung als konservierender Faktor im Vordergrund steht, hat die Konservierung mit Pökelsalz noch einige zusätzliche Aspekte, weshalb es dem Salzen vorgezogen wird. Der Konservierungseffekt wird durch die spezielle Wirkung des Nitrits auf die Hemmung von aeroben und anaeroben Sporenbildnern verstärkt. Es bildet sich das appetitliche, leuchtende Pökelrot und auch ein spezifisches «Pökelaroma».

Wegen dieses Aromas werden auch heute noch bestimmte Fleischstücke gepökelt, die dann als spezifische Pökelfleischgerichte verzehrt werden. Das sind beispielsweise Rauchfleisch, gepökelte Rinderbrust, gepökeltes Eisbein und gepökelter Bauchspeck. Es ist also nicht nötig, alle bei der Hausschlachtung anfallenden Fleischstücke, die nicht

zu Wurstwaren verarbeitet werden, in die Gefriertruhe zu legen. Für bestimmte Fleischteile kann das altbekannte Pökelverfahren als Konservierung beibehalten werden. Die einzelnen Pökelverfahren sind unter 10.1. beschrieben. Für das Pökeln von Fleisch kommt bei Hausschlachtungen nur das Trockenpökeln oder das Pökeln in einer hochprozentigen Lake in Betracht.
Gepökelte Fleischstücke haben eine gleich gute Lagerfähigkeit wie gefriergelagerte.

Säuern

Durch die Fleischreifung erhält das Fleisch infolge der stattfindenden pH-Wert-Senkung bis auf etwa 5,5 eine gewisse natürliche Säurekonservierung. Dieser Säureschutz hält jedoch nicht sehr lange vor. Für die Säurekonservierung sind pH-Werte $< 5,0$ notwendig, und auch dieser pH-Wert genügt nur in Verbindung mit einem gewissen Salzgehalt und einer a_w-Wert-Senkung durch Wasserverdunstung für eine längere Lagerung (Rohwurst). Soll Fleisch durch Säuerung konserviert werden, dann muß ein pH-Wert von 3 bis 4 erreicht werden. Das ist nur durch Zugabe von Säuren möglich und nicht durch eine bakterielle Säuerung. Derart tiefe Säurewerte werden durch Bakterien nicht erzeugt. Die Zugabe von Essig führt zu diesen notwendigen pH-Werten, das Fleisch nimmt dabei den essigsauren Geschmack an und ist nur noch für bestimmte Produkte, z. B. Sauerbraten, zu verwenden.
Die Lagerdauer von säurekonserviertem Fleisch ist begrenzt. Fleisch sollte nicht länger als 8 Tage aufbewahrt werden. Diese Art Konservierung ist demnach mehr eine spezielle Zubereitungsart.

Kochen

Der eigentliche Entdecker der Hitzekonservierung war *Spallanzani*. Er konnte bereits um 1750 bei Experimenten mit Fleischbrühe nachweisen, daß die dort befindlichen Bakterien nicht durch Urzeugung entstanden sind, sondern über die Luft hineingelangten. Es dauerte fast 100 Jahre, bis *Pasteur* bei seinen Hefeuntersuchungen diese Entdeckung *Spallanzanis* bestätigte, wobei er mit sog. «*Schwanenhalsflaschen*» die erste praktische Konservierungsmöglichkeit fand. Die zunächst geäußerte Hoffnung, mit der «Pasteurisierung» nun ein Verfahren der Fleischkonservierung gefunden zu haben, mit dem man Fleisch über Jahre aufbewahren konnte, wenn es nur gelingt, die Umgebungsluft anzuhalten, wurde zunichte, als *Tyndall* nachwies, daß Bakterien Sporen bilden und diese Kochtemperaturen überleben.
Trotzdem hat sich die Pasteurisierung, d. h. das Einkochen oder Eindosen von Fleisch und Fleischwaren, bewährt. Es müssen jedoch die natürlichen Grenzen der Pasteurisierung berücksichtigt und die Lagertemperaturen und -fristen eingehalten werden.
Für das Einkochen von Fleisch gelten die gleichen Prinzipien wie für das Einkochen von Kochwurst. Im einzelnen sind es

- geringer Ausgangskeimgehalt,
- schnelles Verarbeiten,
- Einhalten von Gartemperatur und -zeit,
- schnelles Abkühlen,
- Lagerung bei Temperaturen $<10\,°C$,
- laufende Lagerkontrolle und
- Verbrauch innerhalb von 3 bis 4 Monaten.

Kühlen

Das Kühlen von Fleisch ist eine Methode der Haltbarmachung mit sehr begrenzter zeitlicher Wirkung. Durch das Kühlen wird zwar das Wachstum der wärmeliebenden eiweißabbauenden Bakterien stark gehindert, doch gibt es eine Reihe von Bakterien, die auch bei Kühlraumtemperaturen, also in einem Bereich von etwa 5 °C, wachsen können und auch vorwiegend Eiweiß abbauen. Aus diesem Grunde ist unter Kühlraumbedingungen nur eine Lagerdauer von 6 bis 7 Tagen bei Schweinefleisch und 8 bis 10 Tagen bei Rindfleisch möglich. Das Wachstum kälteliebender Bakterien auf Fleisch ist durch eine klebrige Oberfläche und einen muffigen, alten Geruch wahrnehmbar. Bei Hausschlachtungen ist eine Kühllagerung im Keller oder in einem Haushaltkühlschrank möglich. Dabei ist darauf zu achten, daß das Fleisch nicht in der Nähe von Lebensmitteln oder Gegenständen mit einem starken Eigengeruch lagert, da es gerade unter Kühllagerbedingungen leicht einen Fremdgeruch annimmt. Bei Kühllagerung beschlagenes, klebriges Fleisch mit leichten und mäßigen Geruchsabweichungen ist nach sorgfältigem Abwaschen als Koch- oder Bratenfleisch verwendbar. Auf keinen Fall darf es aber zu Wurstwaren verarbeitet werden. Fleisch mit starker Geruchsabweichung ist genußuntauglich.

Gefrieren

Durch die zunehmende Ausstattung der Haushalte mit Gefrierlagertruhen ist es üblich geworden, einen Teil des hausschlachtenen Fleisches nicht zu verarbeiten, sondern gefrierzulagern. Es müssen aber auch hier bestimmte Bedingungen eingehalten werden, damit es nicht zu Qualitätsminderungen der Produkte kommt. Haushaltgefriertruhen oder -schränke sind auf Grund ihrer Konstruktion nicht zum Einfrieren größerer Stücke geeignet, sondern können nur zum Lagern genutzt werden. Beim Einfrieren größerer Stücke wird in der Regel die notwendige Kerntemperatur nicht erreicht, so daß dadurch auch die mögliche Lagerzeit verkürzt wird.

Im allgemeinen wird die mögliche Lagerdauer von gefrorenem Fleisch überschätzt. Erste Veränderungen beginnen bei Gefrierfleisch schon nach zwei Monaten. Je kleiner das Fleischvolumen ist, desto schneller und intensiver gehen die Veränderungen vor sich.

Werden bei Hausschlachtungen größere Stücke eingefroren, ist zwar die Haltbarkeit länger, bei Auslagerung muß aber dann das große Stück sofort verbraucht werden. Ein Auftauen, Teilen des Stückes und Wiedereinfrieren des nicht verbrauchten Restes ist nicht möglich.

Es empfiehlt sich daher, kleine Portionsstücke in einer Verpackung, die mit Inhaltsangabe und Datum versehen ist, einzugefrieren.

Die Lagerdauer portionsweise gefrorener Fleischstücke sollte 2 bis 3 Monate nicht überschreiten. Bereits nach 2 Monaten kommt es zu einer Austrocknung der Oberfläche; das Fleisch wird strohig und verliert an Aroma. Als Faustregel gilt, daß man eine Austrocknungszone bis zu 1 cm tolerieren kann. Ist der Trockenrand größer als 1 cm, sollte eine baldige Auslagerung erfolgen. Nach zwei Monaten beginnt sich auch die Oberfläche des Fleisches durch Umwandlung von Myoglobin in Metmyoglobin braun zu verfärben.

Unter ungünstigen Lagerbedingungen (Lagertemperaturen > -15 °C) ist bereits nach drei Monaten das Ranzigwerden des Fettanteils von Schweinefleisch zu beobachten. Stärker ranziges Fleisch ist nicht mehr genießbar. Auch daran ist zu denken, bevor größere Mengen Fleisch gefriergelagert werden.

Bei Lagertemperaturen um -10 °C und bei hoher relativer Luftfeuchte, die in Gefrierlagertruhen immer vorhanden ist, kann es auch zum Verschimmeln der Fleischoberfläche kommen. Die Behandlung verschimmelten Fleisches entspricht der von Dauerpökelwaren mit Schimmelpilzbefall (s. unter 10.4.).

Rohe Bratwürste können gefriergelagert werden. Dabei ist zu beachten, daß diese Produkte einen hohen Ausgangskeimgehalt haben. Die Bakterien werden durch das Einfrieren zwar am Wachstum gehindert, doch wirken die von den Bakterien bereits gebildeten Enzyme weiter. So kommt es bei diesen Produkten weitaus schneller als bei Fleisch zu einer Ranzigkeit, so daß sie nicht länger als 4 bis 6 Wochen gefriergelagert werden sollten.

Kochwurst (Leberwurst), Brühwurst (außer Aufschnitt) und auch Rohwurst können mit gutem Erfolg ebenfalls 4 bis 6 Wochen gefriergelagert werden.

Rohwurst sollte vor dem Einfrieren ein bestimmtes Reifestadium (schnittfest) erreicht haben. Frische streichfähige Rohwurst ist nicht gefrierzulagern.

Für alle gefrorenen Fleisch- und Wurstwaren gilt, daß sie so langsam wie möglich aufgetaut werden müssen. Beim schnellen Auftauen bildet sich zwischen Wurstgut und Wursthülle eine Kondenswasserzone, in der es sehr schnell zu einem Bakterienwachstum kommen kann.

Bei Lagertemperaturen von -18 °C werden folgende Lagerfristen empfohlen:

Fleisch, portioniert	3 Monate
Leberwurst	8 Wochen
Blutwurst	4 Wochen
Sonstige Kochwurstsorten	6 Wochen
Bockwurst	8 Wochen
Bratwurst	6 Wochen
Sonstige Brühwurstsorten	4 Wochen
Schinken, roh	8 Wochen
Kochschinken	6 Wochen

13.2. Herstellung ausgewählter Fleischwaren

Speck, gesalzen und geräuchert

Das Salzen von Speck erfolgt ausnahmslos durch Trockensalzung mit Kochsalz. Die einzelnen zurechtgeschnittenen Stücke werden von allen Seiten gut mit Salz eingerieben und in einem Gefäß im Keller gelagert. Beim Schichten der Speckseiten ist zwischen jede Schicht eine Lage Salz zu streuen. Fetter kerniger Rückenspeck nimmt Salz nicht besonders gut an, so daß eine Übersalzung durch zu lange Lagerung kaum vorkommen kann.

Soll der Speck nach dem Salzen geräuchert werden, ist er warm abzuwaschen, einige Zeit kalt zu wässern und anschließend an der Luft zu trocknen. Im kalten Rauch wird er bis zur goldgelben Farbe geräuchert.

Schweinerippen in Aspik

Schweinerippen können in ähnlicher Weise wie Eisbein in Aspik eingedost werden. Dazu werden die Schweinerippen entbeint und etwas vom Fett befreit (nur sehr starken Fettbelag abnehmen, etwas Fett soll an den Rippchen bleiben). Danach schneidet man sie in Stücke und gart sie an, indem man bei 80 °C etwa 15 min ziehen läßt.

Aspik wird mit der Brühe nach folgender Rezeptur hergestellt:

Zusammensetzung in g:
Kochbrühe, entfettet	650
Speisegelatine	120

Zucker	75
Piment, ganz	3
Essig, Speiseessig	150
1 Lorbeerblatt	

Die Rippchen füllt man in die Dose und gießt den Aspik auf. Der Anteil Rippchen zu Aspik soll etwa 1:1,2 bis 1:2 betragen. Eingekocht wird bei 95 °C. Für 1-l-Dosen beträgt die Einkochdauer 2 h.

Hackfleisch in der Dose

Bei Hausschlachtungen ist es üblich, frisches Hackfleisch herzustellen oder «Gehacktes» in Dosen zu konservieren. Hackfleisch kann aber auch im Haushalt in gleicher Weise zubereitet werden. Um ein ansprechendes Produkt zu erhalten, ist die Mitverarbeitung von Fettabschnitten in einem Anteil von 30...40 % unerläßlich, da mageres Hackfleisch in der Dose trocken und krümelig wird.

Es genügt nicht, Fettabschnitte und Fleisch zu wolfen und danach einzudosen. Das Fett würde sich beim Erwärmen am Rand und auf der Oberfläche sammeln. In der Dosenmitte verbliebe der Magerfleischanteil. Um einen zu starken Fettrand zu verhindern (ein gewisser Fettabsatz läßt sich allerdings nie vermeiden), ist eine Bindung der Fett- und Eiweißbestandteile notwendig. Diese Bindung erhält man durch leichtes Kneten der Masse unter Zusatz von Wasser oder besser von fettfreier Fleischbrühe (5 % der Gesamtmasse). Wenn die Flüssigkeit vollständig gebunden ist und sich die Masse gut formen läßt, kann eingedost werden. Ein Zusatz von Speisequark (5 % der Gesamtmasse) fördert die Emulgierung und verbessert Konsistenz und Geschmack.

Der Einsatz von Kochsalz ergibt ein graues Erzeugnis, und die Verwendung von Nitritpökelsalz bewirkt eine Rotfärbung. Beide Produkte unterscheiden sich auch im Geschmack. Unter dem Gesichtspunkt einer besseren Haltbarkeit ist Nitritpökelsalz vorzuziehen. Um allerdings den Restnitritgehalt zu verringern, empfiehlt es sich, die Hälfte der Nitritpökelsalzmenge durch Kochsalz zu ersetzen.

Der Zusatz von Kartoffelstärke bewirkt eine geschmeidige Konsistenz und verhindert zusätzlich den Fettabsatz.

Rezeptur I

Zusammensetzung in g:

Schweinefleisch	700
Fettabschnitte	300
Trinkwasser oder fettfreie Fleischbrühe	50
Kochsalz	20
Pfeffer, schwarz, gemahlen	3
Pfeffer, schwarz, ganze Körner	2
Knoblauch	1/8 Zehe
Glutamat	1
Kartoffelstärke oder Sojamehl	20
Kümmel, gebrochen	0,5

Rezeptur II

Zusammensetzung in g:

Schweinefleisch	700

Fettabschnitte	300
Trinkwasser oder fettfreie Fleischbrühe	50
Speisequark	50
Kochsalz	20
Pfeffer, schwarz, gemahlen	3
Glutamat	1
Kartoffelmehl oder Sojamehl	20
Thymian	0,5

Die Gewürze sind nach dem Wolfen zuzugeben. Der Knoblauch ist fein zu schneiden, mit dem Salz zu quetschen und danach zuzusetzen. Nach Zugabe von Wasser und Quark ist die Masse bis zur Bindung zu kneten.

Das Einkochen erfolgt bei 100 °C. Eingedostes Hackfleisch ist bei Temperaturen <10 °C zu lagern. Die Lagerdauer sollte 3 Monate nicht überschreiten.

Hackfleisch, roh I

Zusammensetzung in g:

Schweinefleisch	700
Fettabschnitte	300
Kochsalz	20
Zwiebeln, roh, geschnitten	100
Knoblauch	1/8 Zehe
Pfeffer, schwarz, gemahlen	3

Schweinehackfleisch zum Frischverzehr soll bei Hausschlachtungen möglichst von schlachtwarmem ungereiftem Fleisch hergestellt werden. Auf die Einarbeitung von Fettabschnitten ist wegen eines volleren Aromas zu achten.

Hackfleisch zum Sofortverbrauch kann nicht von der Rohwurstmasse genommen werden, da diese wegen des Zusatzes von Nitritpökelsalz zunächst eine graue Färbung aufweist. Der für frisches Hackfleisch erwünschte rote Farbton verblaßt sofort nach Zusatz von Nitritpökelsalz.

Frisches Hackfleisch, insbesondere aus schlachtwarmem Fleisch, ist spätestens 4...5 h nach Herstellung zu verbrauchen.

Hackfleisch, roh II

Zusammensetzung in g:

Schweinefleisch	700
Fettabschnitte	300
Kochsalz	20
Pfeffer, schwarz, gemahlen	3
Zwiebeln, roh, geschnitten	100
Eigelb	1

Schweinefleisch und Fettabschnitte werden mit der 2-mm-Scheibe gewolft und mit Kochsalz und Pfeffer gemischt.

Die rohen, geschnittenen Zwiebeln werden danach zusammen mit dem Eigelb zugesetzt.

Gepökelte Rinderbrust

Rinderbruststücke ohne Rippen und Brustbein werden in einer 25%igen Nitritpökelsalzlake gepökelt. Die Pökeldauer beträgt je nach Größe der Stücke 6 bis 12 Tage. Danach nimmt man sie aus der Lake und wässert einige Stunden. Die Rinderbrust kann nach dem Pökeln zusätzlich geräuchert werden. Gepökelte Rinderbrust wird küchenmäßig meist mit Meerrettichsoße zubereitet.

Corned beef (Kraftfleisch vom Rind)

Corned beef wurde im 19. Jahrhundert erstmals in Nord- und Südamerika hergestellt, um die in diesen Gebieten zeitweise in großen Mengen angebotenen Schlachtrinder schnell, preisgünstig und haltbar zu verarbeiten. Bei den damals noch gering entwickelten Exportbeziehungen und nicht vorhandenen Kühlanlagen war es oft die einzige Möglichkeit, das in großen Mengen anfallende Rindfleisch zu verarbeiten. In den amerikanischen Ländern ist Corned beef zu einem Nationalgericht geworden, das sehr oft kalt oder warm verzehrt wird.

Das später in europäischen Ländern produzierte Corned beef hat sich hinsichtlich Rezeptur, Herstellungsverfahren und Geschmack gegenüber dem originären Corned beef etwas verändert. Deshalb sollte man die Bezeichnung «Kraftfleisch vom Rind» verwenden. Das ursprüngliche Corned beef ist wesentlich trockener als das saftige Kraftfleisch und auch etwas bröcklig.

Bei Hausschlachtungen wird Kraftfleisch vom Rind kaum hergestellt. Zugekauftes Rindfleisch wird meist zu Rohwurst verarbeitet. Kraftfleisch vom Rind ist jedoch ein Produkt, das für die Herstellung im Haushalt zu empfehlen ist. Es ist relativ einfach herzustellen. Gegenüber dem industriellen Produkt kann durch Veränderung der Würzung und anderer Zutaten eine individuelle Note erreicht werden. Kraftfleisch vom Rind ist außerdem für eine fettarme Diät zu empfehlen. Es gibt kaum eine andere Aufschnittware mit geringerem Fettanteil. Allerdings muß darauf hingewiesen werden, daß das Kraftfleisch wegen seines hohen a_w-Wertes und der in der flüssigen Phase gelösten Eiweißstoffe nicht lange haltbar ist. Aerobe Sporenbildner, die mit Gewürzen und zugekauftem Fleisch oft in großen Keimzahlen in das Kraftfleisch gelangen, können bei entsprechenden Lagertemperaturen auskeimen und zum bakteriellen Verderb führen. Es sollte deshalb nur so viel Kraftfleisch hergestellt werden, wie in 4 bis 6 Wochen verbraucht wird, wobei eine Kühllagerung bei etwa 5 °C (Kühlschrank oder Keller) gewährleistet sein sollte.

Verwendet wird Rindfleisch wie gewachsen, d. h., die Edelfleischteile, wie Lende oder Rouladenfleisch, sind für die Herstellung von Kraftfleisch auch geeignet, aber zu kostbar. Kopffleisch oder «Dünnungen» (stark mit Sehnen durchsetztes Bauch- oder Brustfleisch) sind dagegen ungeeignet. Das Fleisch wird von groben Sehnen, Fettgewebe und Knorpeln befreit. Wenn möglich, sollte Fleisch älterer Kühe verarbeitet werden. Dieses Fleisch gibt dem Produkt die gewünschte dunkle Farbe.

Das Fleisch wird nun zunächst in faustgroße Stücke geschnitten und gepökelt. Als Pökelverfahren sind Trocken- und Lakepökelung gleich gut geeignet. Für die Hobbyküche wird aber die Trockenpökelung empfohlen, da hierbei der Nitritpökelsalzanteil genau dosiert werden kann. Bei Trockenpökelung wird das Fleisch mit 18 g Pökelsalz je 1 kg Fleisch gut vermengt und mehrmals gewendet. Wird ein ausgesprochen salzarmes Produkt gewünscht, kann der Pökelsalzanteil auf 10 g/kg Fleisch verringert werden; es sollte dann ein geschmacklicher Ausgleich über Gewürze erfolgen. Als Pökelhilfsmittel kann ein Zusatz von 2...3 g Zucker je 1 kg Fleisch erfolgen. Ascorbinsäurezusatz ist nicht erforderlich. Die Pökeldauer beträgt bei Trockenpökelung etwa zwei Tage, wobei Temperaturen von 6...10 °C herrschen sollten. Bei der Lakepökelung wird eine 15%ige Nitritpökelsalzlake hergestellt, die Pökeldauer beträgt hier 4 bis 6 Tage. Als Lakezusätze können 2 g Zucker je 1 l Lake und verschiedene Gewürze, wie Lorbeerblätter, Pfefferkörner und Piment, Verwendung finden.

Nach dem Pökeln wird das Fleisch gekocht, wozu die faustgroßen gepökelten Rindfleischstücke mit etwas Wasser angesetzt werden. Bei der Trockenpökelung ist dem Wasser das restliche Salz beizugeben. Die Temperaturen sollen zwischen 85 °C und 95 °C liegen, um die Kochverluste so gering wie möglich zu halten. Es genügt, wenn die Fleischstücke gerade mit Wasser bedeckt sind. Sobald die Brühe aufwallt, nimmt man die Temperatur zurück und läßt das Fleisch bei den angegebenen Temperaturen etwa 45 min ziehen.

Während des Kochens kann man durch die Zugabe von Suppenkräutern individuell würzen. Suppenkräuter und -gemüse sowie andere Gewürze werden allerdings nicht lose, sondern in einem Leinenbeutel mitgekocht. Ein solcher Gewürzbeutel sollte immer Knollensellerie, Zwiebeln, Möhren und Petersilienwurzel enthalten. Zur Geschmacksabrundung kann Glutaminsäure oder eine flüssige Speisewürze verwendet werden.

Das Fleisch wird nach dem Kochen so heiß wie möglich weiterverarbeitet. Im Fleischwolf erfolgt eine Zerkleinerung. Dabei sollte das Fleisch möglichst nur gerissen und zerfasert werden. Das erreicht man dadurch, daß das Messer im Wolf verkehrt herum eingesetzt und eine möglichst große Scheibe vorgesetzt wird. Ist das nicht möglich, sollte versucht werden, die Fleischstücke mit der Hand zu zerfasern. Auf keinen Fall darf eine zu kleine Wolfscheibe verwendet werden, weil dadurch die Konsistenz des Produkts leidet. Beim Kochen entsteht ein Verlust von 25...35% gegenüber der Ausgangsmasse. Dieser Masseverlust wird durch Zugabe der gleichen Menge Kochbrühe ausgeglichen. Die Brühe ist ausschlaggebend für die Saftigkeit des Endprodukts und für den Geschmack. Es sollte aber nicht zuviel Flüssigkeit zugegeben werden.

Kraftfleisch vom Rind ist ein schnittfestes Fleischerzeugnis. Um die Schnittfestigkeit zu erreichen, werden entweder gekochte Schwarten oder Speisegelatine zugegeben. Für die Herstellung von Kraftfleisch in der Hobbyküche wird die Verwendung von Speisegelatine (3...5% der Masse des rohen Fleisches) empfohlen, da der Einsatz von Schwarten einen hohen zusätzlichen Aufwand bedeutet. Die Speisegelatine wird in der Kochbrühe, die für den Zusatz zum gekochten Fleisch vorgesehen ist, gelöst.

Sollen Schwarten verarbeitet werden, so sind (bezogen auf den Rohfleischeinsatz) 3...10% entfettete Schwarten mit Pökelsalz zu versetzen und zwei Tage vorzupökeln. Danach werden sie mit kaltem Wasser abgespült und bei 85...90 °C so lange erhitzt, bis sie sich zwischen zwei Fingern durchdrücken lassen. Bei zu langem Erhitzen verlieren sie die Gelierfähigkeit. Nach dem Erhitzen werden die Schwarten nochmals mit kaltem Wasser abgespült, anschließend gekühlt und schließlich mit der feinsten Wolfscheibe zerkleinert. Die Schwartenmasse wird dem gekochten und zerkleinerten Fleisch mit der Kochbrühe zugesetzt, wobei die Menge an Kochbrühe um die Masse der Schwarten verringert werden muß.

Falls nicht schon während des Kochens gewürzt wurde (Kräuterbeutel), kann das Würzen auch während des Mischens erfolgen. In diesem Falle wird folgende Würzmischung je 1 kg Kraftfleischmasse empfohlen:

Zusammensetzung in g:
Pfeffer, schwarz, ganz	2
Pfeffer, weiß, gemahlen	1,5...2
Piment, ganz	0,5

Selleriesalz	1
Koriander	0,3
Glutamat	0,3
Speisewürze, flüssig	nach Geschmack abrunden

Nach guter Durchmischung wird die Kraftfleischmasse noch warm entweder in weite Kunstdärme oder in Dosen abgefüllt. Die Erhitzung des Kraftfleischs im Darm erfolgt bei 80 °C etwa 3 h, und die Dosen kocht man bei 100 °C ebenfalls 3 h. Eine Verlängerung der Kochdauer erhöht die Haltbarkeit nicht. Die Lagerfähigkeit des Erzeugnisses ist auf 4 bis 6 Wochen begrenzt, wobei Temperaturen < 10 °C einzuhalten sind.

Corned porc (Kraftfleisch vom Schwein)

Schweinefleisch kann ebenfalls zu Kraftfleisch verarbeitet werden. Das Erzeugnis hat aber eine etwas weichere Konsistenz und einen weniger kräftigen Geschmack.
Es können fast alle Fleischteile verwendet werden, die mager oder nur mäßig mit Fett durchwachsen sind. Empfehlenswert ist es, Schweinekopffleisch einschließlich der Schweineschnauzen mitzukochen.
Die in etwa Faustgröße zerteilten Fleischteile werden zwei bis drei Tage gepökelt und dann bei Temperaturen um 90 °C so lange erhitzt, bis das Fleisch mäßig weich ist. Das Würzen kann in gleicher Weise wie beim Kraftfleisch vom Rind durch Einhängen eines mit Suppengemüse gefüllten Leinenbeutels in die Kochbrühe erfolgen.
Das gegarte Fleisch wird herausgenommen und in kleine Stücke geschnitten oder gerissen. Die Brühe läßt man noch einige Zeit weiterkochen, um sie etwas einzudicken. Vor dem Vermengen mit dem geschnittenen Fleisch wird sie durch Abschöpfen entfettet und anschließend durch ein Tuch geseiht.
Der Kochverlust von 25...30% wird durch Brühe ausgeglichen, die mit dem Fleisch gut vermengt wird. Wurde kein Schweinekopffleisch mitgekocht, muß der Kochbrühe 3...5% Speisegelatine (bezogen auf den Rohfleischeinsatz) zugegeben werden.
Die Masse wird in Dosen abgefüllt und etwa 3 h gekocht. Die Haltbarkeitsdauer beträgt 6 bis 8 Wochen bei einer Lagertemperatur < 10 °C.

Rind- oder Schweinefleisch im eigenen Saft

Hierzu eignen sich fast alle Fleischteile von Rind und Schwein. Das Fleisch wird von groben Sehnen befreit und in 3...5 cm große Stücke geschnitten. Es wird mit Kochsalz (nicht mit Pökelsalz) versetzt, und zwar verwendet man 18...20 g Kochsalz je 1 kg Fleisch.
Die Sehnen und Schwarten werden gekocht und durch die feinste Wolfscheibe gelassen. Man setzt sie in einer Menge von 3...5% bezogen auf das Ausgangsmaterial dem rohen geschnittenen Fleisch zu.
Diese Masse wird fest in Dosen eingestopft, so daß möglichst wenig Lufteinschlüsse verbleiben.
Die Dosen werden etwa 3 h bei 100 °C gekocht.
Die Lagertemperatur soll 8 °C nicht überschreiten.

Eisbein in Aspik

Eisbein in Aspik ist ein preiswertes und wohlschmeckendes Erzeugnis. Die Herstellung ist insbesondere für die Hobbyküche zu empfehlen.

Eisbeine werden gut gesäubert und gepökelt oder auch ungepökelt weiterverarbeitet. Zum Pökeln verwendet man eine 15%ige Pökelsalzlake, der man Lorbeerblätter und Pfefferkörner sowie etwas Piment zusetzt. Die Pökeldauer beträgt je nach Größe der Eisbeine etwa 2 bis 3 Tage. Es sind Temperaturen um 10 °C einzuhalten. Die gepökelten bzw. ungepökelten Eisbeine werden in Wasser fast gar gekocht, und zwar so lange, bis sich die Haut gut ritzen läßt, ohne daß das Fleisch völlig vom Knochen gelöst ist. Dem Kochwasser werden Kochsalz, Gewürze und etwas Essig zugesetzt. Auf 5 kg Eisbein mit Knochen gibt man 200 g Kochsalz zu, bei gepökeltem Eisbein etwas weniger. Ein bis zwei Lorbeerblätter und etwa 10 Pimentkörner vervollständigen die Würze. Essig wird nach Geschmack zugegeben.

Es empfiehlt sich, das Eisbeinfleisch wegen der besseren Haltbarkeit nach dem Garen vom Knochen zu lösen.

Das Eisbeinfleisch wird in Dosen abgefüllt und mit der Kochbrühe begossen. Ein Gelatine- oder Schwartenzusatz erübrigt sich, da Eisbeine einen hohen Schwartenanteil haben. Die Dosen werden 2 h bei 100 °C gekocht. Die Lagertemperatur liegt bei etwa 10 °C.

Paprikaspeck

Die Herstellung von Paprikaspeck ist eine besonders in Süddeutschland beliebte Art der Speckzubereitung. Der Speck dient dann dem Rohverzehr zusammen mit Brot. Man verwendet kernigen, fetten Rückenspeck, der etwa 14 Tage mit Kochsalz (kein Pökelsalz) trocken gesalzen wird. Danach wird er sorgfältig entschwartet und in etwa 4...6 cm breite und 20...25 cm lange Streifen geschnitten. Die Streifen trocknet man dann 2 Tage in einem kühlen Raum.

Edelsüßer Paprika wird mit Gelatine (10% der Speckmasse) und heißem Wasser zu einem Brei angerührt, den man vor dem Erstarren mit einem Pinsel auf den Speck aufträgt. Die zuvor mit Schlaufen versehenen Speckstreifen werden nun einige Tage kalt geräuchert. Paprikaspeck soll nicht gebraten werden, da der Paprika bei hohen Brattemperaturen verbrennt.

14. GEWÜRZE

Kenntnisse über die einzelnen Gewürze, ihren Einsatz in den verschiedenen Wurstarten und -sorten, ihre Wirkung, Zusammenstellung und Dosierung sind für den Wursthersteller genau so wichtig wie Kenntnisse über die Behandlung des Fleisches. Während einige Wurstarten, z. B. Rohwürste, ein Eigenaroma entwickeln, das durch unterschwelliges Würzen sparsam unterstützt werden soll, ist der Geschmack anderer Wurstarten, z. B. Kochwürste, vom Gewürz abhängig. Kochwürste werden durch die Gewürzzusammenstellung erst komplettiert.

Leider werden auch bei Hausschlachtungen nur noch wenige Gewürzarten verwendet. Als Folge davon schmecken die Würste dann «einseitig» nach diesem Gewürz. Erst die Verwendung vieler Gewürzsorten in bestimmter individueller Zusammensetzung und Dosierung bringt den gewünschten «abgerundeten» wursttypischen Geschmack. Dazu muß man aber die Eigenschaften der Gewürze kennen. Es genügt nicht, wenn bei Hausschlachtungen als Standardgewürze nur noch weißer und schwarzer Pfeffer sowie Knoblauch verwendet werden.

Gerade in der Hausschlachtung und im Haushalt sollte versucht werden, dem hausschlachtenen Produkt eine spezielle eigene Note zu verleihen.
Bei der Wurstherstellung ist der Einsatz von mindestens 40 verschiedenen Gewürzarten möglich. Darunter sind viele, die auch im heimischen Gewürzgarten selbst gezogen werden können. Ein selbst geerntetes Gewürz, dessen Frischegrad bekannt ist, hat Vorteile gegenüber aus dem Handel erworbenem Gewürz. Fertige Gewürzmischungen, die für die industrielle Wurstherstellung geeignet sind, sollten bei Hausschlachtungen nicht verwendet werden, da sie den gleichen Geschmack wie handelsübliche Würste ergeben. Außerdem ist das Alter solcher Gewürzmischungen meist nicht bekannt. In überalterten oder schlecht gelagerten Gewürzmischungen verschwinden oft die feineren Gewürze, wie Vanille oder Zimt, und es bleiben würzkräftige Arten, wie Mazis, zurück, so daß solche Gewürzmischungen auch eine «einseitige» Würze ergeben. Neben ihrer Hauptfunktion bei der Aromabildung haben Gewürze aber noch andere positive Eigenschaften. Bekannt ist, daß Gewürze, wie Kümmel oder Knoblauch, auch Heilpflanzen sind. Gewürze haben auch antibakterielle Eigenschaften, einige von ihnen, beispielsweise Pfeffer und Knoblauch, hemmen die Entwicklung von Enterobakterien. Nicht zuletzt haben Gewürze auch Bedeutung für technologische Funktionen bei der Wurstherstellung. Majoran, Rosmarin, Paprika, Senfmehl und Wacholder wirken stark antioxidativ. Mit diesen Gewürzen hergestellte fettreiche Produkte werden wesentlich später ranzig als die gleichen Erzeugnisse, die diese Gewürze nicht enthalten. Einige Gewürze, wie Paprika und Zwiebeln, sollen sich positiv auf die Emulsionsstabilität auswirken.

Veränderungen der Eigenschaften von Gewürzen

Die wertbestimmenden geruchs- und geschmacksaktiven Verbindungen in den Gewürzen schwanken je nach geographischer Herkunft, Witterung sowie Wachstums-, Ernte- und Lagerbedingungen. Die Gewürzmühlen sind bestrebt, diese Schwankungen durch Verschneiden, Zusammensetzung und sorgfältige Behandlung auszugleichen.
Während die Inhaltsstoffe im unzerkleinerten Gewürz relativ geschützt sind, kommt es nach dem Zerkleinern zu einem mehr oder weniger schnellen «Verdampfen» der flüchtigen Komponenten der Gewürze. Werden zerkleinerte Gewürze noch unzweckmäßig gelagert (z. B. Lagerung bei hoher relativer Luftfeuchte oder hohen Temperaturen, unverpackt oder unter Lichtzutritt), kommt es bald zu einem Nachlassen der Würzkraft.
Zu einer deutlichen Verringerung der Würzeigenschaften bestimmter Gewürze kommt es aber auch bei der Erhitzung der Produkte. Der kritische Temperaturbereich liegt dabei bei etwa 90 °C. In erster Linie sind somit Konserven und Halbkonserven betroffen. Man kann die Gewürze in

- hitzestabil,
- wenig hitzestabil und
- nicht hitzestabil

einteilen.
Hitzestabile Gewürze sind Chillies und Salbei.
Zu den weniger hitzestabilen Gewürzen zählen Kardamom, Nelken, Paprika, Pfeffer, Rosmarin und Thymian.
Nicht hitzestabile Gewürze sind Koriander, Mazis, Majoran, Muskat, Piment und Ingwer.
Werden Konserven oder Halbkonserven hergestellt, so empfiehlt es sich, die weniger hitzestabilen Gewürze um drei Viertel und die nicht hitzestabilen Gewürze um das Doppelte höher zu dosieren.

Pfeffer

Der Pfeffer stammt aus Indien und wird heute in vielen tropischen Ländern angebaut. Der Pfefferstrauch ist eine Kletterpflanze, die ähnlich wie Hopfen kultiviert wird. Aus grün geernteten Beeren stellt man schwarzen Pfeffer her, während für weißen Pfeffer die Beeren ausreifen müssen.
Das typische Pfefferaroma wird durch ein Amid, das Piperin, hervorgerufen. Schwarzer Pfeffer ist weniger würzkräftig als weißer, aber schärfer.
Die Würzkraft bleibt bei ganzen Körnern lange erhalten, während sie durch das Mahlen schnell abnimmt. Gemahlener Pfeffer ist deshalb trocken und unter Luftabschluß zu lagern.
In letzter Zeit wird zunehmend auch grüner Pfeffer verwendet. Dabei handelt es sich um unreife Beeren, die nicht zu schwarzem Pfeffer getrocknet, sondern konserviert wurden.
Verwendung. Dauerwürsten setzt man ganze schwarze und weiße Pfefferkörner zu (bis zu 1 g je 1 kg Brät). Gebrochene schwarze Pfefferkörner sind als Steakpfeffer im Handel und werden für Umhüllungen von Spezialitäten (Pfefferwurst, Pfefferschinken usw.) verwendet.
Gemahlener weißer und schwarzer Pfeffer kann allen Wurstarten zugesetzt werden. Die Dosierung beträgt 2...3 g je 1 kg Wurstmasse.

Paprika

Paprika bezeichnete man früher auch als spanischen oder türkischen Pfeffer. Heute wird er vorwiegend in südosteuropäischen Ländern (Ungarische VR, SR Rumänien, VR Bulgarien) angebaut. Die Früchte der einjährigen Pflanze müssen voll ausreifen. Nach der Ernte werden sie 3 bis 4 Wochen getrocknet und dann gemahlen. Zuvor sind die Scheidewände und Samen zu entfernen. Die Schärfe des Paprikas ist sortenabhängig, wird aber auch von der restlosen Entfernung der Samen und Scheidewände beeinflußt. Die wichtigsten Handelsformen sind:
Delikateßpaprika (sehr mild, kaum scharf),
Edelsüß (mild, süßlich, kaum scharf).
Halbsüß (scharf),
Rosenpaprika (sehr scharf).
Dosierung und Verwendung. Paprika wird vorwiegend für streichfähige Rohwürste und für einige Rohwurstspezialitäten verwendet. Die Dosierung liegt bei 0,5 g je 1 kg Brät. Bei einigen Brühwürsten wird Rosenpaprika eingesetzt.
Paprika findet neben Pfeffer und Kümmel auch bei der Zusammensetzung der Tauchmasse für Gewürzsalami Verwendung. Weiterhin wird er bei der Herstellung von Paprikaspeck verwendet.

Piment (Allgewürz, Neugewürz, Nelkenpfeffer)

Piment stammt vom Pimentbaum, der in Mittelamerika wächst, und wird durch Trocknung der unreifen Frucht hergestellt. Das Pimentkorn ist rotbraun gefärbt, während gemahlener Piment ein kakaofarbenes Aussehen hat. Der Geruch ist würzig-aromatisch. Pimentkörner sind lange haltbar. Gemahlen verliert Piment rasch die Würzkraft.
Verwendung und Dosierung. Piment wird vorwiegend bei Kochwürsten und Sülzen verwendet. Auch bei Brühwürsten ist er einsetzbar. Die Dosis sollte nicht über 0,5 g je 1 kg Wurstmasse liegen.

Zwiebel

Das bekannteste einheimische Gewürz, die Zwiebel, wird weltweit angebaut. Sie wird in der Regel frisch verarbeitet, da sie sich verhältnismäßig gut lagern läßt, doch ist auch die Herstellung von Zwiebelpulver, Zwiebelsalz und Zwiebelflocken möglich. Beim Hausschlachten werden frische Zwiebeln verwendet.
Zwiebeln enthalten relativ viel Zucker und Eiweiß. Bei Verwendung von Zwiebeln für Kochwurst kann es bei einer längeren Standzeit der Wurstmasse vor dem Garen zu einer Bakterienvermehrung kommen.
Verwendung und Dosierung. Zwiebeln werden vorwiegend für Kochwürste verwendet. Die Dosierung ist individuell sehr verschieden. In der Regel werden 10...20 g frische oder geschmorte Zwiebeln je 1 kg Kochwurstmasse verwendet. Es können aber auch bis zu 150 g geschmorte Zwiebeln je 1 kg Wurstmasse (bei Zwiebelwurst) eingesetzt werden. Lange gelagerte Zwiebeln sind gut auszulesen. Angefaulte Knollen sind wegen des hohen Sporenanteils nicht zu verwenden. Zwiebeln wirken bei Kochwürsten, insbesondere bei Leberwurst, emulsionsfördernd und fettstabilisierend.

Knoblauch

Knoblauch stammt aus dem Orient und wird in Süd- und Mitteleuropa angebaut. Im allgemeinen verwendet man die frische Zehe. Aber auch Knoblauchpulver ist einsetzbar. Im Handel ist Knoblauch auch im Gemisch mit Kochsalz als Knoblauchsalz erhältlich.
Verwendung und Dosierung. Knoblauch wird vorwiegend für Rohwürste verwendet, doch setzt man ihn auch bei einigen Brühwurstsorten ein. In der Hausschlachtung empfiehlt es sich, Knoblauch fein zu hacken und mit Salz auszureiben; der erhaltene Salzbrei wird dann der Rohwurst zugesetzt.
Bei Roh- und Brühwurst werden ein bis zwei Knoblauchzehen je 50 kg Brät eingesetzt. Für Kochwürste wird Knoblauch weniger verwendet. Beliebt ist Knoblauch auch in der Küche (Braten) und bei der Bereitung von Schweinehackfleisch.

Majoran

Majoran ist ein ein- oder mehrjähriger kleiner Strauch, der in Mitteleuropa wächst und auch in Gewürzgärten angebaut werden kann. Während der Blüte werden die Blätter abgestreift (gerebelt) und schonend getrocknet. Majoran ist auch gemahlen im Handel. Der wirksame Bestandteil ist ein ätherisches Öl, das Terpinol.
Verwendung und Dosierung. Außer in der Küche zum Braten wird Majoran gern Kochwürsten zugesetzt. In manchen Gebieten (Sachsen, Franken) soll Majoran in der Kochwurst sogar stark einseitig vorschmecken. In erster Linie wird Majoran für Blut- und Leberwürste verwendet. Die Dosierung liegt bei 0,5...0,7 g/kg bei Leberwürsten und 1...2 g/kg bei Blutwürsten.
Majoran ist hitzeempfindlich und ist deshalb möglichst am Schluß der Erhitzung anzuwenden.
Majoran wirkt antioxidativ. Deshalb setzt man ihn auch gern ausgelassenem Schmalz zu.

Bohnenkraut (Wurstkraut, Pfefferkraut)

Bohnenkraut ist ein einjähriger kleiner Strauch, der aus Nordafrika stammt, aber in ganz Europa angebaut werden kann. Geerntet werden die Blätter kurz vor der Blüte. Sie sind danach schonend zu trocknen.

Verwendung und Dosierung. Bohnenkraut wird zwar vorwiegend in der Küche verwendet, doch kann es auch bei Kochwürsten eingesetzt werden. Leberwürsten können 0,2...0,5 g je 1 kg Wurstmasse zugesetzt werden.

Thymian (Quendel)

Thymian ist eine ein- oder mehrjährige Pflanze, die in ganz Europa verbreitet ist und auch wildwachsend vorkommt. Die Blätter werden in der Blüte gerebelt und getrocknet. Auch ist es üblich, die ganze Pflanze zu trocknen.
Verwendung und Dosierung. Thymian ist besonders geeignet, den Bratengeschmack von Hammel-, Schweine- und Wildfleisch zu ergänzen. In der Wurstherstellung wird Thymian vorwiegend Leberwürsten zugesetzt. Das Gewürz soll nicht vorschmecken, so daß nicht mehr als 0,2 g je 1 kg Wurstmasse zu verwenden sind.

Rosmarin

Rosmarin kann nur in Gebieten mit warmem Klima, wie Südeuropa und Nordafrika, angebaut werden. Er ist meist gemahlen im Handel.
Verwendung und Dosierung. Vorwiegend wird er in südeuropäischen Ländern als Küchengewürz verwendet. Er hat wie Majoran eine antioxidative Wirkung und ist deshalb auch für kleinkalibrige Rohwürste zu empfehlen. Rosmarin schmeckt bitter-herb. Die Einsatzmenge sollte deshalb 0,3 g je 1 kg Wurstmasse nicht übersteigen.

Muskatnuß

Muskatnuß ist das getrocknete Samenkorn des Muskatnußbaums, der in tropischen Gebieten Asiens angebaut wird. Die Frucht wird von der Fruchthülle, die nicht verwendet wird, befreit. Der darunter liegende Samenmantel ist auch als Mazis bekannt. Muskatnuß hat einen hohen Gehalt an ätherischen Ölen (Terpene), die antioxidativ und fettstabilisierend (emulsionsfördernd) wirken.
Verwendung und Dosierung. Muskat wird bei vielen Wurstsorten als Gewürz verwendet. Bei streichfähigen und gekochten Rohwürsten wird Muskat in einer Menge von 0,5 g/kg eingesetzt. Zu Brühwürsten wird Muskat in einer Dosierung von 0,4 g/kg gegeben. Muskat kann bei allen Kochwurstarten eingesetzt werden. In einigen Gegenden wird Muskat als vorschmeckendes Gewürz auch Bratwürsten zugesetzt.

Mazis (Muskatblüte)

Der getrocknete Samenmantel der Muskatfrucht wird in gemahlener Form gehandelt. Die Farbe ist orangerot. Geruch und Geschmack sind dem der Muskatnuß ähnlich, doch nicht so kräftig. Mazis wird in gleicher Weise wie Muskatnuß verwendet und dosiert.

Senf

Man unterscheidet weißen und braunen Senf. Beide Arten werden in Europa angebaut. Der gemahlene entölte Samen (Senfmehl) wird zu verschiedenen Senfarten verarbeitet. Die Samen des weißen Senfs sind als Senfkörner im Handel.
Verwendung und Dosierung. Zur Wurstherstellung werden nur Senfkörner eingesetzt. Ihre Würzkraft ist gering, sie dienen ähnlich wie Pistazien nur optischen Zwecken. Zugesetzt werden Senfkörner groben Mettwürsten und bestimmten Brühwurstsorten. Senfkörner sind auch Bestandteil des Gewürzüberzuges von Schinken.

Zimt (Kaneelpflanze)

Zimt stammt vom Zimtbaum, der in Asien beheimatet ist. Hergestellt wird Zimt aus der Rinde des Baumes. Die besten Qualitäten kommen aus Sri Lanka. Chinesischer Zimt wird auch als Kassiazimt bezeichnet. Zimt wird als Zimtrinde oder als Pulver gehandelt.
Verwendung und Dosierung. Zimt wird gern Kochwürsten zugesetzt. Er verfeinert den Geschmack, darf allerdings nicht vorschmecken. Die Dosierung liegt deshalb bei 0,15...0,20 g je 1 kg Wurstmasse.

Ingwer

Die Ingwerpflanze wird vorwiegend in Mittelamerika angebaut. Die getrocknete Wurzel dient als Gewürz und ist als kleinstückiges oder gemahlenes Erzeugnis im Handel.
Verwendung und Dosierung. Ingwer wird Brühwürsten, Kochwürsten und Sülzen zugesetzt. Feine Leberwurstsorten werden mit 0,3 g/kg gewürzt.

Nelken (Nägelein)

Nelken sind getrocknete Blüten einer Myrtenart, die in subtropischen und tropischen Gebieten Asiens beheimatet ist. Nelken haben einen hohen Gehalt an ätherischen Ölen. Sie werden als ganze Nelken oder in gemahlener Form gehandelt.
Verwendung und Dosierung. Bei der Wurstherstellung werden Nelken nur in gemahlener Form eingesetzt. Nelken werden gern Kochwürsten, insbesondere Leberwürsten, zugesetzt. In einigen Gegenden würzt man auch Blutwürste und Zervelatwürste mit Nelken. Die Dosierung liegt bei 0,1 g je 1 kg Wurstmasse.

Basilikum (Königskraut, Suppenkraut)

Es handelt sich um eine einjährige Pflanze, die auch im Gewürzgarten wächst. Die Blätter werden vor oder während der Blüte geerntet und frisch, getrocknet oder tiefgefroren verwendet.
Verwendung und Dosierung. Basilikum findet bei Kochwürsten, insbesondere Leberwürsten, Verwendung. In einigen Gegenden wird es auch Bratwürsten zugesetzt. Auch Fleischpasteten werden mit Basilikum gewürzt. Die Dosierung liegt bei 0,3 g je 1 kg Wurstmasse.

Estragon

Den Estragonstrauch baut man in wärmeren Zonen Südeuropas an. Geerntet werden Blätter und Blüten während der Blüte.
Verwendung und Dosierung. Estragon ist vorwiegend in der Küche als Zusatz zu Fischgerichten und Braten bekannt. Es schmeckt bitter-würzig und etwas nach Anis. Zur Wurstherstellung wird Estragon bisher wenig verwendet; verschiedentlich setzt man ihn Sülzen und Aspikwaren zu. Die Dosierung liegt bei 0,2 g je 1 kg Erzeugnis.

Beifuß (Gänsekraut)

Beifuß wird in ganz Europa angebaut. Er wächst auch wild. Als Gewürz werden die getrockneten Rispen mit Knospen verwendet. Die Blätter sind zu entfernen, da sie sehr bitter schmecken.

Verwendung und Dosierung. Beifuß ist ein Gewürz für Fisch und Geflügel (Enten und Gänse). Zur Wurstherstellung wird Beifuß kaum verwendet. Beim Auslassen von Schmalz, insbesondere Gänseschmalz, gibt man Beifuß gern zu.

Sellerie (Eppich)

Sellerie wird in ganz Europa angebaut. Verwendet werden sowohl die Knolle als auch die Blätter. Sie kommen sowohl frisch als auch getrocknet in den Handel. Gemahlene Selleriesamen oder Selleriekrautpulver kann man mit Salz vermischen. Sie ergeben das Selleriesalz.
Verwendung und Dosierung. Selleriesalz wird bei Kochwürsten eingesetzt, aber auch für Sülzen und Aspikwaren verwendet.
Die Dosierung liegt bei 0,1...0,2 g/kg Erzeugnis.

Lorbeerblatt

Die Blätter stammen vom Lorbeerbaum, der im Mittelmeerraum beheimatet ist. Lorbeerblätter enthalten ätherische Öle, die sehr würzig und bitter schmecken.
Verwendung und Dosierung. In der Küche ist Lorbeerblatt bei der Herstellung von Marinaden (Sauerbraten, Fisch) unentbehrlich. Zur Wurstherstellung wird es nur wenig verwendet. Sülzen und Aspikwaren setzt man es stark gebrochen in ganz geringer Dosierung zu.

Salbei (Muskatkraut)

Salbei wird vorwiegend in wärmeren Zonen Europas angebaut und ist z. T. auch in unseren Gewürzgärten heimisch. Die Blätter werden getrocknet und schmecken würzig-bitter, etwas nach Kampfer.
Verwendung und Dosierung. Salbei wirkt antioxidativ und wird daher wie Rosmarin kleinkalibrigen Rohwürsten zugesetzt. Bei der Herstellung von Kochwürsten, vor allem von Blutwürsten, findet Salbei ebenso Verwendung wie beim Auslassen von Schmalz.
Die Dosierung liegt bei 0,2...0,3 g je 1 kg Erzeugnis.

Dill (Gurkenkraut)

Dill wird in ganz Europa angebaut, kommt aber auch wildwachsend vor. Er wird vorwiegend frisch verwendet. Wird er vor dem Blühen geerntet, kann er auch getrocknet werden.
Verwendung und Dosierung. Dill wird bei der Herstellung von Sülzen verwendet.

Koriander

Koriander ist ein einjähriger Strauch, der aus Mittelamerika stammt. Einige Anbaugebiete findet man auch in Süddeutschland und Thüringen. Verwendet wird die Frucht, die getrocknet und gemahlen wird.
Verwendung und Dosierung. Gemahlener Koriander wird für Mettwurst und Brühwurst, aber auch für Kochwürste (insbesondere Blut- und Rotwürste) verwendet. Für Leberwürste wendet man Koriander nicht an. Die Dosierung liegt bei 0,3 g je 1 kg Wurstmasse.

Tabelle 6. Gewürze und deren Verwendung in der Fleisch- und Wurstwarenherstellung

Gewürz	Zugabe je 1 kg Erzeugnis	Geeignet für Rohwurst streichfähig	Rohwurst schnittfest	Rohwurst kleinkalibrig	Brühwurst	Leberwurst	Blutwurst	Sülzwurst	Pastete	Salate, Aspik	Schmalz, Speck
Anis	0,1 g										x
Beifuß	0,3 g								x		
Basilikum	0,3 g									x	
Bohnenkraut	0,2 g		x								
Kardamom	0,3 g								x	x x x	
Dill	0,4 g									x x x	
Dost	0,3 g					x					
Estragon	0,3 g					x				x x	
Ingwer	0,3 g					x					
Knoblauch	1 bis 2 Zehen/50 kg	x x	x	x x		x x x x	x x	x x	x x x	x x	x x
Koriander	0,3 g	x		x	x	x	x				
Kümmel	0,2…1,0 g		x	x	x	x	x				
Lorbeer	0,2 g bzw. 1 Blatt							x		x	
Mazis	0,5 g	x				x					
Majoran	0,5…1,5 g				x	x x x x	x x x x x	x x	x x x	x x	x x
Muskat	0,5 g		x	x	x	x x x	x x		x x		
Nelken	0,1 g						x x x	x x	x x	x x	x
Paprika	0,5…1,0 g	x x	x x	x x		x x x	x x x		x x	x x	x x
Pfeffer	2,5…3,0 g										
Piment	0,5 g				x x	x x	x x		x x	x	x x
Rosmarin	0,3 g								x x		
Salbei	0,3 g		x			x			x	x	
Sellerie	0,3 g									x	
Senf	0,2…0,7 g										
Thymian	0,2 g		x						x		
Vanille	0,2 g Vanillezucker										
Wacholder	0,2 g					x x	x x		x	x	
Ysop											
Zimt	0,2 g										
Zwiebel	10…100 g	x									

Vorwiegend antioxidativ (ranzigkeitsverhütend) wirkende Gewürze sind Paprika, Rosmarin, Majoran, Wacholder, Dost, Salbei, Muskat, Mazis, Knoblauch
Fettstabilisierende, emulsionsfördernde Gewürze sind Paprika, Muskat, Mazis, Zwiebel

Wacholderbeere (Machandel, Kranewittbeere)

Wacholderbeeren sind Scheinbeeren. Botanisch gesehen sind sie Zapfen. Der Strauch wächst in ganz Europa, und die besten Qualitäten kommen aus dem Mittelmeerraum. Wacholderbeeren werden getrocknet und entweder ganz oder gemahlen gehandelt.
Verwendung und Dosierung. Wacholder hat einen harzig-würzigen Geschmack, der niemals einseitig hervortreten sollte. Die Zugabe zu Rohwurst rundet insbesondere das Aroma schnittfester und gereifter Sorten ab. Die Dosierung liegt bei 0,2 g je 1 kg Wurstmasse. Bekannt ist die Zugabe von ganzen Beeren zu Pökellaken und zum Kaltrauch.

Kümmel

Kümmel sind die Früchte eines zweijährigen Strauches, der in ganz Europa wild wächst, aber auch feldmäßig angebaut wird.
Verwendung und Dosierung. Ganzer, gebrochener und gemahlener Kümmel wird bei der Wurstherstellung häufig eingesetzt. Gemahlenen Kümmel setzt man feiner Streichrohwurst, gebrochenen Kümmel schnittfester Rohwurst und ganzen Kümmel einigen Blutwurst- und Sülzwurstsorten zu. Die Dosierung liegt bei 0,2 bis 0,6 g je 1 kg Wurstmasse.

Vanille

Vanille ist die Kapselfrucht einer tropischen Orchideenart. Die unreifen Kapseln werden fermentiert und getrocknet. Vanille kommt in Form von Kapseln in den Handel. Das Aroma, das Vanillin, kann heute synthetisch hergestellt werden. Ein Gemisch aus Zucker mit 2% Vanillin wird als Vanillinzucker gehandelt. Ein Gemisch, das aus neun Teilen Zucker und einem Teil gemahlener Vanille besteht, bezeichnet man als Vanillezucker.
Verwendung und Dosierung. Vanille ist ein lieblich schmeckendes Gewürz, das vorwiegend zur Abrundung des Aromas von Leberwürsten verwendet wird. Auch Blutwürsten kann etwas Vanille zugegeben werden. Der Zusatz erfolgt zweckmäßigerweise als Vanillezucker, da diese Wurstarten auch etwas Zucker benötigen. Die Dosierung liegt im Bereich von 0,1...0,2 g Vanillezucker je 1 kg Wurstmasse.

Ysop

Ysop ist ein Halbstrauch, der auch in Mitteleuropa angebaut werden kann. Verwendet werden alle oberirdischen Teile der Pflanze, die während der Blüte gesammelt und danach getrocknet werden. Der Geschmack ist kräftig würzig, etwas bitter und leicht kampferartig.
Verwendung und Dosierung. Ysop ist zwar ein typisches Küchenkraut, doch wird er in einigen Gegenden auch zum Würzen von Leberwurst und Blutwurst verwendet. Die Dosierung liegt bei 0,2 g je 1 kg Wurstmasse.

Dost

Dost stammt aus dem Mittelmeerraum, wird aber auch in unseren Gewürzgärten angebaut. Im Geschmack ähnelt er etwas dem Majoran, ist aber nicht ganz so würzkräftig. Er wird als Würzbestandteil zu Tomatenketchup gern verwendet. Geerntet werden wie bei Majoran die gerebelten Blätter, die zu trocknen sind.
Verwendung und Dosierung. Dost kann wie Majoran eingesetzt werden, also vorwiegend bei Kochwürsten. Die Dosierung liegt bei 0,3 g je 1 kg Wurstmasse.

Gewürzkräuterbeutel

Der Gewürzkräuterbeutel enthält eine Gewürzmischung von gerebelten getrockneten Gewürzkräutern. In Frankreich ist diese Mischung als «fines herbes» bekannt. Diese Kräutermischung kann Pasteten, Sülzen oder Kochwürsten in einer Menge von 0,5...1,0 g je 1 kg Erzeugnis zugegeben werden. In einem Stoffbeutel kann diese Mischung aber auch mitgekocht werden, z. B. bei der Aspikbereitung oder beim Garen von Fleisch für Kochwurst oder Corned beef, bei den Sorten also, denen etwas Kochbrühe zugesetzt wird.
Der Gewürzkräuterbeutel enthält zu gleichen Teilen Schnittlauch, Majoran, Dost, Salbei, Kerbel, Thymian, Rosmarin, Petersilie, Basilikum und Bohnenkraut.
Eine Zusammenstellung der wichtigsten Gewürze für die Fleisch- und Wurstwarenherstellung und deren Einsatzmöglichkeiten enthält Tabelle 6.

15. LEBENSMITTELVERGIFTUNGEN

Durch den Verzehr von Lebensmitteln, die in irgendeiner Weise mit Schadstoffen in Berührung gekommen sind, kann es zu einer Schädigung der Gesundheit des Menschen kommen. Dank einer umfassenden Gesetzgebung, einer umfangreichen Lebensmittelkontrolle, insbesondere durch die Hygiene- und Veterinärhygienedienste und die entsprechenden Lebensmitteluntersuchungsstellen, und nicht zuletzt durch das gestiegene Hygienebewußtsein der Bevölkerung treten Lebensmittelvergiftungen heute relativ selten auf. Beim Verzehr von Fleisch und Fleischwaren kommt es hin und wieder zu bestimmten Erkrankungen, die von Bakterien ausgelöst werden und zu den spezifischen Lebensmittelvergiftungen gezählt werden. Ursachen für diese spezifischen Lebensmittelvergiftungen sind fast immer eine grobe Mißachtung allgemeiner Hygieneprinzipien bei der Schlachtung und Verarbeitung sowie Fehler bei der Herstellung von Fleisch- und Wurstwaren infolge ungenügender Kenntnisse über den Rohstoff Fleisch.
Diese spezifischen Lebensmittelvergiftungen werden von spezifischen Bakterienarten verursacht und lösen einen spezifischen Krankheitsverlauf aus. Sie sind außerdem dadurch gekennzeichnet, daß bei Vorhandensein einer bestimmten Anzahl dieser spezifischen Bakterien fast regelmäßig eine Erkrankung ausgelöst wird. Erschwerend kommt hinzu, daß die Anwesenheit und Vermehrung dieser Bakterien meist nicht zu einer wahrnehmbaren Veränderung der Fleisch- und Wurstwaren führt.
Neben den spezifischen Lebensmittelvergiftungen gibt es auch unspezifische Lebensmittelvergiftungen, die von Bakterienarten hervorgerufen werden, die nur unter bestimmten Umständen und bei empfindlichen Personen (Kleinkindern, älteren oder geschwächten Personen) zu Erkrankungen führen können. Unspezifische Lebensmittelvergiftungen sind in der Regel durch einen leichten Krankheitsverlauf gekennzeichnet.

Sowohl die Erreger der spezifischen als auch die der unspezifischen Lebensmittelvergiftungen gehören zu den Bakterien, die überall nachzuweisen, also ubiquitär sind.

Zu Lebensmittelvergiftungen kommt es aber in der Regel nur dann, wenn sich die Erreger spezifischer oder unspezifischer Lebensmittelvergiftungen im Produkt vermehren konnten. Als auslösender Faktor muß eine bestimmte Mindestkeimzahl erreicht werden, oder es müssen sich die Stoffwechselprodukte dieser Bakterien, die während der Vermehrung abgesondert werden, in einer bestimmten Konzentration im Lebensmittel befinden.

Zur Vermeidung von Lebensmittelvergiftungen müssen deshalb die folgenden Grundregeln eingehalten werden:

- Die Verunreinigung der Lebensmittel mit spezifischen und unspezifischen Erregern ist zu verhindern.
- Bei der Bearbeitung und Verarbeitung des Schlachtkörpers sind solche Verfahren zu wählen, die so schnell wie möglich zu einer stabilen Endphase des Produkts führen und somit eine Vermehrung unbemerkt eingedrungener Erreger von Lebensmittelvergiftungen während der Verarbeitung oder im Endprodukt nicht stattfinden kann.

Durch Einhaltung der allgemeinen und speziellen Hygieneprinzipien bei der Schlachtung und Verarbeitung kann eine Kontamination mit Erregern von Lebensmittelvergiftungen weitgehend vermieden werden. In fast allen Fällen (eine ordnungsgemäße Schlachttieruntersuchung vorausgesetzt) ist das Fleisch von tauglich beurteilten Tieren keimarm. Lebensmittelvergiftungserreger gelangen also erst während und nach dem Schlachten auf oder in das Fleisch.

Bei der Herstellung der verschiedenen Produkte sind die in den einzelnen Abschnitten beschriebenen optimalen Verfahrensführungen sowie die Lagerbedingungen und -fristen einzuhalten, z. B.

- schnelle pH-Wert-Absenkung bei Rohwürsten,
- zügige Verarbeitung, genaue Einhaltung der Gartemperaturen und -zeiten bei Kochwurst und Garfleischwaren,
- genaues Einstellen der Lakestärke bei Pökelsalzlaken durch Wägen sowie Einhaltung der Temperatur und Pökeldauer,
- Rezepturtreue bei der Herstellung von Aspikwaren und Salaten (pH-Wert) und Einhaltung der Lagertemperaturen und -fristen,
- schnelles Verarbeiten bei Dosenware, Einhalten von Gartemperatur, Erhitzungsdauer, Lagertemperatur und -frist, Lagerkontrolle.

Wenn der Schlachtkörper als «tauglich» beurteilt, alle hygienischen und verfahrenstechnischen Anforderungen eingehalten und die Hinweise für die Aufbewahrung der Produkte beachtet wurden, kann es nach menschlichem Ermessen nicht zu einer bakteriell bedingten Lebensmittelvergiftung kommen. Auf die wichtigsten Erreger von Lebensmittelvergiftungen wird kurz eingegangen.

Salmonellen

Durch Salmonellen ausgelöste Erkrankungen nennt man Salmonellosen. Sie stehen zahlenmäßig an der Spitze aller Lebensmittelvergiftungen. Salmonellen sind weit verbreitet und nicht an bestimmte Klimazonen gebunden. Sie kommen fast bei allen Tierarten und beim Menschen vor, und es gibt eine Vielzahl von Untergruppen. Die Übertragung auf das Lebensmittel kann sowohl vom Menschen als auch vom Tier ausgehen. Bei allen Erkrankungen, auch bei einem Durchfall, können Salmonellen, die normalerweise nur im Darm leben, in die Blutbahn eindringen und das Fleisch infizieren. Deshalb dürfen erkrankte Tiere nicht geschlachtet werden. Notgeschlachtete Tiere sind zusätzlich bakteriologisch zu untersuchen (s. unter 2.1.). Bei allen Normalschlachtungen können Salmonellen im Darminhalt vorkommen. Sie können ständig dort vorhanden sein (Ausscheider) oder zufällig mit dem Futter hineingeraten sein, wobei dann nur eine zeitlich begrenzte Besiedlung des Darmes mit Salmonellen zu erwarten ist. Werden Schweine und Geflügel zusammen gehalten, kann es auch über den Geflügelkot zu einer Besiedlung des Darmes beim Schwein mit Salmonellen kommen.

Der Darminhalt ist also in jedem Fall als mögliche Infektionsquelle anzusehen und entsprechend zu behandeln. Die Reinigung der Därme hat deshalb so bald wie möglich stattzufinden und ist räumlich getrennt von der Zerlegung und Verarbeitung vorzunehmen. Verwendete Messer und mit Darminhalt verschmutzte Gegenstände sind auf jeden Fall zu reinigen und zu desinfizieren. Mit Darminhalt in Berührung gekommene Kleidungsstücke müssen gewechselt werden. Hunde, Katzen und Geflügel sind während der gesamten Dauer der Hausschlachtung einzusperren.

Die äußere Haut der Schlachttiere, die in den meisten Fällen mit Kot verschmutzt ist, stellt ebenfalls eine Infektionsquelle dar. Eine Kontamination mit Salmonellen kann aber auch durch den Menschen selbst erfolgen. Auch hier gibt es Ausscheider, ohne daß es zu Erkrankungen kommt. Grundsätzlich sollten Personen, die erkrankt sind oder auch nur Durchfall haben oder in der letzten Zeit hatten, mit Fleisch oder Schlachtgegenständen nicht in Berührung kommen.

Ob ein gesunder Mensch ein Salmonellenausscheider ist, kann nicht ohne weiteres erkannt werden. Dazu ist eine Spezialuntersuchung notwendig.

Salmonellen sind gegenüber Umwelteinflüssen verhältnismäßig widerstandsfähig. Allerdings hemmen pH-Werte $< 5,0$ sowie Temperaturen $< 10\,°C$ und $> 45\,°C$ das Wachstum. Zur Abtötung sind jedoch Temperaturen von mindestens $70\,°C$ notwendig. Durch Gefrierlagerbedingungen werden Salmonellen nicht vernichtet.

Bei einer Vermehrung von Salmonellen werden die Bakteriengifte, die Toxine, erst im Darm freigesetzt. Es dauert also immer einige Stunden, bis es zu einer Krankheitserscheinung kommt. Bei einer Salmonellose kommt es innerhalb von 8...16 h nach dem Verzehr infizierter Produkte zu ersten Krankheitserscheinungen. In der Regel sind drei Symptome, Erbrechen, Durchfall und Fieber, festzustellen. Salmonellosen oder bereits der Verdacht auf die Erkrankung sind meldepflichtig. Erkrankte dürfen nur vom Arzt behandelt werden.

Staphylokokken

Unter den vielen kokkenförmigen Bakterien gibt es eine Art von Staphylokokken, die Lebensmittelvergiftungen verursacht. Die dadurch hervorgerufene Erkrankung hat sich in einigen Ländern sogar als vorherrschende Lebensmittelvergiftung erwiesen. Insbesondere in Ballungsgebieten und in Großstädten tritt die Erkrankung durch Staphylokokken häufig auf. Das zeigt, daß die Kontamination wahrscheinlich vom Menschen ausgeht.

Staphylokokken sind wie Salmonellen überall zu finden. Im Gegensatz zu den Salmonellen sind sie aber keine Darmbewohner, sondern eher auf der Haut und insbesondere bei Hauterkrankungen, Ekzemen und Eiterungen sowie bei Entzündungen der Nasen- und Rachenschleimhaut zu finden.

Zur Verhinderung von Staphylokokkenerkrankungen sind also in erster Linie Menschen von der Fleischverarbeitung auszuschließen, die offene Wunden oder Haut-

erkrankungen bzw. Schnupfen oder Halsentzündungen haben. Eine Übertragung kann natürlich auch von Haustieren ausgehen, die offene, vielleicht eiternde Wunden oder Ekzeme haben. Das ist besonders bei Hunden und Katzen häufig anzutreffen.
Staphylokokken sind noch widerstandsfähiger als Salmonellen. So können sie auch bei hohen Salzkonzentrationen noch wachsen, allerdings kaum noch bei pH-Werten < 4,5. Sie sind vermehrungsfähig bei Temperaturen zwischen 5 °C und 45 °C, werden aber wie Salmonellen bei 70 °C sicher abgetötet.
Staphylokokken bilden Stoffwechselprodukte, die nach außen in das umgebende Milieu abgegeben werden und toxisch wirken. Zur Auslösung einer Erkrankung sind auch hier bestimmte Bedingungen der Bakterienvermehrung notwendig; die Bakterien selbst können aber später absterben. Die gebildeten Toxine sind noch widerstandsfähiger als die Bakterien. Sie sind sogar hitzestabil, d. h., sie überleben normale Gartemperaturen. Gefährlich sind Staphylokokkeninfektionen deshalb, weil es genügt, wenn sich die Staphylokokken zu irgendeinem Zeitpunkt der Bearbeitung vermehren konnten. Selbst wenn die Bakterien abgetötet werden, überleben dann die Toxine.
Bevorzugt wachsen sie in Fleischzubereitungen mit Milcheiweiß oder Hühnereiweiß. In Salaten mit Mayonnaise, Käse oder Eiern, aber auch in Aspikwaren vermehren sie sich besonders gut. Haben diese Zubereitungen noch dazu einen relativ hohen pH-Wert, so kann sehr viel Toxin gebildet werden. In reinen Fleischprodukten, Rohwurst usw. ist ein Wachstum zwar möglich, aber eine Staphylokokkenvergiftung durch solche Produkte seltener. Da das Toxin in einer bestimmten Menge vorhanden sein muß, kommt es wesentlich schneller zu sichtbaren Krankheitserscheinungen. Bereits 30 min nach dem Verzehr toxinhaltiger Lebensmittel bis spätestens 4 h danach kommt es zu heftigem Erbrechen und zu Kreislaufstörungen, da das Toxin blutdrucksenkend wirkt. Durchfall wird seltener und Fieber nicht beobachtet. Obwohl die Erkrankung sehr drastisch beginnt, klingt sie relativ schnell wieder ab, in der Regel sind die Patienten nach 24 h wieder ohne Beschwerden.

Clostridien

Clostridien sind stäbchenförmige Bakterien, die nur dort wachsen können, wo kein Luftsauerstoff vorhanden ist, also vorwiegend in Dosen oder in großvolumigen Fleischstücken, z. B. Knochenschinken. Durch Clostridien hervorgerufene Erkrankungen gehören zu den seltenen Lebensmittelvergiftungen. Clostridien verursachen jedoch schwerste Erkrankungen, die sogar tödlich ausgehen können.
Clostridien sind im Dickdarm von Mensch und Tier anzutreffen. Sie bilden außerhalb des Darmes sehr widerstandsfähige Sporen, die dann im Abwasser, in der Gülle, im Mist und in der Erde nachzuweisen sind.
Diese Sporen gelangen sehr leicht auf das Fleisch, können sich aber dort nicht vermehren. Erst wenn das Fleisch eingedost wurde (Kochwurst usw.), können diese Sporen, die ja den Kochprozeß überleben, auskeimen. Wachstum und Toxinbildung sind allerdings temperaturabhängig. Bei 5 °C und 3% Kochsalz in der wäßrigen Phase können Clostridien kein Toxin bilden. Steigt die Temperatur aber auf 15 °C an, so müssen schon 5% Kochsalz vorhanden sein. Unter pH 5,4 kommt es ebenfalls nicht zur Toxinbildung. Die meisten Fleisch- und Wurstkonserven haben aber pH-Werte von etwa 6,5, liegen also in einem für Clostridien günstigen Bereich. Um Clostridienerkrankungen zu vermeiden, ist bei hausschlachtenen Fleisch- und Wurstkonserven eine tiefe Lagertemperatur erforderlich, die unbedingt einzuhalten ist. Bei großvolumigen Schinken bestehen im Kern sauerstofffreie Verhältnisse. Da im Kern durch das Pökeln auch erst sehr spät eine entsprechende Salzkonzentration erreicht wird, bestehen günstige Verhältnisse zur Ver-

mehrung von Clostridien. Bei diesen Schinken ist daher die Einhaltung einer niedrigen Pökeltemperatur von 5 °C entscheidend. Nach Möglichkeit sollten auch keine Knochenschinken hergestellt werden. Da Clostridien aber gegenüber bestimmten Nitritkonzentrationen ($> 80...100$ mg/kg) empfindlich sind, sollten Schinken immer mit Nitritpökelsalz und nicht mit Kochsalz hergestellt werden. Auch bei Kochwurst in Dosen kann durch Verwendung von Nitritpökelsalz statt Kochsalz eine erhöhte Sicherheit erzielt werden.

Bei industriemäßig hergestellten Konserven besteht die Gefahr einer Clostridieninfektion nicht, da diese Konserven autoklaviert wurden. Die Autoklavierungstemperaturen von 121 °C reichen aus, um Clostridiensporen sicher zu vernichten. Diese Temperaturen werden aber bei Hausschlachtungen nicht erreicht.

Werden Wurst oder Fleischwaren, in denen sich Toxine gebildet haben, verzehrt, so gelangen die Giftstoffe nach der Aufnahme über den Darm zu den Nervenbahnen. Das von Clostridien gebildete Toxin ist ein Nervengift. Durch Hemmung des «Aktionsstroms», der die Nervenreize in Muskelarbeit umsetzt, enstehen Lähmungen. Zuerst werden die Augenmuskeln gelähmt, und die ersten Krankheitssymptome sind «Doppeltsehen» und Schluckbeschwerden. Danach werden die Atemmuskeln gelähmt.

Die Zeit von der Toxinaufnahme bis zum Ausbruch der ersten Krankheitserscheinungen, die Inkubationszeit, beträgt 8 h bis 4 Tage.

Das Clostridientoxin ist im Gegensatz zum Staphylokokkentoxin gegenüber Erhitzen empfindlich. Bei 80 °C wird es bereits inaktiviert. Deshalb sollten selbsteingekochte Gemüsekonserven nach dem Öffnen der Dose vor dem Verzehr grundsätzlich nochmals gut durchgekocht werden. Bei Kochwurst in Dosen ist das aber nicht möglich.

Clostridium perfringens

Dieses Clostridium gehört ebenfalls zu den Lebensmittelvergiftungserregern. Eine Toxinbildung und eine krankmachende Wirkung der Toxine sind nur unter bestimmten Bedingungen festzustellen. *Cl. perfringens* ist wie *Cl. botulinum* in Erde, Stallmist, auf Gemüse, aber auch fast regelmäßig in bestimmten Fleischprodukten, wie Leberwurst, nachzuweisen, ohne daß es bei seiner Aufnahme zu Krankheitserscheinungen kommt. Erst eine massive Vermehrung unter Ausschaltung der anderen Bakterienarten kann zu einer Erkrankung bei Aufnahme des Lebensmittels führen. Eine solche Möglichkeit besteht dann, wenn Fleisch- oder Wurstkonserven bei Temperaturen nicht über 100 °C eingekocht werden. Die Toxinbildung verläuft bei *Cl. perfringens* etwas anders als bei *Cl. botulinum*. Bei *Cl. perfringens* entsteht das Toxin beim Versporungsprozeß im Dünndarm; es müssen also zuvor vegetative Keime aufgenommen worden sein. Bei *Cl. botulinum* wird dagegen Toxin im Lebensmittel vorgebildet.

Die Krankheitserscheinungen bei *Cl. perfringens* sind nicht so drastisch und lebensbedrohend wie bei *Cl. botulinum*. Es kommt zu Leib- und auch zu Kopfschmerzen.

Es gibt noch weitere spezifische und unspezifische Lebensmittelvergiftungserreger, z.B. *Shigellen* (Ruhrerreger) oder *Yersinien*, die ebenfalls Darmbewohner sind. Außerdem gehören einige Coliarten, *Bacillus cereus* und *B. proteus* dazu. Alle diese Arten kommen bei Hausschlachtungen kaum vor. Sie treten bei der industriellen Herstellung von Fleischwaren und besonders in der Gemeinschaftsverpflegung auf, wenn die Lager-, Transport- und Verarbeitungsbedingungen Mängel aufweisen.

Lebensmittelvergiftungen können bei Hausschlachtungen so gut wie ausgeschlossen werden, wenn man die beiden folgenden Grundregeln beachtet:

- Strikte Einhaltung der allgemeinen Hygieneprinzipien, damit auch mögliche Vergiftungserreger ferngehalten werden,
- Ausschaltung der Vermehrungsmöglichkeit für eingedrungene Vergiftungserreger durch optimale Verfahrensführung.

Besteht nach Verzehr von Lebensmitteln der Verdacht auf eine Lebensmittelvergiftung, so ist in jedem Fall der Arzt zu rufen und der Verdacht auszusprechen. Zur Abklärung und Diagnosestellung ist es wichtig, alle noch nicht verzehrten Lebensmittel sicherzustellen und dem Arzt zur Untersuchung auszuhändigen. Auch erbrochener Mageninhalt gehört zum Untersuchungsmaterial. Für eine schnelle und sichere Diagnosestellung und eine gezielte Behandlung sind folgende Angaben besonders wichtig:

- Was wird verdächtigt?
- Welche Lebensmittel wurden wann verzehrt?
- Welche Krankheitssymptome sind vorherrschend?
- Wann traten die ersten Krankheitserscheinungen auf?

Eine Zusammenstellung der Inkubationszeiten und der vorherrschenden Krankheitserscheinungen, die durch ausgewählte Erreger von Lebensmittelvergiftungen bewirkt werden, enthält Tabelle 7.

Tabelle 7. Inkubationszeiten und verursachte Krankheitserscheinungen der wichtigsten bei Hausschlachtungen vorkommenden Lebensmittelvergiftungserreger

Mikroorganismen	Inkubationszeit[1]	Vorherrschende Krankheitserscheinungen				Besonders gute Vermehrung der Keime in
		Erbrechen	Durchfall	Fieber	Sonstiges	
Salmonellen	8...16	×	×	×	allgemeine Abgeschlagenheit	Hackfleisch, Rohwurstbrät, rohes Fleisch, Leber, rohe Bratwürste
Staphylokokken (St. aureus)	0,5...4	×	(×)	–	plötzlich auftretendes heftiges Erbrechen, Kreislaufstörungen, Schweißausbruch	Fleischzubereitungen mit Milch, Käse, Mayonnaise oder Eiern (Salate, Aspikwaren)
Clostridium botulinum	8...96	–	–		Lähmungen, beginnend an Augenmuskulatur, Kehlkopf, Atemlähmung, Verstopfung	Sauerstoffarme Zonen im Fleisch (großvolumige Schinken, eingedoste nicht über 100 °C erhitzte Fleisch- und Wurstwaren)
Clostridium perfringens	16...72	–	–	–	Leibschmerzen, unspezifische Schmerzen, Abgeschlagenheit	wie bei Cl. botulinum

[1] Zeit vom Verzehr der Lebensmittel bis zum ersten Auftreten der Krankheitserscheinungen in h

16. HAUSSCHLACHTSTELLEN UND LANDFLEISCHEREIEN

Entsprechend dem Beschluß des Politbüros der SED vom 20. 6. 1983 über Maßnahmen zur weiteren Vervollkommnung der Leitung, Planung und wirtschaftlichen Rechnungsführung in der sozialistischen Landwirtschaft haben als qualitativ neue Aufgabe die LPG, GPG, VEG und ihre kooperativen Einrichtungen selbst einen wachsenden Beitrag zur Verarbeitung ihrer landwirtschaftlichen Erzeugnisse zu hochwertigen Nahrungsgütern zu leisten. In diesem Zusammenhang wird u. a. auch die Errichtung von Fleischereien in den Dörfern gefordert.

Da erfahrungsgemäß oftmals große Unklarheiten über die beim Bau und beim Betreiben derartiger Hausschlachtstellen und Landfleischereien zu betrachtenden veterinärhygienischen Bedingungen bestehen, sollen im folgenden einige Hinweise gegeben werden.

Standortgenehmigung

Vor der Projektierung und dem Bau von Hausschlachtstellen bzw. Landfleischereien muß der Rechtsträger gemäß § 19 des Veterinärgesetzes vom 20. 6. 1962 (Gbl. I, S. 55) beim Leiter des zuständigen veterinärmedizinischen Fachorgans (in der Regel Kreistierarzt bzw. Leiter der Veterinärhygieneinspektion) eine Standortgenehmigung einholen. Bei der Erteilung dieser Standortgenehmigung werden vom Leiter des zuständigen veterinärmedizinischen Fachorgans die konkreten Bedingungen zur Einhaltung der geltenden veterinärhygienischen Bestimmungen verbindlich festgelegt.

Umzäunung

Das gesamte Betriebsgelände der Hausschlachtstelle bzw. Landfleischerei ist durch einen Zaun mit einer Mindesthöhe von 1,80 m, der nicht unterwandert werden kann, einzufrieden. Ein- und Ausgänge sind auf die für den Betriebsablauf notwendige Anzahl zu begrenzen und mit Einrichtungen zur Überwachung und Kontrolle des Fahrzeug- und Personenverkehrs sowie mit einer Desinfektionsmatte für Fußgänger zu versehen.

Betriebsgelände

Im gesamten Betriebsgelände sind die Transportwege, Verlade- und Entladeflächen, Standplätze und Lagerflächen dauerhaft zu befestigen und so anzulegen, daß sie das für Reinigungsarbeiten erforderliche Gefälle haben und Abwassereinläufe aufweisen.

Reinigung und Desinfektion von Fahrzeugen

Es müssen Einrichtungen zum Reinigen und Desinfizieren von Schlachttier- und Fleischtransportfahrzeugen sowie der erforderlichen Standplätze vorhanden sein, die über Anschlüsse für fließendes heißes und kaltes Wasser verfügen.

Diese Reinigungsanlagen müssen auch bei Frost nutzbar und funktionstüchtig sein.

Schlachtraum

Der Schlachtraum darf nicht tiefer als das Vorgelände liegen. Dung- und Abortgruben müssen mindestens 10 m vom Schlachtraum entfernt sein. Von Verkaufsläden, Wohnräumen, Küchen, Waschküchen, Ställen aller Art und solchen Räumen, in denen sich leicht faulende, scharf- oder übelriechende Materialien bzw. Gegenstände befinden, ist er durch lückenlose, massive, von Fenstern und Verbindungstüren nicht durchbrochene Wände von mindestens 25 cm Dicke oder massive Decken abzugrenzen. Der Schlachtraum sollte mindestens 25 m² groß, nicht weniger als 4 m breit und 3,5 m hoch sein. Der vor dem Eingang zum Schlachtraum befindliche Teil des Hofes muß auf mindestens 2 m Breite und 2 m Länge undurchlässig gepflastert oder mit einer wenigstens 15 cm dicken Beton- oder Asphaltschicht abgedeckt sein.

Die Haupteingangstür zum Schlachtraum muß mindestens 2 m hoch und 1,2 m breit sein und ist so anzulegen, daß der Schlachtraum nur vom Hof oder von einer straßenabgewandten Seite zugänglich ist. Sie muß eine massive, wenigstens 5 cm dicke Schwelle haben. Die Türen sind aus beständigem, glattem, leicht zu reinigendem und zu desinfizierendem Material zu fertigen.

Die Wände sind massiv aufzuführen und müssen bis zu einer Höhe von mindestens 3 m mit einem hellen, abwaschfesten Belag (Wandfliesen oder Spaltklinker) versehen sein.

Die Fenster sind möglichst an gegenüberliegenden Wänden und in solcher Zahl und Größe anzulegen, daß die lichtdurchlässige Fläche wenigstens $1/8$ der Fußbodengröße beträgt. Soweit sie nach der Straße zu und niedriger als 1,75 m über dem Vorgelände liegen, sind sie bis zu der bezeichneten Höhe mit matten oder gerieffelten Scheiben zu verglasen. Die Fenster müssen geöffnet werden können und sind als Kippfenster mit einer vom Boden aus leicht zu handhabenden Stellvorrichtung zu versehen. Die Fläche der Fenster, die geöffnet werden können, soll mindestens $1/3$ der gesamten Fensterfläche betragen.

Im Schlachtraum und den übrigen Produktionsräumen muß eine gute natürliche oder künstliche Beleuchtung vorhanden sein.

Schlachträume sind mit künstlichem Licht auszustatten, das dem Tageslicht ähnlich ist. Für die Fleischuntersuchung muß die Beleuchtungsstärke mindestens 550 Lux betragen. Zum Aufhängen der Schlachtkörper und Organe sind an den Wänden in etwa 2 m Höhe an gut belichteten Stellen Tragstangen mit drehbaren Haken in genügender Zahl derart anzubringen, daß eine sachgemäße Fleischuntersuchung ohne Schwierigkeiten durchgeführt werden kann.

Die Decken müssen hellfarbig und glatt sein.

Der Fußboden muß eben sein und aus wasserundurchlässigem, leicht zu reinigendem und zu desinfizierendem, nicht faulendem Material bestehen (Fußbodenplatten, Terrazzoplatten). Er muß allseitig genügend Gefälle ohne tiefe Rinnen nach einem abgedeckten, geruchsgesicherten Abfluß haben.

Zum Anbinden größerer Tiere beim Töten und zum Hochziehen der Schlachtkörper beim Enthäuten und Ausschlachten sind am Boden ein ausreichend dicker, sicher verankerter Eisenring und an der Decke entweder ein Flaschenzug oder eine andere geeignete Hebevorrichtung anzubringen.

Im Schlachtraum aufgestellte Kochkessel müssen mit zuverlässig wirkenden Einrichtungen für den Abzug von Schwaden (Entnebelung) versehen sein.

Wasserversorgung

Das beim Schlachten verwendete Wasser muß Trinkwasserqualität aufweisen. Die Wasserversorgung ist so zu gestalten, daß die für den Betriebsablauf notwendige Menge an heißem und kaltem Wasser mit dem erforderlichen Wasserdruck zur Verfügung steht. In den Schlachträumen müssen in unmittelbarer Nähe der Arbeitsplätze ausreichend Möglichkeiten zur Reinigung und Desinfektion der Hände, der Einrichtungsgegenstände und Arbeitsgeräte mit fließendem kaltem und warmem Wasser sowie Reinigungs- und Desinfektionsmittel vorhanden sein. Das Wasser für die Reinigung der Einrichtungsgegenstände und Geräte muß eine Mindesttemperatur von 60 °C haben. Für die Desinfektion von Geräten ist eine Mindesttemperatur von 82 °C zu sichern.

Abwässer

Ist in der Ortschaft eine Kanalisation vorhanden, so ist das Schlachthaus an diese anzuschließen.
Die Einleitungsbedingungen der Abwässer sind mit den zuständigen Rechtsträgern vertraglich zu vereinbaren. Andernfalls ist zur Aufnahme der Abwässer außerhalb des Schlachtraumes eine Sammelgrube anzulegen. Diese darf nicht mehr als 1 m^3 Abwasser fassen. Alle Abwassereinläufe sind mit ausreichend dimensionierten Geruchsverschlüssen und Gitterrosten zu versehen, die ein Eindringen von Schadnagern sicher ausschließen. Im Schlachtraum sind die Einläufe mit Gitterrosten zu versehen.

Hygieneordnung

Auf der Grundlage der Rahmenrichtlinie für die Betriebs-Hygiene-Ordnungen in der fleischbe- und -verarbeitenden Industrie vom 12. 5. 1962 (VuM MfG S. 76) sollte für jede Hausschlachtstelle bzw. Landfleischerei eine spezifische Hygieneordnung erarbeitet werden.

Lösungsvorschlag des VEB Zentrales Projektierungsbüro Nahrungsgüterwirtschaft Berlin für die Gestaltung einer Landfleischerei

Auf Grund bereits vorliegender Bedarfsanmeldungen einzelner LPG für eine Landfleischerei wurde vom VEB Zentrales Projektierungsbüro Nahrungsgüterwirtschaft Berlin die nachfolgende Information für eine Landfleischerei mit einer Leistung von 1000 kg/d herausgegeben.
Ziel der Information ist es, den Bedarf an solchen Einrichtungen zu ermitteln und die Investitionsvorbereitung durch Ausarbeitung eines Wiederverwendungsprojektes zu vereinfachen. Werden Landfleischereien mit geringeren oder größeren Tagesleistungen gefordert, ist eine individuelle Erarbeitung der Projektdokumentation möglich.
Eine individuelle Bearbeitung der Vorhaben ist auch erforderlich, wenn vorhandene geeignete Bausubstanz zur Verfügung steht. Auch besteht die Möglichkeit, der Landfleischerei unter Beachtung der hygienischen Forderungen einen Schlachtraum zuzuordnen.
Die Fleischerei mit einer Kapazität von 1000 kg/d ist zur Versorgung eines Einzugsgebietes von etwa 3000 Einwohnern mit Fleisch- und Wurstwaren vorgesehen. Sie eignet sich zur Herstellung des kompletten Handelssortimentes an Fleisch, Fleischwaren und Wurst. Die Fleischerei besteht aus dem Produktionsbereich, einer Verkaufsstelle und zweckmäßigerweise 1 oder 2 Wohnungen. Als Bauhülle dient ein 2geschossiges Wohnhaus Typ EW65B mit einem 1geschossigen Anbau. Im Erdgeschoß befinden sich die Produktionsräume und die Verkaufsstelle. Das Obergeschoß wird als Wohnraum und Rohwurstreiferaum genutzt.
Zur Unterbringung von Lagerräumen für Hilfsmaterialien ist ein gesondertes Wirtschaftsgebäude erforderlich.

Geschätzter Investitionsaufwand in M (IAP):

Bau (ohne Obergeschoß des Wohnhauses):	240 000,–
Ausrüstung	340 000,–
Sonstiges	35 000,–

Sortiment in kg/d

Handelsfleisch	480
Fleischwaren	100
Kochwurst	80
Rohwurst	100
Brühwurst	240

Bedarf an
Wasser

Durchschnitt:	0,5 m³/h
Spitze:	2,5 m³/h
Elektroenergie (Gesamtanschlußwert):	65 kW
Dampf:	350 kg/h

Wenn kein Dampf zur Verfügung steht, erhöht sich der elektrische Gesamtanschlußwert auf 89 kW. Die Dampferzeugung ist nicht Bestandteil der Dokumentation.

Arbeitskräftebedarf (in VBE)

Produktion:	5
Verkaufsstelle:	3
Büro	1
Sonstige:	2

Die Hauptabmessungen und Raumaufteilungen sind aus Bild 54 ersichtlich.

17. AUSGEWÄHLTE GESETZLICHE BESTIMMUNGEN

Allgemeine Bestimmungen

Das Schlachten von Tieren muß den Bestimmungen des «Gesetzes über das Schlachten von Tieren» vom 21.4.1933 (RGBl. I, S. 20) und der «Verordnung über das Schlachten von Tieren» vom 21. 4. 1933 (RGBl. I, S. 212) entsprechen.

Unter Schlachtung ist jede Tötung eines Tieres zu verstehen, bei der ein Blutentzug stattfindet. Warmblütige Tiere sind beim Schlachten vor Beginn des Blutentzuges zu betäuben. Das Schlachten ist in geschlossenen Räumen vorzunehmen. Es darf nur von Personen oder unter Aufsicht oder Mithilfe von Personen ausgeführt werden, die des Schlachtens kundig sind. Bei Schlachtungen in gewerblichen Räumen dürfen die Tiere erst dann in den Schlachtraum gebracht werden, wenn alle Vorbereitungen zur sofortigen Schlachtung getroffen sind.

Mit dem Blutentzug darf erst nach vorangegangener vollständiger Betäubung begonnen werden. Die Betäubung ist so vorzunehmen, daß unnötige Aufregungen und Schmerzen der Tiere vermieden werden. Sie muß schnell erfolgen und nachhaltig wirken. Sie hat un-

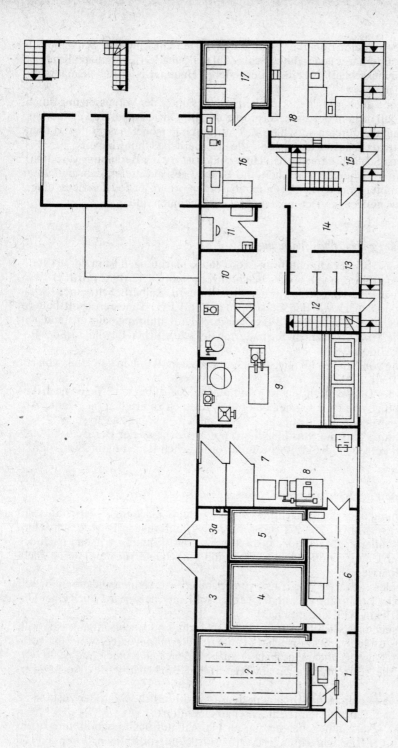

Bild 54. Grundriß einer Landfleischerei mit einer Kapazität von 1000 kg je Tag
(1) Anlieferung (2) Anlieferungskühlraum (3) Kältemaschinenraum (3a) zur besonderen Verwendung (4) Gefrierraum (5) Pökelraum (6) Durchgang, Zerlegung (7) Kaltrauch (8) Heißrauch (9) Maschinenraum (10) Behälterwäsche (11) Büro (12) (15) Treppenhaus (13) WC und Dusche (14) Aufenthalts- und Umkleideraum (16) Vorbereitungsraum (17) Kühlraum (18) Verkaufsraum

ter Anwendung besonderer Betäubungsapparate (Bolzenschußapparat, Schlagbolzen apparat, Schlagbolzenmaske) oder durch Schlag auf den Schädel (Kopfschlag, Keulung, bei Kaninchen Genickschlag) mit einem besonderen Hammer oder behelfsmäßig mit einer Axt zu erfolgen.
Die Betäubung kann auch mittels elektrischen Stromes unter der Voraussetzung durchgeführt werden, daß dazu in der Praxis erprobte und bewährte Apparate Verwendung finden. Die Betäubung durch Kopfschlag darf nur durch Personen ausgeführt werden, deren Körperkräfte dazu ausreichen und die die erforderliche Übung haben.
Das Aufhängen von Schlachttieren an den Hinterfüßen ist vor der Betäubung verboten. Mit dem Enthäuten, Schneiden, Stechen und Brühen geschlachteter, d. h. betäubter und bereits entbluteter Tiere darf erst begonnen werden, wenn der Tod des Tieres eingetreten ist und Bewegungen am Tier nicht mehr wahrzunehmen sind.

Bestimmungen bei Hausschlachtungen

Die Verfahrensweise bei der Durchführung von Hausschlachtungen ist in der «Anordnung über die Durchführung von Hausschlachtungen» vom 21. 12. 1962 (GBl. II 1963, S. 4) verbindlich geregelt. Hausschlachtungen von Rindern, Kälbern, Schweinen, Schafen und Ziegen sind danach von den Tierhaltern (LPG, VEG, Genossenschaftsbauern und sonstigen Tierhaltern) spätestens 8 Tage vor ihrer Durchführung beim zuständigen Rat der Gemeinde/Stadt anzuzeigen. Sie bedürfen der schriftlichen Bewilligung des Rates der Gemeinde/Stadt.
Die Durchführung von Not- und Krankschlachtungen ist im Rahmen von Hausschlachtungen nicht statthaft.
Die Bewilligung der Hausschlachtung ist gebührenfrei. Sie ist binnen 3 Tagen nach Anzeige vom zuständigen Rat der Gemeinde/Stadt schriftlich zu erteilen oder unter Angabe der Gründe abzulehnen und mit einer Rechtsmittelbelehrung zu versehen.
Die Hausschlachtung darf nur von Fleischern mit abgeschlossener Berufsausbildung oder von solchen Personen, die im Besitz der erforderlichen Berechtigung sind, durchgeführt werden.

Anmeldung der Schlachttier- und Fleischuntersuchung

Gemäß «Anordnung über die Schlachttier- und Fleischuntersuchung – Fleischuntersuchungsanordnung –» vom 5. 11. 1971 (GBl. II, S. 644) unterliegen Rinder, Schweine, Schafe, Ziegen (außer Ziegenlämmer bis 3 Monate) und Einhufer vor und nach der Schlachtung einer Untersuchung (Schlachttier- und Fleischuntersuchung) durch Fachkräfte des Veterinärwesens.
Schweine und andere Tierarten, die Träger von Trichinen sein können und deren Fleisch für die menschliche Ernährung verwendet werden soll, unterliegen zusätzlich einer Untersuchung auf Trichinen (Trichinenschau).
Wer diese untersuchungspflichtigen Tiere selbst schlachtet oder schlachten lassen will, hat dies bei dem zuständigen Untersucher (Tierarzt, Veterinäringenieur, Veterinärtechniker, Fleischuntersucher, Trichinenschauer) anzumelden. Die Anmeldung ist zu wiederholen, wenn die Schlachtung nicht am Tage nach der Schlachttieruntersuchung erfolgt ist.
Eine besondere Anmeldung zur Trichinenschau ist erforderlich, wenn der zuständige Untersucher nicht gleichzeitig die Trichinenschau durchführt.
Entsprechend der «Ausnahmegenehmigung zur Fleischuntersuchungsanordnung» vom 20. 4. 1981 kann bei Hausschlachtungen von untersuchungspflichtigen Tieren auf die

Durchführung der Schlachttieruntersuchung verzichtet werden, wenn folgende Bedingungen eingehalten werden:

- Das Fleisch des zur Hausschlachtung gemeldeten Schlachttieres ist ausschließlich für die Verwendung im individuellen Haushalt des Tierhalters vorgesehen und wird nicht an Dritte und/oder über Gemeinschaftsküchen abgegeben.
- Die Anmeldung zur Fleischuntersuchung beim Untersucher muß spätestens 5 Tage vor der Hausschlachtung erfolgt sein.

Diese Ausnahmegenehmigung gilt nicht bei Hausschlachtungen von untersuchungspflichtigen Tieren in auf der Grundlage der «Verordnung zum Schutze der Tierbestände vor Tierseuchen, Parasitosen und anderen besonderen Gefahren – Tierseuchenverordnung –» vom 11. 8. 1971 gebildeten Sperr- und Schutzzonen.

Anforderungen an die Person und die Tätigkeit des Hausschlächters

Die Zulassung und die Tätigkeit als Hausschlächter erfolgt auf der Grundlage der «Verordnung über die Förderung des Handwerks bei Dienst- und Reparaturleistungen und die Regelung der privaten Gewerbetätigkeit» vom 12. 7. 1972 (GBl. II, S. 541).
Zur einheitlichen Anwendung dieser Rechtsvorschriften und zur Gewährleistung von Ordnung und Sicherheit hat der Minister für Bezirksgeleitete Industrie und Lebensmittelindustrie in der Information Nr. 10 vom 24. 7. 1984 festgelegt, daß zur Ausübung der Tätigkeit als Hausschlächter durch den zuständigen Rat des Kreises eine schriftliche Genehmigung zu erteilen ist. Dazu bedarf es eines Antrages, dem folgende Unterlagen beizufügen sind:

- Zustimmung des Betriebes,
- amtsärztlicher Gesundheitsnachweis,
- polizeiliches Führungszeugnis,
- Nachweis der fachlichen Qualifikation.

Werden zum Betäuben von Schlachttieren Betäubungsgeräte eingesetzt, so ist hierfür eine Bedienungsberechtigung erforderlich. Der Erwerb, Besitz und Umgang mit Betäubungsgeräten und dazugehörigen Kartuschen ist nur gestattet, wenn ein entsprechender Befähigungsnachweis vorliegt.
Diese Berechtigung ist auf der schriftlichen Genehmigung zur Ausübung der Tätigkeit als Hausschlächter zu vermerken.
Die Bedienungsberechtigung für den Umgang mit Betäubungsgeräten kann durch einmalige Teilnahme an einer entsprechenden Unterweisung erlangt werden, die durch den Rat des Kreises, Abteilung Örtliche Versorgungswirtschaft, zu organisieren ist.
Der Inhalt dieser Unterweisung hat sich auf folgende Themen zu erstrecken:

- Arbeitsschutzanordnung 334/2 – Umgang mit Schußgeräten – vom 1. 10. 1968 (Gbl.-Sdr. Nr. 598),
- Anordnung über den Verkehr mit Schußgeräten und Kartuschen – Schußgeräteanordnung – vom 14. 8. 1968 (Gbl. II, S. 704),
- Zerlegen, Zusammensetzen und Pflege des Gerätes (von jedem Teilnehmer selbständig unter Aufsicht auszuführen),
- Durchführung von mindestens 3 Probeschüssen,
- Information über Reparaturen an diesen Geräten (Wer darf Reparaturen ausführen und welche Firmen sind dazu berechtigt?).

Vom Rat des Kreises, Abteilung Örtliche Versorgungswirtschaft, ist jährlich vor Beginn der Schlachtsaison mit den Hausschlächtern eine aktenkundige Belehrung durchzuführen. Diese Belehrung umfaßt folgende Themen:

- TGL 30125/01 Gesundheits- und Arbeitsschutz, Umgang mit landwirtschaftlichen Zucht- und Nutztieren, allgemeine Festlegungen, verbindlich ab 1. 9. 1978
- TGL 30142/01 und 02 Arbeitsschutz- und Brandschutz in der Schlachtung, Fleischzerlegung und Fleischverarbeitung,
- Anordnung über den Verkehr mit Schußgeräten und Kartuschen – Schußgeräteanordnung – vom 14. 8. 1968 (Gbl. II, S. 704),
- Arbeitsschutzanordnung 334/2 – Umgang mit Schußgeräten – vom 1. 10. 1968 (Gbl.-Sdr. NR. 598),
- Allgemeine Forderungen zur Gewährleistung der Elektrosicherheit auf der Grundlage der Arbeitsschutz- und Brandschutzanordnung 900/1 – Elektrotechnische Anlagen – vom 28. 10. 1975 (Gbl.-Sdr. Nr. 820) und der Anordnung über die Berechtigung zu Arbeiten an Energieanlagen vom 14. 11. 1980 (Gbl. I, S. 339),
- Anordnung über die Durchführung von Hausschlachtungen vom 21. 12. 1962 (Gbl. I 1963, S. 4),
- Anordnung über die Schlachttier- und Fleischuntersuchung – Fleischuntersuchungsanordnung – vom 5. 11. 1971 (GBl. II, S, 644),
- Anordnung Nr. 4 über die Erfassung, die Abnahme und den Aufkauf von tierischen Rohstoffen vom 25. 11. 1958 (GBl. I, S. 878),
- Gesetz über den Verkehr mit Lebensmitteln und Bedarfsgegenständen – Lebensmittelgesetz – vom 30. 11. 1962 (Gbl. I, S. 111),
- Anordnung über die Herstellung und Verwendung von Nitritpökelsalz für Fleischerzeugnisse vom 10. 8. 1982 (GBl. I, S. 593),
- Brandschutz:
Was ist bei Ausbruch eines Brandes zu veranlassen?
Verhalten bei Bränden, besonders bei Fettbränden.

Die Teilnahme an dieser Belehrung ist dem Hausschlächter zu bestätigen. Der Hausschlächter hat zur Belehrung seinen gültigen Gesundheitsausweis vorzulegen. Der Hausschlächter hat weiterhin den Qualifikationsnachweis zu erbringen, daß er über die Fertigkeiten verfügt, die Schweinerohhaut (Croupon) in standardisierter Größe fehlerfrei und fettfrei zu gewinnen. Die Prüfung dazu wird in jedem volkseigenen Schlachtbetrieb abgenommen. Die Genehmigung zur Ausübung der Tätigkeit als Hausschlächter und der Belehrungsnachweis berechtigen zur Durchführung von Hausschlachtungen für jeweils ein Jahr.

Bei Anmeldung von Hausschlachtungen ist der Antragsteller zu belehren, daß nur Hausschlächter mit gültigem Belehrungsnachweis und der Produktionsgenehmigung zur Durchführung von Hausschlachtungen zugelassen sind.

Die Einkaufs- und Liefergenossenschaften des Fleischerhandwerks beliefern die zugelassenen Hausschlächter mit den für die Durchführung von Hausschlachtungen benötigten Materialien.

Gewinnungs- und Ablieferungspflicht bei tierischen Rohstoffen

In der Praxis gibt es häufig Unklarheiten über die Gewinnungs- und Ablieferungspflicht der bei Hausschlachtungen anfallenden tierischen Rohstoffe. Um Rechtsverstößen vorzubeugen, sollen im folgenden die wesentlichsten gesetzlichen Bestimmungen auf diesem Gebiet kurz dargestellt werden.

Gemäß «Verordnung über die Pflichtablieferung und den Verkauf landwirtschaftlicher Erzeugnisse» vom 1. 1. 1957 (GBl. I., S. 39) sind die Erzeuger landwirtschaftlicher Produkte u. a. verpflichtet, folgende aus der tierischen Produktion anfallenden Rohstoffe abzuliefern:

- Leder, Rohhäute und -felle, Hörner, Hufe und Hornschuhe, Tierhaare, Pelzfelle von Wildtieren, Pelzrohfelle (Kanin) sowie Rohfedern.

Schweine unter 50 kg sowie Eber und Altschneider über 250 kg Lebendmasse brauchen nicht enthäutet zu werden.

Für das Ausschlachten von Lederrohhäuten und -fellen gelten die Richtlinien, die der o. g. Anordnung beigefügt sind, und die TGL 8460/02 – Tierische Rohstoffe; rohe Häute und Felle; Rohstoffgruppen, Gewinnung und Konservierung –; verbindlich ab 1. 1. 1984. In diesen gesetzlichen Bestimmungen sind u. a. folgende verbindliche Festlegungen enthalten:

- Das Ausschlachten der Lederrohhäute und -felle wird nach vollkommenem Entbluten der getöteten Tiere vorgenommen. Beim Stechen der Tiere darf kein Querschnitt erfolgen, sondern es muß ein Längsschnitt in der Richtung Unterkiefer–Brustspitze vorgenommen werden.
- Das Ausschlagen der Lederrohhäute und -felle darf nicht mit spitzen oder scharfkantigen Gegenständen erfolgen.
- Häute und Felle dürfen während der Gewinnung nicht durch Schmutz oder Blut verunreinigt werden.
- Entsprechend der vorgeschriebenen Schnittführung (s. Bild 13) bei der Gewinnung der rohen Häute und Felle sind beim Rind und Mastkalb die Kopfhaut eine Handbreit hinter den Ohren und die Beinhaut unmittelbar unterhalb der Vorderfußwurzelgelenke bzw. der Sprunggelenke abzutrennen. Die Schwanzwirbel sind auszulösen. Die Schwanzhaut ist 15 cm von der Schwanzwurzel entfernt abzutrennen. Die Schnittführung zum Durchtrennen der Haut hat von der Mitte des Halses über die Mitte der Brustspitze und des Bauches direkt nach dem After hin zu erfolgen. Die Schnittführung an den Hinterbeinen hat von der inneren Seite der Sprunggelenke ausgehend so zu erfolgen, daß sie den Mittelschnitt rechtwinklig trifft. Bei den Vorderbeinen ist der Schnitt über das Vorderfußwurzelgelenk nach der Brustspitze zu führen.
- Bei der Gewinnung des Schweinecroupons (s. Bild 6) ist der vordere Schnitt bis 20 cm hinter den Ohren quer zur Körperachse und geradlinig zu den Seiten zu führen. Der hintere Schnitt ist quer zur Körperachse unmittelbar an der Schwanzwurzel geradlinig zu den Seiten zu führen. Die Seitenschnitte sind parallel zur Körperachse beiderseits 15 cm von den vorderen Brustspitzen entfernt so zu führen, daß sie den vorderen und hinteren Schnitt geradlinig treffen. Schweinehautcroupons aus Hausschlachtungen unterliegen nicht der Entspeckungspflicht.
- Häute und Felle sind im grünen, ausgekühlten Zustand am Tage der Schlachtung oder im konservierten Zustand (gesalzen) abzuliefern.

Weiterführende Literatur

Autorenkollektiv: Fleischgewinnung, 3. Aufl. Leipzig: VEB Fachbuchverlag 1987
Autorenkollektiv: Fleischgewinnung und -verarbeitung. Technologische Grundlagen. Leipzig: VEB Fachbuchverlag 1980
Autorenkollektiv: Fleischverarbeitung, 7. Aufl. Leipzig: VEB Fachbuchverlag 1988
Autorenkollektiv: Lebensmittelchemie und Ernährungslehre, 5. Aufl. Leipzig: VEB Fachbuchverlag 1982
Autorenkollektiv: Mikrobiologie tierischer Lebensmittel, 2. Aufl. Leipzig: VEB Fachbuchverlag 1986
Farchmin, G.: Tierärztliche Lebensmittelhygiene. Jena: VEB Gustav Fischer Verlag 1965
Farchmin, G.; Beutling, D.: Hygiene der Fleischgewinnung. Jena: VEB Gustav Fischer Verlag 1978
Grundke, G.: Warenpflege Lebensmittel, 2. Aufl. Leipzig: VEB Fachbuchverlag 1963
Krüger, F.; Lemke, G.; Weinling, H.: Fleisch und Fleischerzeugnisse, 8. Aufl. Leipzig: VEB Fachbuchverlag 1985
Krylowa, N. N.; Ljaskowskaja, Ju. N.: Biochemie des Fleisches, 2. Aufl. Leipzig: VEB Fachbuchverlag 1977
Müller, G.: Grundlagen der Lebensmittelmikrobiologie, 6. Aufl., Leipzig: VEB Fachbuchverlag 1985
Scheibner, G.: Lebensmittelhygienische Produktionskontrolle. Jena: VEB Gustav Fischer Verlag 1976
Schiffner, E.; Hagedorn, W.; Oppel, K.: Bakterienkulturen in der Fleischindustrie. Leipzig: VEB Fachbuchverlag 1975

Bildquellenverzeichnis

Brigitte Weibrecht, Leipzig: Bilder 2 bis 5, 7 bis 12, 14 bis 22, 24 bis 29, 31 bis 42, 44 bis 53 und sämtliche Farbfotos (1 bis 20)
Ruschel/Domschke/Schönfeld, Arbeitsblattsammlung Verfahrenslehre Fleischwirtschaft: Bilder 1 und 6
Autorenkollektiv, Fleischgewinnung: Bild 13
Autorenkollektiv, Fleischverarbeitung: Bilder 23, 30 und 43
VEB ZPN Berlin: Bild 54

REZEPTVERZEICHNIS

Rohwurst

Feldkieker 105 f.
Fließen 106
Greifswalder Mettwurst, fein 95
Hausschlachtene Knackwurst 101
Knacker mit Paprika 100
Knackwurst 101
Knoblauchmettwurst 96
Landjäger 98
– aus Schweinefleisch 98
Mettwurst, fein 94
–, grob 95
Plockwurst 103
Sächsische Mettwurst, grob 96
Salametti 99
Salami 102
– aus Pferdefleisch 105
– mit Hammelfleisch 102
– – Hirschfleisch 103
Schinken-polnische 105
– -wurst 105
Schlackwurst 104
– aus Rind- und Schweinefleisch 104
– – Schweinefleisch 104
Sonneberger dünnkalibrige Rohwurst 100
Teewurst, fein 94
–, grob 94
Thüringer hausschlachtene Knackwurst 101
– Mettwurst, fein 95
Steinacher Stiftle 99
Zervelatwurst aus Rindfleisch 103
– – Rind- und Schweinefleisch 103
– – Schweinefleisch 104

Kochwurst

Leberwurst
Delikateßleberwurst 124
Feine Leberwurst 118
Gänseleberwurst 119
Geflügelleberwurst 121
Gutsleberwurst 119
Hausmacherleberwurst 120
Krautleberwurst 122
Landleberwurst 119
Leberwurst, fein 123
–, grob 123
–, halbfein 122 f.
Sahneleberwurst 121
Tomatenleberwurst 121 f.
Zwiebelleberwurst I 120
– II 120

Kochstreichwürste ohne Leberzusatz
Einfache Kochstreichwurst 124
Norddeutsche Bregenwurst 125
Schinkenkrem 125
Schmalkalder Gefülltes 126
Semmelwurst (Gefülltes) 126
Süddeutsche Gelbwurst 125

Blutwurst
Berliner Blutwurst 130
Blutwurst, französische Art 135
–, italienische Art 134
– mit Leberzusatz 134
Filetwurst 131
Fleischblutwurst 133
Hausmacher-Blutwurst 132
Hausschlachtene Rotwurst 132
Meininger Tiegelblutwurst 135
Niederdeutsche Pinkelwurst 128
Norddeutsche Beutelwurst 128
Schweinekopf-Blutwurst 133
Sortepölse (Schwarzwurst) 127
Speckblutwurst I 131
– II 131
Thüringer hausschlachtene Rotwurst 130
– Rotwurst I 129
– – II 129
Zungenwurst (Zungenrotwurst) 133

Sülzwurst
Fränkischer Kümmelpreßkopf 138
Hausschlachtene Sülzwurst 137
Preßkopf, Hausmacherart 137
Roter Preßkopf 138
Südthüringer Preßkopf 137
Sülzfleischwurst I 136
– II 136

Brühwurst

Bierschinken 145 f.
Bratwurst nach Brühwurstart 152
Brühwurst mit Hühnerfleisch 146
Gekochte Mettwurst nach Hamburger Art 147
Hausschlachtene Bratwurst 151
Jagdwurst 147
Kabanosy 150
Kochsalami 149 f.
Mortadella 145

Pasteten

Blätterteigpastete 160 f.
Einfache Kaninchenpastete 157
Französische Landpastete 162
Gebackene Leberkäsepastete 156 f.
Geflügel-leberpastete 161
– -Sahne-Pastete 159 f.
Kaninchenpastete 162 f.
Leberkäse, gebacken 163
Mastlammpastete 158
Pastetengewürz 156
Pfefferpastete 161
Sardellen-Leberpastete 159
Schmalz-Butter-Pastetenteig 155
Wild-pastete 157 f.
– -schweinpastete 160

Dauerpökelwaren

Fränkische Bündle 172
Geräucherte Gänse- und Putenbrüste 172
– – – Putenkeulen 172

Italienischer Kammschinken 171
Kammschinken 169
Kasseler Rippenspeer 170 f.
Lachsschinken 170
– mit Speckhülle 171
Landschinken 168
Pfefferschinken vom Kamm 170
Rinderschinken 171
Rollschinken 168
Schinkenspeck 169
Tiroler Rauchfleisch 172
Westfälischer Schinken 168
Zigeunerschinken, schwarzgeräuchert 170

Garfleischwaren

Gerollter Bauch 180
Kernsaftschinken 180
Rindersaftkeule 180

Fleischsalate

Appetitsalat 185
Budapester Rindfleischsalat 184
Bunter Salat 185
Einfaches Fleischbrät 182
Fleisch-salat mit Mayonnaise 183
– -Käse-Salat 187
Herrensalat 186
Italienischer Salat 183 f.
Ochsenmaulsalat 187
Pußta-Salat 185
Rindfleisch-brät 183
– -salat ohne Mayonnaise 183
Rumänischer Fleisch-Eier-Salat 186
Wiener Salat 184 f.

Sülzen und Aspikwaren

Eisbeinsülze 190
Gänse-schwarzsauer 191
– -weißsauer 190 f.
Schüsselsülze mit Aspik 189
Schweinekopfsülze 190
– (Schüsselsülze) 189
Sülzkotelett 191
Sülztorte, einfach 189
Wurst- und Schinkenhappen in Aspik 191

Fleischfeinkost

Buntes Schweinesteak 192
Eierkrem 192
Leberkrem 192
Roastbeefröllchen mit Sahnemeerrettich 193
Sahnemeerrettich 192
Tournedo mit Leberkrem 193

Fleischwaren

Corned beef (Kraftfleisch vom Rind) 202 ff.
– – (– – Schwein) 204
Eisbein in Aspik 204
Gepökelte Rinderbrust 202
Hackfleisch in der Dose I 200
– – – – II 200 f.
–, roh I 201
–, – II 201
Paprikaspeck 205
Rind- und Schweinefleisch im eigenen Saft 204
Schweinerippen in Aspik 199
Speck, gesalzen und geräuchert 199

SACHWORTVERZEICHNIS

Adenosintriphosphat (ATP) 51
Antibiotika 41
Arbeitsschutzbestimmungen, Hausschlachtung 228
Aroma 82
--bildung 82, 92 f.
--bakterien 47
Ascorbinsäure 81
Aspik, Gelatine 188
-, Herstellung 188
-, Herstellungsfehler 194
-, Schwarten 188
--waren 188 ff.
Ausgangskeimzahl 44
Ausnehmen 23, 26 f.
Ausschlachten 18, 21, 29
Autoklavieren 48, 218
a_W-Wert 77

Bacillus cereus 218
– *proteus* 110, 218
Bakterien, aerobe 47
-, anaerobe 47
--arten 44
--differenzierung 78 f., 82
--, erwünschte 47
--gifte 216
--wachstum, Bedingungen 46
--, Vermehrungsrate 44 f.
Basilikum 210
Baumégrad 167
Beifuß 210
Beizen 154
Beschlagen 109
Betäubung 15, 20, 27 f.
Betäubungsgeräte 227
Beurteilungs-möglichkeiten 41 f.
--richtlinien 41 f.
Binneneber 39
Blut, Gerinnung, Menge 30
-, hygienische und technische Eigenschaften 115
-, Stabilisierung 30
--entzug 20, 24 f.
--wurst 111, 114
Blutungen, Fleisch 40
Bohnenkraut 208
Bolzenschußapparat 12, 15

Bombagenbildung 182
Bratwurst 151 f.
Brühen 17
Brüh-temperatur 17
--wurst 142 ff.
--, Brät 143 f.
--, Herstellung 143 ff.
--, Rezepturen 145 ff.

Chaudfroidsoße 192 f.
Clostridien 47, 217 f.
Clostridium botulinum 218
– *perfringens* 218
Corned beef 202
– porc 204
Croupon 17
-, Gewinnung 17, 229

Därme 68 ff., 88
-, Bearbeitung 71 ff.
-, Natur- und Kunst- 68, 70
-, Rind 72
-, Schaf 72
-, Schwein 71 f.
Dauerpökelwaren 164 ff.
-, Durchbrennen 169
-, Fehlproduktionen 172
-, Herstellungsverfahren 164 ff.
-, Lakepökelung 165
-, Nachreifung 169
-, Räuchern 169
-, Reifung 165
-, Rohmaterial 166
-, Spritzpökelung 165
-, Trockenpökelung 165
Defibrinierung, Blut 30
Desinfektion 48
DFD-Fleischqualität 36 f.
Dill 211
Dost 214
Durchbrennen 169

Eiterherde 32
elektrische Ladung, Proteinmoleküle 52
Entblutung 16, 27 f.
Entborsten 17
Enthäutung 17, 22
Ergänzungsbeschau 33
Estragon 210

Farbfehler 108, 180
Farbveränderungen 37 f.
Fäulnis 107, 173
Fettleber 29
Fibrin 30
Fischgeruch, Fleisch 40
Fleisch-aroma 53
--ausbeute 11
--brät 182
--feinkost 191
--konservierung 195
--qualität 34
--reifung 50
--salat 182 ff.
--untersuchung 31
--, bakteriologische 32 f.
--verderb 50
--verderber 43
--vergiftungserreger 43, 47
--wolf 13 f.
Freibank 42
Füllen 90

Garfleischwaren 230 ff.
-, Garen 176
-, Herstellungsfehler 180 ff.
-, Pökeln 176
-, Tumbeln 175 f.
-, Verfahrensschritte 191
Garnierungskrems 191
Garzeit 114
Gefrieren 198
Gefrierkonservierung 198
Gelbfärbung, Fett 38
-, Fleisch 38
Gelbildung 79
Geruchsabweichung, Fleisch 39
-, Kochwurst 140 f.
-, Rohwurst 110
Geschlinge 18 f., 24, 26
Geschmacksabweichung, Fleisch 39
-, Kochwurst 140 f.
-, Rohwurst 110
Gewürze 205 ff.
Gewürzkräuterbeutel 214
Glycogen 51

Hackfleisch, eingedost 200 f.
-, roh 201

235

Haltbarmachungsverfahren, Fleisch 195 ff.
Hausschlächter, Belehrung 228
–, Zulassungsbestimmungen 227
Hausschlachtstelle 221
Hausschlachtung, gesetzliche Bestimmungen 224
Hefen 48, 82
Hemmstoffe, Fleisch 41
Hundebandwurm 29
Hygiene-maßnahmen 48 f.
– -prinzipien 48 f., 215
Hypoxanthin 51

Ingwer 210
Inkubationszeit 219 f.
Inosin 51

Keime, ubiquitäre 46
Keim-gehalt 45
– -zahl 44
Klima-reifeverfahren, Rohwurst 86
– -steuerung 83
Knoblauch 208
Kochen 197
Koch-probe 38
– -salz 75 f., 89
– -wurst 111
– –, Fehler 138
– –, in Dosen 117
– –, Rezepturen 118 ff.
Kolibakterien 47
Konservierungsverfahren, chemische 195
–, Gefrieren 198
–, Kochen 197
–, Kühlen 198
–, physikalische 195
–, Pökeln 196
–, Salzen 196
–, Säuern 197
Konsistenz-abweichungen 139
– -fehler 181
Koriander 211
Kühlen 198
Kümmel 213
Kunstdärme 70

Ladung, elektrische Proteinmoleküle 52

Lake-konzentration 167
– -pökelung 165
– -reifungsverfahren, Rohwurst 86
– -spindel 167
Landfleischereien 221
Lebensmittelvergiftungen 214 ff.
–, spezifische 214 f.
–, unspezifische 214 f.
Lebensmittelvergiftungserreger 214 ff.
Leber 111 f.
– -kokzidiose, Kaninchen 29
– -wurst 111
Linde 195
Lorbeerblatt 211

Majoran 208
Marinaden 155
Marinieren 154
Mazis 209
Mengen 90
Messer 13
Mikrokokken 47, 82
Milchsäure 43
– -bakterien 47, 79
– -bildner 43
Minderwertigkeit 41 f.
Muskatnuß 209
Muskel-starre 50 f.
– -zucker 51
Mykotoxine 48

Naturreifeverfahren, Rohwurst 86
Nelken 210
Nematoden 40
Nitrat 80 f.
Nitrit 80 f.
– -pökelsalz 80
Nitrosamin 81
Nitrosomyoglobin 81

Ohrstich 27

Paprika 207
Pasteten 152
– -arten 153
– -farce 154
– -gewürze 154 ff.
– -hülle 154
– -teig 155
Pasteur 195, 197
Pasteurisieren 197

Pfeffer 207
Piment 207
pH-Wert 37, 52
Pilze 48
Pökel-hilfsmittel 88
– -lake, Ansetzen der 167
– rot 81, 109
Pökeln 176, 196
*Proteus*bakterien 110
PSE-Fleischqualität 35 f.

Quellsalz 143

Ranzigkeit 141, 174
Räuchern 91 f., 116, 169
Reifung, bakteriell bedingte 47
–, Fleisch 50 ff.
–, Rohwurst 77 ff.
Reifungs-bakterien 47
– -vorgänge 77
Rinderdärme 68, 72
Rohwurst, Aromabildung 82
– -brät 75
–, Fehler 107 ff.
–, Gelbildung 79
– -herstellung 74
– -produktion, Steuerung 79
–, Reifeverfahren 86
–, Reifungsvorgänge bei der Herstellung 77 f.
–, Rezepturen 92
–, Rohstoffe 87
–, Steuerungsfaktoren 83
–, Zusatzstoffe 88
Rosmarin 209
Rötungspulver 85
Rupfen 27

Salbei 211
Salmonellen 47, 215
Salmonellose 28, 215
Salpeter 80
Salzen 196, 199
Säuern 197
Schafdärme 70, 72
Schimmelpilze 48
Schinken 168 ff.
– -sorten 166 f.
– -speck 169
Schlacht-körpermasse 11
– -tier- und Fleischuntersuchung 9
– und Verarbeitungsgeräte 12
Schlachtung, Vorbereitung 9

Schleiß 73
Schleißen 73
Schnabelstich 27
Schnittfestigkeit 79
Schweinedärme 68, 71
Schwitzreifeverfahren, Rohwurst 86
Sellerie 211
Senf 209
Shigellen 218
Siedesalz 89
Sortimentsauswahl, Schlachtprodukte 11
Spalanzani 197
Speck, Qualität für Rohwurst 88
–, gesalzen 199
Speisegelatine 188
Sporenbildner 44, 46
–, aerobe
Spritzpökelung 165
Sproßpilze 48
Spulwürmer 40
Stadium der maximalen Säuerung 50 f.
Standardrezepturen 10
Staphylokokken 216 ff.

Starterkulturen 47, 85
Steinsalz 89
Sterilisation 48
Stickigkeit 173
Sülze 188 ff.
Sülzwurst 111, 116

Tauchmasse, weiß, Überzug 149
Thymian 209
Toxine 216
Trichinen 33
– -schau 33
Trockenpökelung 165
Trockenpökelverfahren 165
Trocknungsfehler 78
Tuberkulose 28
Tumbeln 176
Tyndall 197

Umrötung 80 f.

Vanille 213
Vanillin 213
Verderbniserscheinungen 181

Verhefung 109
Verpilzung 109
Verschimmeln 175
Vollreife 50 f.
Vorreifen 91

Wacholderbeere 213
Warmfleisch-stadium 50 f.
– -verarbeitung 51
Wasser-aktivität 77
– -bindevermögen 52
– -bindung 35, 37
Wurstfüllmaschine 14

Yersinien 218
Ysop 213

Zerkleinern 90
Zerlegen 54 ff.
Zimt 210
Zuckerzusatz 85
Zulassungsbestimmungen für Hausschlächter 227
Zusatzstoffe 88
Zwiebel 208
Zwitter 39 f.

EIGENE REZEPTE

EIGENE REZEPTE